U0936639

南京统计年鉴

STATISTICAL YEARBOOK OF NANJING

2007

南京市统计局编

Compiled by NANJING Statistical Bureau

南京出版社

图书在版编目(CIP)数据

南京统计年鉴.2007/南京市统计局编.—南京:南京出版社,2007.9

ISBN 978-7-80718-307-5

Ⅰ.南… Ⅱ.南… Ⅲ.统计资料—南京市—2007—年鉴
Ⅳ.C832.531—54

中国版本图书馆CIP数据核字(2007)第132077号

南京统计年鉴—2007

作　　者/ 南京市统计局
责任编辑/ 陆永辉
责任校对/ 李　昂
封面设计/ 周　涌
出版发行/ 南京出版社
通信地址/ 南京市成贤街43号
邮　　编/ 210018
电　　话/ (025)83283871(营销)　83283883(编务)
印　　刷/ 南京通达彩印有限公司
经　　销/ 新华书店
开　　本/ 890×1240毫米　1/16
字　　数/ 75万字
印　　张/ 28印张
版　　别/ 2007年9月第1版
版　　次/ 2007年9月第1次印刷
书　　号/ ISBN 978-7-80718-307-5
定　　价/ 300.00元

南京市统计局网址:http://www.njtj.gov.cn

《南京统计年鉴/2007》编委会和编辑人员

编 者 说 明

一、《南京统计年鉴—2007》以大量的统计数据，全面、系统地反映了2006年南京经济和社会等各方面的发展情况，是一本数据信息密集、内容广泛的资料性工具书。

二、全书内容分为18个篇目，即：1. 综合；2. 人口；3. 劳动力与职工工资；4. 农业；5. 工业；6. 交通运输和邮电通讯业；7. 固定资产投资和建筑业；8. 批发和零售业、住宿和餐饮业；9. 对外经济贸易和旅游业；10. 财政、金融和保险；11. 能源购进、消费与库存；12. 科技、教育；13. 文化、卫生和体育；14. 城市建设与环境保护；15. 物价与人民生活；16. 司法、社会福利、其他；17. 区县社会经济；18. 附录。为便于读者正确地使用资料，各篇目还附有主要统计指标解释。

三、"区县社会经济"中由我局统计的经济类指标为评价口径。即对坐落在各区县行政区域范围内的所有经济活动单位进行全面统计的基础上，扣除部分因跨区域不便分割，以及经研究暂不纳入本区县评价的单位数据。

四、为避免读者使用年鉴发生理解歧义，本年鉴对来自非统计部门的数据尽量说明数据来源和取得范围。

五、本年鉴部分数据合计数或相对数由于单位取舍不同产生的计算误差均未作机械调整。

六、读者在使用统计资料时，凡与本年鉴有出入的，均以本年鉴为准。

七、本年鉴中符号使用说明："—"或"空格"表示数据不详或无该项数据；

"#"表示其中的主要项；

"*"表示另有注解。

八、《南京统计年鉴》公开出版以来，受到社会各界的关注和支持，对年鉴的内容和编辑工作提出了许多宝贵的意见，对此，我们深表谢意。欢迎读者继续对年鉴的不足之处给予批评指正，帮助我们进一步提高编辑水平，以期更好地为广大读者服务。

《南京统计年鉴》编辑部

2007年7月

南京户籍总人口示意图

2006年
2005年
2004年
2003年
2002年
2001年
2000年
510
520
530
540
550
560
570
580
590
600
610
(万人)

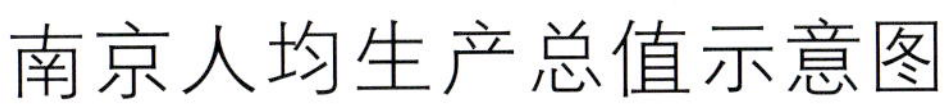
南京人均生产总值示意图

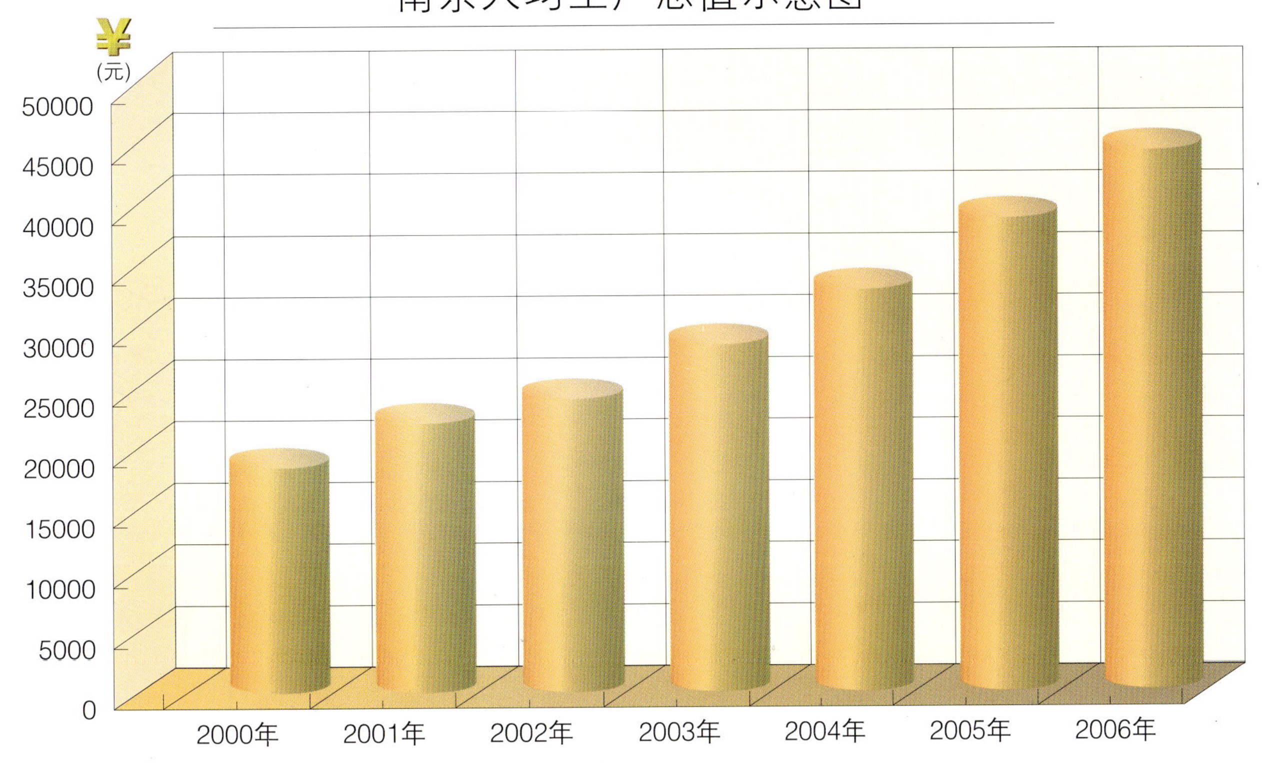
¥
(元)
50000
45000
40000
35000
30000
25000
20000
15000
10000
5000
0
2000年
2001年
2002年
2003年
2004年
2005年
2006年

南京市生产总值示意图

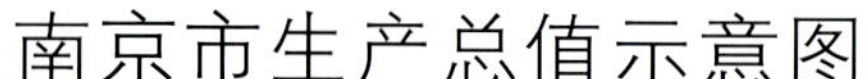

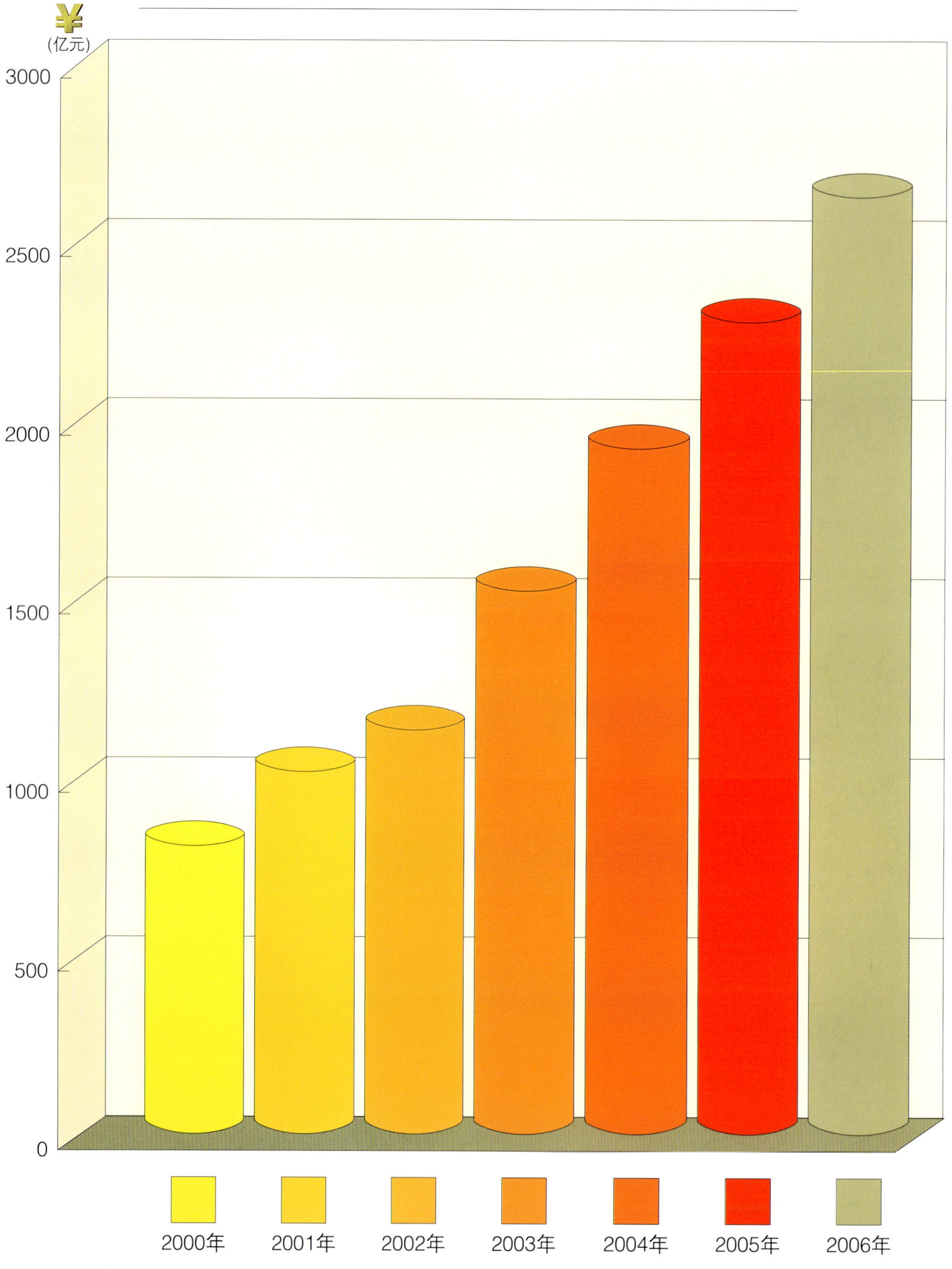

¥
(亿元)
3000
2500
2000
1500
1000
500
0
2000年
2001年
2002年
2003年
2004年
2005年
2006年

南京全社会固定资产投资完成额示意图

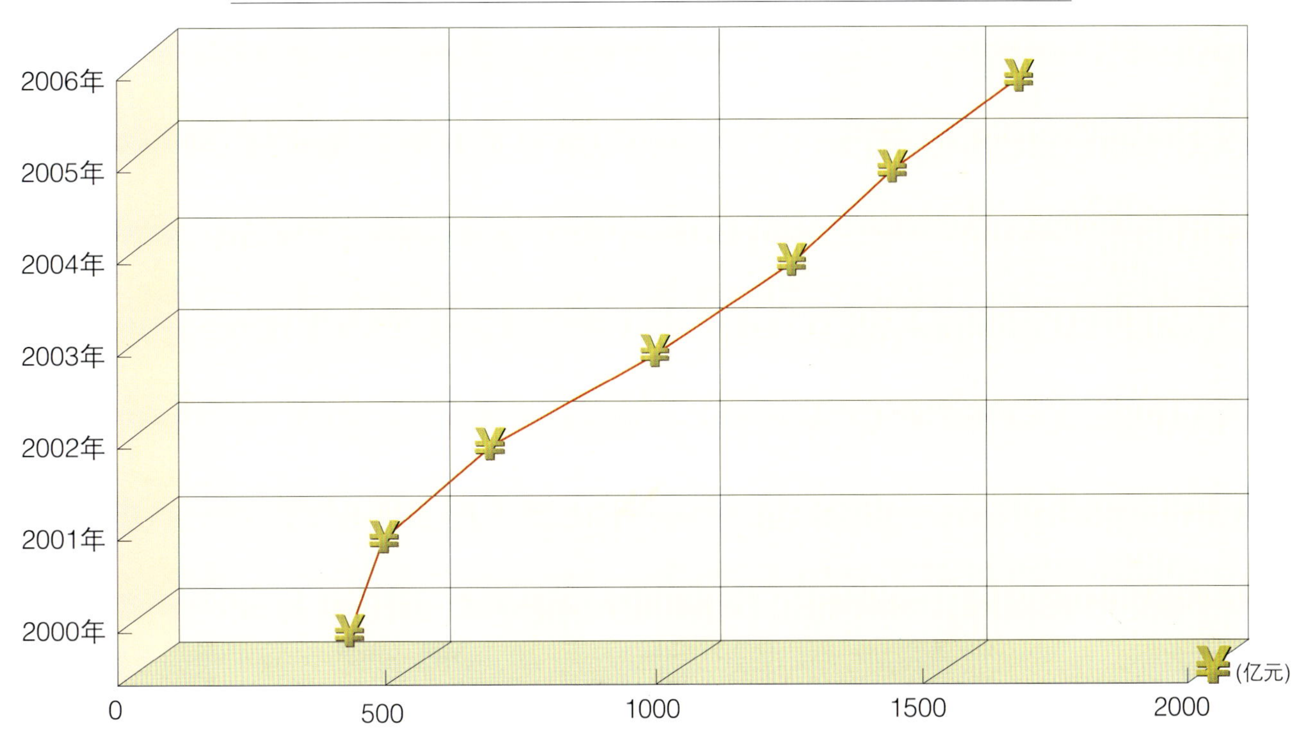

南京社会消费品零售总额示意图

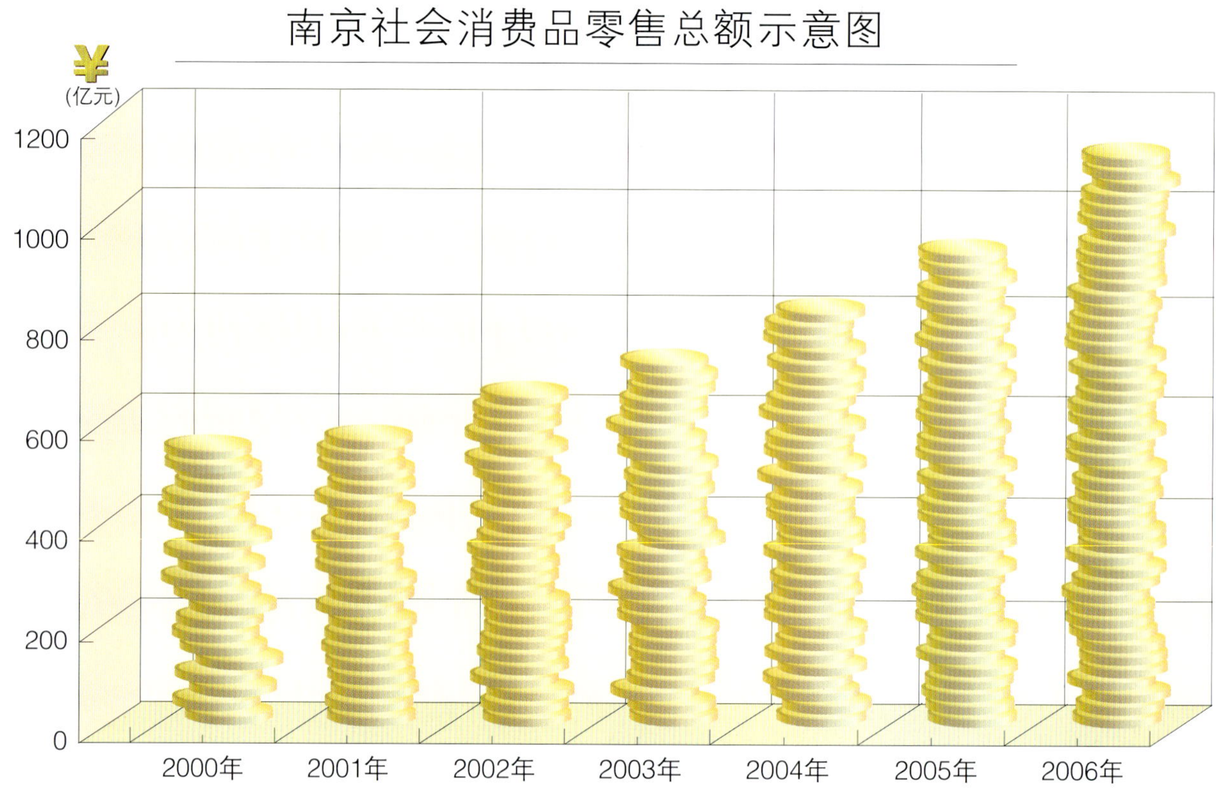

南京外贸出口总额

南京工业增加值、利税总额示意图

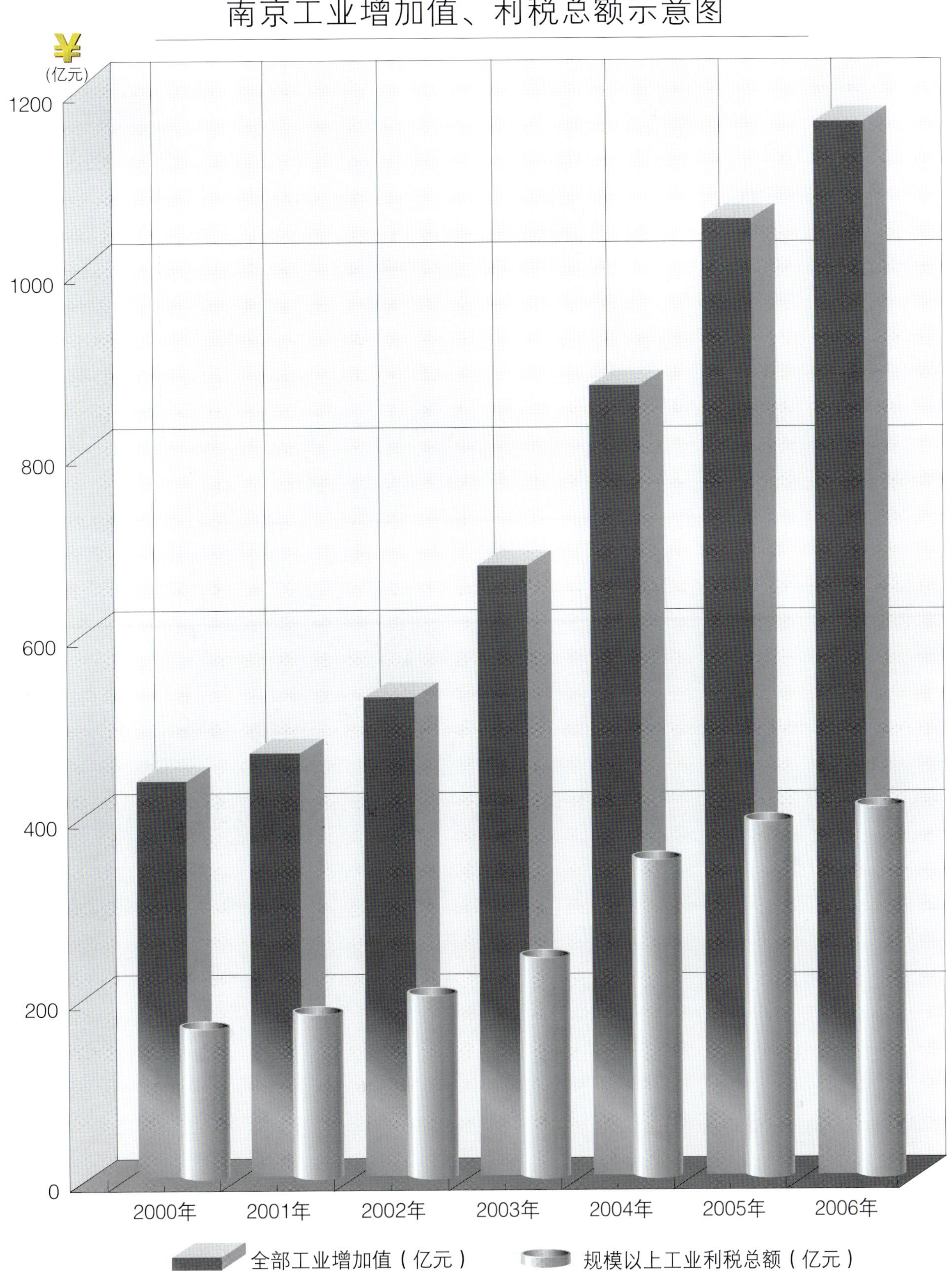

南京农林牧渔总产值（现价）示意图

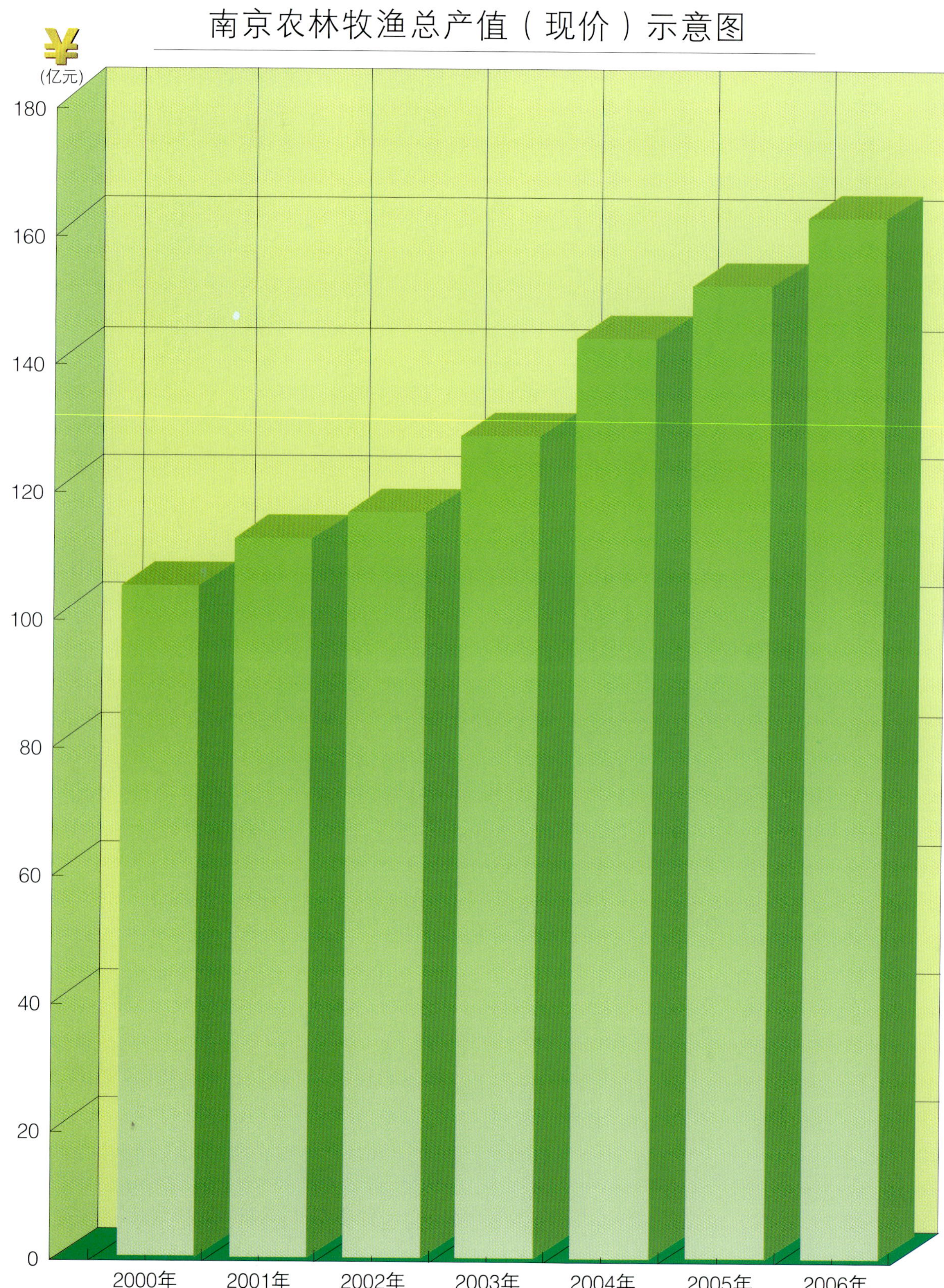

南京高等学校在校学生人数示意图

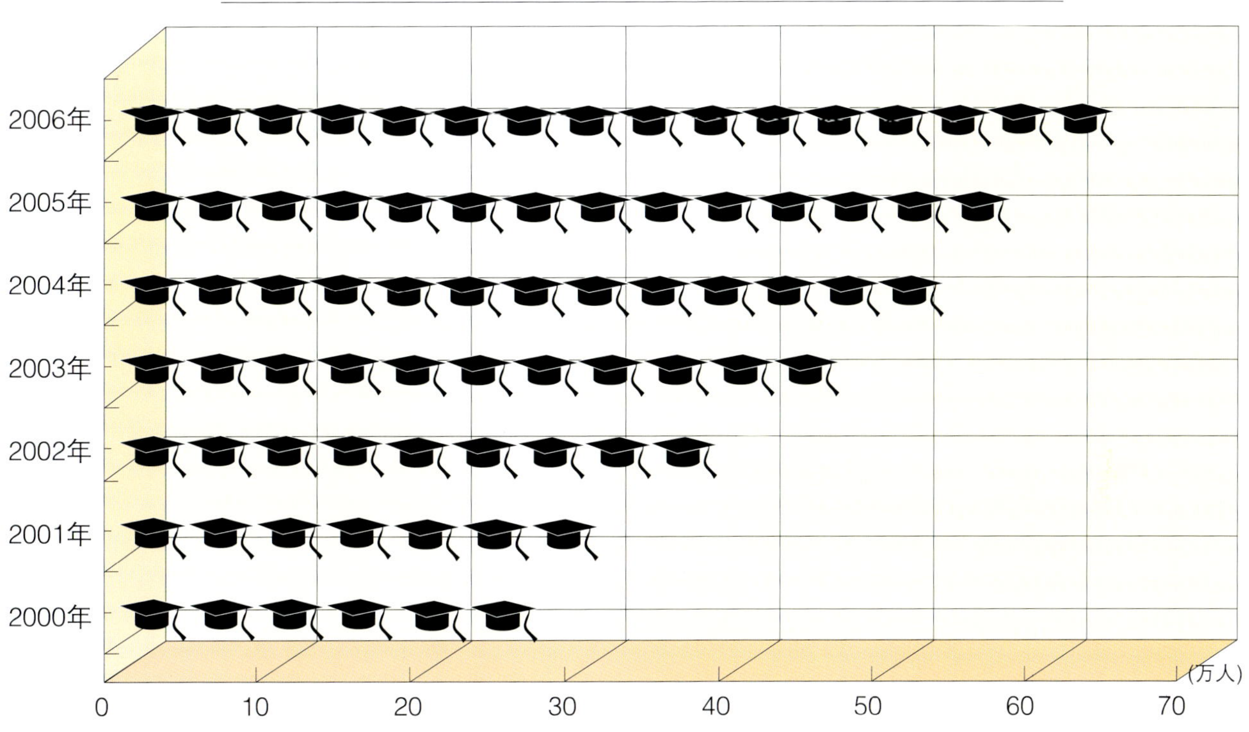

南京人均绿地面积示意图

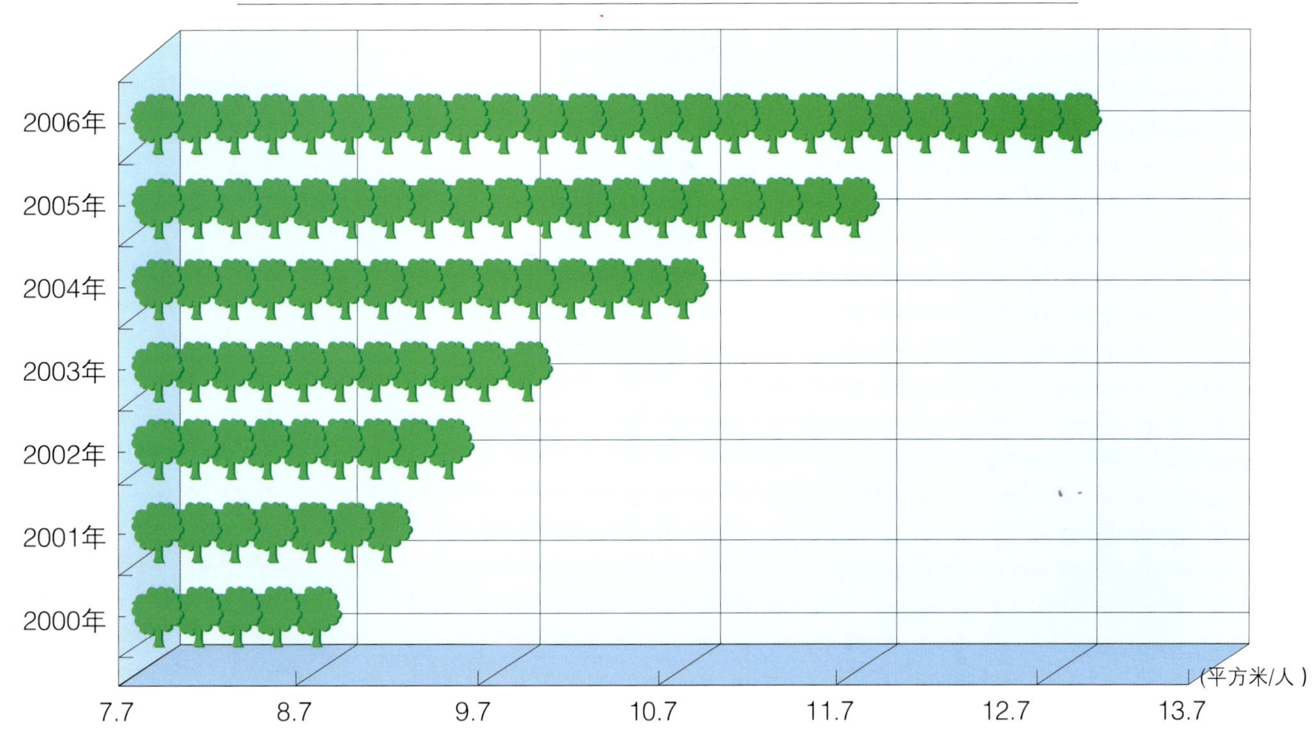

南京城乡居民收入示意图

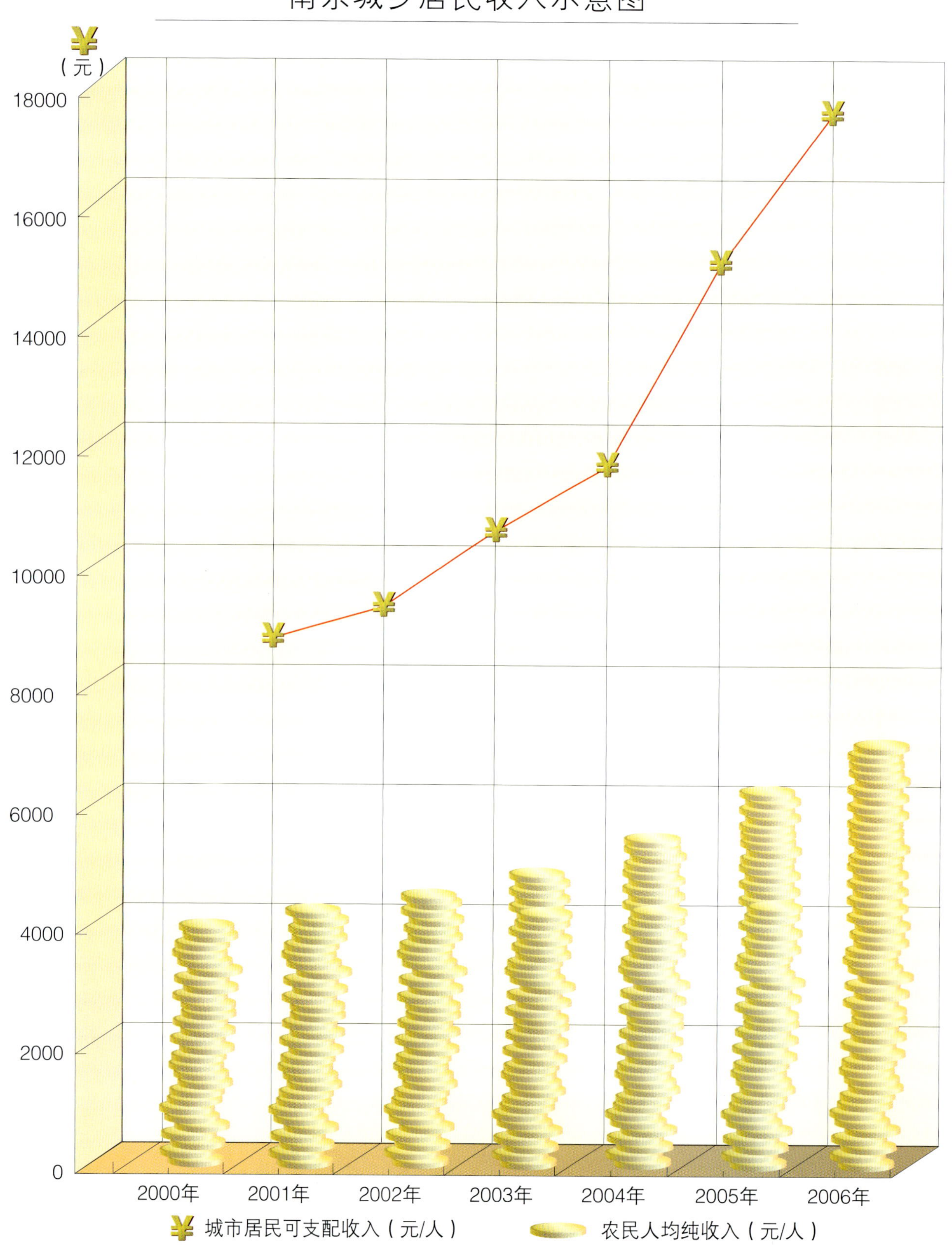

2007 年统计年鉴目录

CONTENTS ON STATISTICAL YEARBOOK－2007

(一)综合

General Survey

(二)人口
Population

(三)劳动力与职工工资
Labor Forces and Wages of the Staff and Workers

(四)农业
Agriculture

(五)工业
Industry

(六)交通运输和邮电通讯业
Transportation，Post and Telecommunication Services

(七)固定资产投资和建筑业
Investment in Fixed Assets and Construction

(八)批发和零售业、住宿和餐饮业
Wholesale and Retail Trade, Accommodations and Catering

(九)对外经济贸易和旅游业
Foreign Trade and Economic Cooperation, Tourism

(十)财政、金融和保险
Government Finance, Banking and Insurance

（十一）能源购进、消费与库存
Energy Purchasing，Consumption and Inventory

（十二）科技、教育
Science and Technology，education

(十三)文化、卫生和体育
Culture, Public Health and Sports

（十四）城市建设与环境保护
Urban Construction and Environmental Protection

（十五）物价与人民生活
Price and People's Livelihood

十六、司法、社会福利、其他
Judgement, Social Welfare and Others

（十七）区县社会经济
Social Economy by District and County

(十八)附录

Appendix

（一）综合

CHAPTER 1
GENERAL SURVEY

表1—1 行政区划（2006年）

计量单位：个

地　区	街道办事处	社区居民委员会	镇人民政府	村民委员会
总　计	75	824	39	647
市　区	75	792	23	396
城　区	43	360		40
玄　武	8	64		9
白　下	10	62		4
秦　淮	5	47		6
建　邺	7	35		19
鼓　楼	7	95		2
下　关	6	57		
郊　区	32	432	23	356
浦　口	4	66	7	84
栖　霞	9	84		37
雨花台	7	53		15
江　宁	7	141	2	78
六　合	5	88	14	142
县		32	16	251
溧　水		15	8	92
高　淳		17	8	159

注：本表数据由市民政局地名办提供。

（一）综合

表1—2 区、县所辖街道办事处、镇名称（2006年）

地 区	街道办事处
玄武区	梅园新村、新街口、玄武门、后宰门、锁金村、孝陵卫、玄武湖、红山
白下区	淮海路、洪武路、建康路、五老村、大光路、瑞金路、月牙湖、光华路、朝天宫、止马营
秦淮区	夫子庙、双塘、中华门、秦虹、红花
建邺区	滨湖、南湖、南苑、兴隆、双闸、沙洲、江心洲
鼓楼区	华侨路、宁海路、湖南路、中央门、挹江门、江东、莫愁
下关区	热河南路、阅江楼、建宁路、宝塔桥、小市、幕府山
浦口区	泰山、顶山、沿江、江浦
栖霞区	尧化、迈皋桥、燕子矶、马群、龙潭、栖霞、仙林、靖安、八卦洲
雨花台区	雨花新村、宁南、西善桥、板桥、铁心桥、赛虹桥、梅山
江宁区	东山、秣陵、淳化、汤山、禄口、江宁、谷里
六合区	山潘、西厂门、卸甲甸、葛塘、长芦

表1—2 续表

地 区	镇
浦口区	盘城、桥林、永宁、汤泉、星甸、石桥、乌江
江宁区	湖熟、横溪
六合区	雄州、冶山、瓜埠、东沟、竹镇、马集、龙袍、新集、程桥、八百桥、横梁、玉带、马鞍、新篁
溧水县	永阳、柘塘、洪蓝、石湫、东屏、白马、和凤、晶桥
高淳县	淳溪、固城、东坝、椏溪、漆桥、阳江、砖墙、古柏

表1—3 气候（2006年）

月 份	平均气温（摄氏）	月平均气温（摄氏）		降水量合计（毫米）
		最高	最低	
全 年	17.0	21.6	13.2	1106.8
一 月	3.9	7.6	1.2	107.1
二 月	4.3	7.8	1.5	61.2
三 月	11.3	17.6	6.0	12.1
四 月	17.1	22.5	12.3	132.2
五 月	21.2	26.1	16.9	90.9
六 月	26.5	31.0	22.4	155.7
七 月	28.7	32.4	25.8	248.2
八 月	29.5	33.8	25.9	106.7
九 月	22.5	26.7	19.2	72.4
十 月	20.3	25.4	16.5	9.3
十一月	12.8	17.7	9.0	101.2
十二月	5.3	10.1	1.5	9.8

附：极端最低气温－5.6℃ 12月29日
极端最高气温37.8℃ 8月14日
全年日照 1766.9小时

表1—4　土地面积和人口（2006年）

地　区	土地面积		年末户籍人口	
	面积（平方公里）	比重(%)	人数（万人）	比重(%)
总　计	6582.31	100.00	607.23	100.0
市　区	4723.07	71.8	524.64	86.4
玄　武	75.17	1.1	48.90	8.0
白　下	26.46	0.4	46.62	7.7
秦　淮	22.69	0.3	24.77	4.1
建　邺	82.66	1.3	20.44	3.4
鼓　楼	24.77	0.4	69.62	11.5
下　关	28.30	0.4	29.93	4.9
浦　口	912.33	13.9	50.44	8.3
栖　霞	376.09	5.7	41.43	6.8
雨花台	134.60	2.1	20.72	3.4
江　宁	1572.87	23.9	84.55	13.9
六　合	1467.12	22.3	87.22	14.4
县	1859.24	28.2	82.59	13.6
溧　水	1067.26	16.2	40.59	6.7
高　淳	791.98	12.0	42.00	6.9

注:本表中土地面积数据由南京市国土资源局地籍管理处提供。

表1—5 社会经济主要指标（2006年）

指　　标	2006年	2006年为上年%
土地面积(平方公里)	6582.31	100.0
户籍总人口(万人)	607.23	101.9
地区生产总值(GDP)(亿元)	2773.78	115.1
单位地区生产总值能源消费总量(吨标准煤/万元)	1.31	96.3
规模以上工业总产值(亿元)	4692.81	116.2
全社会固定资产投资(亿元)	1613.55	115.0
货物运输量(万吨)	18402.00	101.8
客运量(万人)	22123.00	107.7
港口货物吞吐量(万吨)	10729.00	92.4
社会消费品零售总额(亿元)	1166.85	116.1
实际外商直接投资(万美元)	170211	120.1
居民消费价格指数(%)	101.70	101.7
商品零售价格指数(%)	98.90	98.9
接待国内外旅游人数(万人次)	3900.92	117.9
国际旅游创汇收入(亿美元)	6.77	117.5
财政总收入(亿元)	603.91	118.4
地方财政一般预算收入(亿元)	246.44	116.8
财政支出(亿元)	371.02	117.6

注:地区生产总值发展速度按可比价计算;财政收入发展速度为同口径对比。

表1—6　按人口平均的社会经济主要指标（2006年）

指　　标	2006年	2006年为上年%
人均地区生产总值(元)	46113.00	112.8
人均固定资产投资(元)	26824.55	112.8
人均财政收入(元)	10039.73	116.1
人均财政支出(元)	6168.04	115.3
人均日生活用水量(升)	235.38	76.1
人均生活用电(千瓦小时)	581.32	113.4
年末每万人拥有医疗床位(张)	44.85	101.2
年末每万人拥有执业医师、助理医师(人)	25.22	104.0
城市居民人均可支配收入(元)	17537.72	116.9
城市居民人均消费支出(元)	12233.56	114.3
职工年平均工资(元)	28439.00	112.8
农村居民人均纯收入(元)	7045.00	113.2
农村居民人均生活消费支出(元)	5511.96	126.0
每万人拥有公共交通车辆(标台)	13.83	124.2
人均拥有道路面积(平方米)	17.50	120.8
人均公共绿地面积(平方米)	12.97	110.1

注:人均地区生产总值按户籍平均人口计算,发展速度按可比价计算。

表1—7 全市生产总值（2006年）

计量单位:亿元

指 标	2006年	2006年为上年%（按可比价计算）	占生产总值比重%
地区生产总值	2773.78	115.1	100.0
第一产业	82.02	104.0	3.0
第二产业	1359.94	115.4	49.0
工业	1181.94	115.9	42.6
建筑业	178.00	112.4	6.4
第三产业	1331.82	115.5	48.0
交通运输、仓储和邮政业	164.43	112.2	5.9
批发和零售业	319.18	117.4	11.5
住宿和餐饮业	58.73	113.7	2.1
金融业	135.00	116.3	4.9
房地产业	123.85	128.7	4.5
其他服务业	530.63	112.9	19.1
附:按户籍平均人口计算的人均地区生产总值(元)	46113	112.8	—
按常住平均人口计算的人均地区生产总值(元)	39376	110.9	—

（一）综合

表1—8　市区生产总值（2006年）

计量单位：亿元

指　　标	2006年	2006年为上年%（按可比价计算）	占生产总值比重%
地区生产总值	2559.00	114.7	100.0
第一产业	56.12	103.8	2.2
第二产业	1242.63	114.5	48.6
工业	1085.91	114.8	42.5
建筑业	156.72	112.2	6.1
第三产业	1260.25	115.3	49.2
交通运输、仓储和邮政业	141.61	110.3	5.5
批发和零售业	297.37	117.5	11.6
住宿和餐饮业	54.61	113.5	2.1
金融业	135.00	116.3	5.3
房地产业	118.32	129.4	4.6
其他服务业	513.34	112.7	20.1
附：按户籍平均人口计算的人均地区生产总值（元）	49305	112.0	—
按常住平均人口计算的人均地区生产总值（元）	41067	110.2	—

表 1—9 按支出法计算的全市生产总值（2006 年）

计量单位:亿元

指　　标	2006 年	2006 年为上年%（按现价计算）
支出法地区生产总值	2773.78	115.0
一、最终消费支出	1263.41	118.6
1. 居民消费支出	783.11	120.2
农村居民	145.86	118.0
城镇居民	637.25	120.7
2. 政府消费支出	480.30	116.1
二、资本形成总额	1562.84	110.1
1. 固定资本形成总额	1472.43	113.3
第一产业	6.90	144.4
第二产业	738.12	125.9
第三产业	727.41	102.7
2. 存货增加	90.41	75.7
三、货物和服务净流出	－52.47	—

注:居民消费支出按常住人口计算。

表1—10　最终消费（2006年）

计量单位:亿元

指　　标	2006年	2006年为上年%（按现价计算）
最终消费支出	1263.41	118.6
一、居民消费支出	783.11	120.2
（一）农村居民	145.86	118.0
1. 食品类支出	47.45	103.2
2. 衣着类支出	9.18	131.3
3. 居住类支出	18.99	134.2
4. 家庭设备、用品及服务类支出	8.67	146.5
5. 医疗保健类支出	6.83	136.9
6. 公共医疗消费支出	0.21	116.7
7. 交通和通信类支出	15.62	132.4
8. 文教娱乐用品及服务类支出	22.78	129.9
9. 金融中介服务虚拟支出	6.53	100.0
10. 自有住房服务虚拟支出	6.70	102.4
11. 其它商品和服务类支出	2.90	97.6
（二）城镇居民	637.25	120.7
1. 食品类支出	187.92	114.0
2. 衣着类支出	44.83	114.4
3. 居住类支出	57.92	145.4
4. 家庭设备、用品及服务类支出	40.25	123.9
5. 医疗保健类支出	39.66	114.6
6. 公共医疗消费支出	6.85	132.2
7. 交通和通信类支出	66.58	117.0
8. 文教娱乐用品及服务类支出	97.82	131.3
9. 金融中介服务虚拟支出	38.40	100.0
10. 自有住房服务虚拟支出	30.78	134.2
11. 实物消费支出	6.60	152.1
12. 其它商品和服务类支出	19.64	134.2
二、政府消费支出	480.30	116.1

注:居民消费支出按常住人口计算。

表 1—11 居民消费水平

指 标		2006 年	2005 年	2006 年为上年%
一、当年价格居民消费水平	（元/人）	11117	9593	115.9
农村居民		5809	4901	118.5
城镇居民		14056	12364	113.7
二、常住居民年平均人口	（万人）	704.44	678.99	
农村居民		251.08	252.14	
城镇居民		453.36	426.85	

表 1—12 企业家信心指数（2006 年）

指 标	一季度	二季度	三季度	四季度
企业家信心指数	131.84	127.80	123.18	133.81
一、按行业分				
工业	124.76	114.40	110.01	123.48
建筑业	159.04	158.06	108.00	150.25
交通运输、仓储和邮政业	114.78	119.71	136.20	134.12
批发和零售业	145.90	145.65	152.20	152.52
房地产业	148.57	154.45	151.51	153.48
社会服务业	126.52	143.33	140.00	120.54
信息传输、计算机服务和软件业	131.08	136.43	153.25	161.98
住宿和餐饮业	152.19	166.00	145.52	161.43
二、按企业登记注册类型分				
国有企业	127.75	135.04	142.32	140.43
集体企业	175.00	175.00	125.00	100.00
有限责任公司	126.71	118.45	107.86	130.99
股份有限公司	149.35	148.01	150.83	151.10
外商及港、澳、台投资企业	132.14	144.54	149.77	143.28
三、按企业规模分				
大型	157.66	160.93	149.95	161.48
中型	124.00	132.00	132.00	135.35
小型	126.09	126.09	129.41	128.36

（一）综合

表1—13　企业景气指数（2006年）

指　　标	一季度	二季度	三季度	四季度
企业景气指数	119.95	121.17	121.84	152.06
一、按行业分				
工业	98.43	103.86	110.15	156.29
建筑业	171.85	167.85	116.11	124.18
交通运输、仓储和邮政业	118.47	92.27	98.36	124.52
批发和零售业	152.94	156.27	153.57	156.08
房地产业	149.87	146.11	153.97	151.02
社会服务业	129.85	136.67	143.33	165.52
信息传输、计算机服务和软件业	143.04	146.26	171.14	171.40
住宿和餐饮业	155.23	146.29	140.15	162.74
二、按企业登记注册类型分				
国有企业	125.18	127.22	121.05	139.41
集体企业	150.00	125.00	125.00	125.00
有限责任公司	118.12	120.00	112.18	145.37
股份有限公司	139.95	139.06	154.08	166.86
外商及港、澳、台投资企业	146.39	151.73	163.87	173.01
三、按企业规模分				
大型	167.09	157.26	144.02	158.56
中型	130.00	135.00	141.00	145.45
小型	118.84	120.29	127.94	143.28

表 1—14　个体经营户注册登记情况（2006 年）

指　　标	年末户数（户）	从业人数（人）	资金数额（万元）
合　　计	161050	279162	848716
一、农、林、牧、渔业	1536	2885	43158
二、采矿业	131	521	2583
三、制造业	10178	22905	62477
四、电力、燃气及水的生产和供应业	30	47	130
五、建筑业	1248	3203	10572
六、交通运输、仓储和邮政业	8641	12083	64186
七、信息传输、计算机服务和软件业	1230	2338	4487
八、批发和零售业	98890	151223	415899
九、住宿和餐饮业	13001	33624	105367
十、房地产业	365	657	1563
十一、租赁和商务服务业	1860	3301	12985
十二、居民服务和其他服务业	17557	34493	93478
十三、卫生、社会保障和社会福利业	344	758	2510
十四、文化、体育和娱乐业	3343	6074	17575
十五、其他行业	2696	5050	11746

注:本表数据来自市工商局。

（一）综合

表1—15　私营企业注册登记情况（2006年）

指　标	年末户数（户）	从业人数（人）	注册资金（万元）
合　计	92901	922887	11280130
一、农、林、牧、渔业	602	5481	75441
二、采矿业	180	4805	129664
三、制造业	16732	299488	2338281
四、电力、燃气及水的生产和供应业	70	1853	25443
五、建筑业	7678	95170	1111129
六、交通运输、仓储和邮政业	2306	24839	276577
七、信息传输、计算机服务和软件业	4085	27293	359038
八、批发和零售业	36271	259321	3318928
九、住宿和餐饮业	1394	22567	127519
十、房地产业	2088	22735	1208790
十一、租赁和商务服务业	12439	78364	1368864
十二、居民服务和其他服务业	4494	37301	252647
十三、卫生、社会保障和社会福利业	175	1656	14136
十四、文化、体育和娱乐业	651	6003	53038
十五、其他行业	3736	36011	620635

注:本表数据来自市工商局。

表 1—16　主要年份地区生产总值

计量单位:亿元

年　份	地区生产总值	第一产业	第二产业	#工业	第三产业	人均地区生产总值(元)(按户籍平均人口计算)
1990	176.52	17.26	96.03	87.40	63.23	3538
1992	263.67	19.94	142.12	128.86	101.61	5188
1993	355.25	25.28	191.67	172.93	138.30	6933
1994	472.17	34.85	248.26	227.99	189.06	9142
1995	584.59	44.97	297.46	258.38	242.16	11242
1996	682.78	45.93	339.49	286.12	297.36	13041
1997	773.78	49.85	379.86	323.13	344.07	14665
1998	850.24	51.72	406.18	341.89	392.34	16010
1999	937.89	53.53	432.86	368.44	451.50	17535
2000	1073.54	57.56	491.87	424.81	524.11	19838
2001	1218.51	61.94	544.66	469.67	611.91	22196
2002	1385.14	65.73	610.65	523.00	708.76	24816
2003	1690.77	69.51	802.24	691.99	819.02	29780
2004	2067.18	75.27	1003.99	869.51	987.92	35770
2005	2411.11	77.22	1200.28	1043.18	1133.61	40887
2006	2773.78	82.02	1359.94	1181.94	1331.82	46113

注:本表数据均为现价。

（一）综合

表1—17 主要年份地区生产总值发展速度

计量单位：%

年 份	地区生产总值	第一产业	第二产业	#工业	第三产业	人均地区生产总值（按户籍平均人口计算）
1990	109.2	97.2	105.1	111.8	121.8	105.3
1992	123.1	111.8	127.2	128.0	127.0	122.1
1993	117.3	103.7	118.5	123.5	116.8	116.3
1994	115.6	98.6	119.2	120.6	112.8	114.7
1995	112.4	115.6	113.0	108.7	110.8	111.6
1996	113.0	108.9	113.6	111.1	112.8	112.2
1997	113.3	109.6	113.3	113.9	114.1	112.4
1998	111.8	104.5	111.9	111.3	112.6	111.1
1999	110.6	107.4	109.7	111.0	112.6	109.8
2000	112.3	108.1	112.1	112.8	113.1	111.0
2001	111.1	108.3	109.0	108.1	113.8	109.5
2002	112.8	106.8	112.3	111.2	114.0	110.9
2003	115.0	105.1	118.7	118.4	112.5	113.1
2004	117.3	105.9	120.7	123.0	114.9	115.2
2005	115.1	102.7	117.9	118.0	113.4	112.8
2006	115.1	104.0	115.4	115.9	115.5	112.8

注：本表的发展速度均按可比价计算。

主要统计指标解释

可比价格 指在不同时期的价值指标对比时，扣除了价格变动的因素，以确切反映物量的变化。按可比价格计算有两种方法：一种是直接用产品产量乘某一年的不变价格计算；另一种是用价格指数换算。

不变价格 指以同类产品某年的平均价格作为固定价格，来计算各年产品价值。按不变价格计算的产品价值消除了价格变动因素，不同时期对比可以反映生产的发展速度。新中国成立后，随着工农业产品价格水平的变化，国家统计局先后五次制定了全国统一的工业产品不变价格和农业产品不变价格，从 1949 年到 1957 年使用 1952 年工（农）业产品不变价格，从 1957 年到 1971 年使用 1957 年不变价格，从 1971 年到 1981 年使用 1970 年不变价格，从 1981 年到 1990 年使用 1980 年不变价格，从 1990 年开始使用 1990 年不变价格。

平均增长速度 我国计算平均增长速度有两种方法：一种是习惯上经常使用的“水平法”，又称几何平均法，是以间隔期最后一年的水平同基期水平对比来计算平均每年增长（或下降）速度；另一种是“累计法”，又称代数平均法或方程法，是以间隔期内各年水平的总和同基期水平对比来计算平均每年增长（或下降）速度。在一般正常情况下，两种方法计算的平均每年增长速度比较接近；但在经济发展不平衡、出现大起大落时，两种方法计算的结果差别较大。

本《年鉴》内所列的平均增长速度，除固定资产投资用“累计法”计算外，其余均用“水平法”计算。从某年到某年平均增长速度的年份，均不包括基期年在内。如建国四十三年以来的平均增长速度是以 1949 年为基期计算的，则写为 1950－1992 年平均增长速度，其余类推。

三次产业 根据社会生产活动历史发展的顺序对产业结构的划分，产品直接取自自然界的部门称为第一产业，对初级产品进行再加工的部门称为第二产业。为生产和消费提供各种服务的部门称为第三产业。它是世界上通用的产业结构分类，但各国的划分不尽一致。

我国的三次产业划分是：

第一产业是指农、林、牧、渔业。

第二产业是指采矿业，制造业，电力、燃气及水的生产和供应业，建筑业。

第三产业是指除第一、二产业以外的其他行业。

企业（单位）登记注册类型 是以在工商行政管理机关登记注册的各类企业为划分对象，以工商行政管理部门对企业登记注册的类型为依据，将企业登记注册类型分为内资企业、港澳台商投资企业和外商投资企业三大类。内资企业包括国有企业、集体企业、股份合作企业、联营企业、有限责任公司、股份有限公司、私营公司和其他企业；港澳台商投资企业和外商投资企业分别包括合资经营企业、合作经营企业、独资经营企业和股份有限公司。对不在工商行政管理部门进行登记注册的行政机关、事业单位和社会团体，主要按其经费来源和管理方式进行划分。

法人单位 指具备以下条件的单位：(1) 依法成立，有自己的名称、组织机构和场所，能够独立承担民事责任；(2) 独立拥有和使用（或授权使用）资产，承担负债，有权与其他单位签订合同；(3) 会计上独立核算，能够编制资产负债表。法人单位包括企业法人、事业单位法人、机关法人、社会团体法人和其他法人。

法人单位所属产业活动单位（简称：产业活动单位） 是指具备有以下条件的单位：(1) 在一个场所从事一种或主要从事一种社会经济活动；(2) 相对独立组织生产经营或业务活动：(3) 能够掌握收入和支出等业务核算资料。产业活动单位是指经过法定程序批准建立的、不能独立承担民事责任的单位。包括由各级工商行政管理机关核准登记，领取《营业执照》的分支机构或经营单位；由各级登记主管机关备案，或依据相关法律法规由各级主管部门批准建立的事业单位分支机构和社会团体分支机构。未经法定程序批准在法人内部建立的机构，具备产业活动单位条件的认定为产业活动单位。产业活动单位分为单产业法人单位和多产业法人单位。

地区生产总值 是按市场价格计算的地区生产总值的简称。它是一个国家（地区）所有常住单位在一定时期内生产活动的最终成果。地区生产总值有三种表现形态，即价值形态、收入形态和产品形态。从价值形态看，它是所有常住单位在一定时期内所生产的全部货物和服务价值超过同期投入的全部非固定资产货物和服务价值的差额，即所有常住单位的增加值之和；从收入形态看，它是所有常住单位在一定时期内所创造并分配给常住单位和非常住单位的初次分配收入之和；从产品形态看，它是最终使用的货物和服务减去进口货物和服务。在实际核算中，地区生产总值的三种表现形态表现为三种计算方法，即生产法、收入法和支出法。三种方法分别从不同的方面反映地区生产总值及其构成。

支出法地区生产总值 指一个国家（地区）所有常住单位在一定时期内用于最终消费、资本形成总额，以及货物和服务的净出口总额，它反映本期生产的地区生产总值的使用及构成。

最终消费 指常住单位在一定时期内对于货物和服务的全部最终消费支出，也就是常住单位为满足物质、文化和精神生活的需要，从本国经济领土和国外购买的货物和服务的支出；不包括非常住单位在本国经济领土内的消费支出。最终消费分为居民消费和政府消费。

居民消费 指常住住户对货物和服务的全部最终消费支出。居民消费按市场价格计算，即按居民支付的购买者价格计算。购买者价格是购买者取得货物所支付的价格，包括购买者支付的运输和商业费用。居民消费除了直接以货币形式购买货物和服务的消费之外，还包括以其他方式获得的货物和服务的消费支出，即所谓的虚拟消费支出。居民虚拟消费支出包括以下几种类型：单位以实物报酬及实物转移的形式提供给劳动者的货物和服务；住户生产并由本住户消费了的货物和服务，其中的服务仅指住户的自有住房服务；金融机构提供的金融媒介服务；保险公司提供的保险服务。

政府消费 指政府部门为全社会提供公共服务的消费支出和免费或以较低价格向住户提供的货物和服务的净支出。前者等于政府服务的产出价值减去政府单位所获得的经营收入的价值，政府服务的产出价值等于它的经常性业务支出加上固定资产折旧；后者等于政府部门免费或以较低价格向住户提供的货物和服务的市场价值减去向住户收取的价值。

资本形成总额 指常住单位在一定时期内获得的减去处置的固定资产加存货的变动，包括固定资本形成总额和存货增加。

固定资本形成总额 指常住单位购置、转入和自产自用的固定资产，扣除固定资产的销售和转出后的价值，分有形固定资产形成总额和无形固定资产形成总额。有形固定资产形成总额包括一定时期内完成的建筑工程、安装工程和设备工器具购置（减处置）价值，以及土地改良、新增役、种、奶、毛、娱乐用牲畜和新增经济林木价值。无形固定资产形成总额包括矿藏的勘探、计算机软件、娱乐和文学艺术品原件等获得减处置。

存货增加 指常住单位存货实物量变动的市场价值，即期末价值减期初价值的差额。存货增加可以是正值，也可以是负值；正值表示存货上升，负值表示存货下降。它包括生产单位购进的原材料、燃料和储备物资等存货，以及生产单位生产的产成品、在制品等存货等。

货物和服务净出口 指货物和服务出口减货物和服务进口的差额。出口包括常住单位向非常住单位出售或无偿转让的各种货物和服务的价值；进口包括常住单位从非常住单位购买或无偿得到的各种货物和服务的价值。由于服务活动的提供与使用同时发生，因此服务的进出口业务并不发生出入境现象，一般把常住单位从国外得到的服务作为进口，非常住单位从本国得到的服务作为出口。货物的出口和进口都按离岸价格计算。

劳动者报酬 指劳动者因从事生产活动所获得的全部报酬。包括劳动者获得的各种形式的工资、奖金和津贴，既包括货币形式的，也包括实物形式的；还包括劳动者所享受的公费医疗和医药卫生费、上下班交通补贴和单位支付的社会保险费等。对于个体经济来说，其所有者所获得的劳动报酬和经营利润不易区分，这两部分统一作为劳动者报酬处理。

生产税净额 指生产税减生产补贴后的余额。生产税指政府对生产单位生产、销售和从事经营活动以及因从事生产活动使用某些生产要素（如固定资产、土地、劳动力）所征收的各种税、附加费和规费。生产补贴与生产税相反，指政府对生产单位的单方面收入转移，因此视为负生产税，包括政策亏损补贴、粮食系统价格补贴、外贸企业出口退税收入等。

固定资产折旧 指一定时期内为弥补固定资产损耗按照核定的固定资产折旧率提取的固定资产折旧，或按国民经济核算统一规定的折旧率虚拟计算的固定资产折旧。它反映了固定资产在当期生产中的转移价值。各类企业和企业化管理的事业单位的固定资产折旧是指实际计提并计入成本费中的折旧费；不计提折旧的政府机关、非企业化管理的事业单位和居民住房的固定资产折旧是按照统一规定的折旧率和固定资产原值计算的虚拟折旧。原则上，固定资产折旧应按固定资产的重置价值计算，但是目前我国尚不具备对全社会固定资产进行重估价的基础，所以暂时只能采用上述办法。

营业盈余 指常住单位创造的增加值扣除劳动者报酬、生产税净额和固定资产折旧后的余额。它相当于企业的营业利润加上生产补贴，但要扣除从利润中开支的工资和福利等。

企业家信心指数（也称“宏观经济景气指数”） 是根据企业家对企业外部市场经济环境与宏观政策的认识看法、判断与预期（通常为对“乐观”、“一般”、“不乐观”的选择）而编制的指数，用以综合反映企业家对宏观经济环境的感受与信心。景气指数的表示范围为0—200之间，含义为：100为景气指数的临界值，表明景气状况变化不大；100—200为景气区间，表明经济状况趋于上升或改善，越接近200状况越景气；0—100为不景气区间，表明经济状况趋于下降或恶化，越接近于0，状况越不景气。

企业景气指数（也称“企业综合生产经营景气指数”） 是根据企业对本企业综合生产经营情况的判断与预期（通常为“好”、“一般”、“不佳”的选择）而编制的指数，用以综合反映企业的生产经营状况。景气指数的表示范围为0—200之间，含义为：100为景气指数的临界值，表明景气状况变化不大；100—200为景气区间，表明经济状况趋于上升或改善，越接近200状况越景气；0—100为不景气区间，表明经济状况趋于下降或恶化，越接近于0，状况越不景气。

（二）人口

CHAPTER 2
POPULATION

表 2—1　人口主要指标

指　　标	2006 年	2005 年	2006 年为上年%
一、户籍人口情况			
总户数(户)	1962936	1933076	101.5
总人口(人)	6072261	5957992	101.9
按性别分:			
男	3104029	3052448	101.7
女	2968232	2905544	102.2
性别比(以女性为 100)	104.58	105.06	—
迁入人口(人)	231863	225411	102.9
市区	225543	221126	102.0
县	6320	4285	147.5
迁出人口(人)	132535	118457	111.9
市区	124283	111847	111.1
县	8252	6610	124.8
出生人口(人)	44106	45331	97.3
出生率(‰)	7.33	7.69	—
死亡人口(人)	30965	31567	98.1
死亡率(‰)	5.15	5.35	—
自然增长人口(人)	13141	13764	95.5
自然增长率(‰)	2.18	2.34	—
二、全市常住人口(万人)	719.06	689.80	104.2

注:本表户籍资料根据市公安局提供的数据编制。

（二）人口

表 2—2 计划生育情况（2006 年）

计量单位：人

指 标	数 值
一、出生人数	40802
一孩	38040
二孩	2684
三孩及三孩以上	78
二、计划内生育	40546
三、育龄妇女人数	2090866
四、已婚育龄妇女人数	1574267
五、现家庭只有一个孩子的妇女人数	1247071
六、有效领证人数	194016

注：本表根据市人口和计划生育委员会提供的资料编制。

表 2—3 结婚及离婚登记情况

指 标	2006 年	2005 年
结婚登记(对)	71113	47695
#内地居民登记结婚	71113	47695
涉外及华侨、港澳台居民登记结婚	0	0
内地居民登记结婚初婚人数(人)	123965	83439
内地居民登记结婚再婚人数(人)	18261	11951
内地居民恢复结婚对数(对)	1176	1937
离婚登记(对)	13246	12314
#内地居民登记离婚	13246	12314
港澳台、华侨居民登记离婚	0	0

注:本表根据市民政局提供的资料编制。

表 2—4 收养登记情况

计量单位:人

指　　标	2006 年	2005 年
一、收养人合计	179	216
1. 国内公民	179	216
#港澳同胞、台湾公民	0	0
华侨	0	0
2. 外国人	0	0
二、被收养人合计	179	216
1. 社会福利机构抚养的孤儿	1	0
#被外国人收养	0	0
2. 社会福利机构抚养的弃婴	8	1
#被外国人收养	0	0
3. 社会弃婴	163	201
4. 父母无力抚养的儿童	5	1
5. 其他	3	13

注:本表数据为市属口径,由市民政局提供。

（二）人口

表 2—5　主要年份户籍人口数及自然变动情况

年　份	年末户籍总人口（万人）	按农业、非农业分		按性别分		出生率（‰）	死亡率（‰）	自然增长率（‰）
		非农业人口	农业人口	男	女			
1949	256.70	102.02	154.68	136.68	120.02	30.45	17.36	13.09
1950	256.70	101.05	155.65	135.53	121.17	31.20	15.56	15.64
1952	256.18	96.99	159.19	133.82	122.36	34.40	14.57	19.83
1955	280.34	115.25	165.09	147.57	132.77	32.78	12.84	19.94
1957	304.85	133.83	171.02	160.03	144.82	42.75	9.60	33.15
1960	322.59	159.53	163.06	171.34	151.25	20.68	20.45	0.23
1962	322.55	149.10	173.45	166.56	155.99	36.87	8.27	28.60
1965	345.29	153.25	192.04	178.28	167.01	32.07	6.49	25.58
1970	360.53	132.47	228.06	185.69	174.84	26.04	5.28	20.76
1975	392.99	145.62	247.37	203.54	189.45	15.23	5.70	9.53
1978	412.38	156.37	256.01	213.65	198.73	14.50	5.66	8.84
1980	435.87	183.33	252.54	225.11	210.76	13.91	5.83	8.08
1985	465.77	226.70	239.07	241.64	224.13	10.16	5.60	4.56
1990	501.82	236.22	265.60	260.08	241.74	14.77	5.59	9.18
1995	521.72	259.04	262.68	270.77	250.95	8.56	5.94	2.62
1997	529.82	270.11	259.71	274.28	255.54	8.01	5.85	2.16
1998	532.31	276.23	256.08	275.41	256.90	7.12	6.12	1.00
1999	537.44	287.03	250.41	278.14	259.30	7.54	5.53	2.01
2000	544.89	309.52	235.37	281.66	263.23	10.17	7.69	2. 48
2002	563.28	339.35	223.93	291.34	271.94	7.11	5.47	1.64
2003	572.23	391.67	180.56	295.10	277.13	6.87	6.79	0.08
2004	583.60	418.39	165.21	299.74	283.86	7.73	5.44	2.29
2005	595.80	—	—	305.25	290.55	7.69	5.35	2.34
2006	607.23	—	—	310.40	296.83	7.33	5.15	2.18

注：从 2002 年开始出生率、死亡率、自然增长率改为公安数据。

主要统计指标解释

人口数 指一定时点、一定地区范围内的有生命的个人的总和。

年度统计的年末人口数指每年 12 月 31 日 24 时的人口数。年度统计的全国人口总数内未包括台湾省和港澳同胞以及海外华侨人数。

城镇人口和乡村人口 其定义有三种口径：

第一种口径（按行政建制） 城镇人口是指市辖区内和县辖镇的全部人口；乡村人口是指县辖乡人口。

第二种口径（按常住人口划分） 城镇人口是指设区的市的区人口和不设区的市所辖的街道人口以及不设区的市所辖镇的居民委员会人口和县辖镇的居民委员会人口，乡村人口是除上述两种人口以外的全部人口。

第三种口径 城乡人口的划分是按照国家统计局 1999 年发布的《关于统计上划分城乡的规定（试行）》计算的。

1952—1989 年数据为第一种口径的数据，1990—1999 年的数据为第二种口径的数据，2000 年人口普查和 2000 年以后数据是按照国家统计局 1999 年发布的《关于统计上划分城乡的规定（试行）》计算的。

出生率（又称粗出生率） 指在一定时期内（通常为一年）一定地区的出生人数与同期内平均人数（或期中人数）之比。一般用千分率表示。

本资料中的出生率指年出生率，其计算公式为：出生率＝年出生人数/年平均人数×1000

公式中：出生人数指活产婴儿，即胎儿脱离母体时（不管怀孕月数），有过呼吸或其他生命现象。年平均人数指年初、年底人口数的平均数，也可用年中人口数代替。

死亡率（又称粗死亡率） 指在一定时期内（通常为一年）一定地区的死亡人数与同期内平均人数（或期中人数）之比，一般用千分率表示。

本资料中的死亡率指年死亡率，其计算公式为：死亡率＝年死亡人数/年平均人数×1000

人口自然增长率 指在一定时期内（通常为一年）人口自然增加数（出生人数减死亡人数）与该时期内平均人数（或期中人数）之比，一般用千分率表示。

计算公式为：人口自然增长率＝（本年出生人数－本年死亡人数）/年平均人数×1000

（三）劳动力与职工工资

CHAPTER 3
LABOR FORCES AND WAGES OF THE STAFF AND WORKERS

表 3—1 全市从业人员基本情况表

计量单位:万人

指 标	2006 年	2005 年	2006 年为上年%
从业人员	339.11	316.69	107.1
#法人单位从业人员	245.00	219.68	111.5
个体从业人员	52.62	54.69	96.2
从业人员按三次产业分组			
第一产业	41.78	42.62	98.0
第二产业	141.25	131.56	107.4
#工业	97.62	91.73	106.4
第三产业	156.08	142.51	109.5
法人单位从业人员按国民经济行业分组			
采矿业	2.21	2.33	94.8
制造业	85.58	79.42	107.8
电力、燃气及水的生产和供应业	1.59	1.58	100.6
建筑业	41.52	37.71	110.1
交通运输、仓储及邮政业	10.31	9.87	104.5
信息传输、计算机服务和软件业	3.45	2.66	129.7
批发和零售业	28.15	21.77	129.3
住宿和餐饮业	9.02	6.93	130.2
金融业	4.03	4.04	99.8
房地产业	5.86	5.46	107.3
租赁和商务服务业	11.63	9.04	128.7
科学研究、技术服务和地质勘查业	5.58	5.46	102.2
水利、环境和公共设施管理业	2.13	2.13	100.0
居民服务和其他服务业	3.41	2.65	128.7
教育	13.04	11.91	109.5
卫生、社会保障和社会福利业	4.60	4.15	110.8
文化、体育和娱乐业	2.27	2.06	110.2
公共管理和社会组织	10.62	10.51	101.00

注:本表根据经济普查数据和有关统计资料编制,其中法人单位从业人员系第二产业和第三产业法人单位从业人员。

表 3—2　全市城镇单位从业人员情况（2006 年）

计量单位：人

指　　标	单位从业人员	在岗职工	其他从业人员	离开本单位仍保留劳动关系的人员
全　　市	964380	918491	45889	169616
按注册登记类型分组				
国有经济	452548	433722	18826	72546
城镇集体经济	44826	43022	1804	18956
其他单位合计	467006	441747	25259	78114
内资	300223	284672	15551	71222
港澳台商投资	59714	58145	1569	4391
外商投资	107069	98930	8139	2501
按国民经济行业分组				
农、林、牧、渔业	5072	4659	413	1944
采矿业	3721	3702	19	1703
制造业	356072	344572	11500	91521
电力、燃气及水的生产和供应业	19351	19180	171	1388
建筑业	52280	49527	2753	15265
交通运输、仓储及邮政业	88117	83000	5117	15091
信息传输、计算机服务和软件业	11721	9746	1975	1007
批发和零售业	48125	46827	1298	18334
住宿和餐饮业	23932	18500	5432	2984
金融业	28325	25863	2462	1361
房地产业	15881	14356	1525	1737
租赁和商务服务业	23532	23058	474	10085
科学研究、技术服务和地质勘查业	34609	31636	2973	1413
水利、环境和公共设施管理业	17831	16427	1404	1045
居民服务和其他服务业	2029	1901	128	1179
教育	111377	107474	3903	1127
卫生、社会保障和社会福利业	40741	38827	1914	1113
文化、体育和娱乐业	12731	12096	635	662
公共管理和社会组织	68933	67140	1793	657

表 3—3　全市城镇单位从业人员增减变动情况表（2006 年）

计量单位:人

指　　标	全　市	国有经济	城镇集体经济	其他经济
全年增加单位从业人员	111621	33429	3785	74407
从农村招收	28680	5206	1010	22464
从城镇招收	28641	4237	1359	23045
录用的退伍、复员、转业军人	3149	2053	37	1059
录用的大、中专、技工学校毕业生	24448	9659	309	14480
调入人员	9376	5936	580	2860
＃由外省、市调入	578	378	1	199
其他	17327	6338	490	10499

表 3—3　续表

指　　标	全　市	国有经济	城镇集体经济	其他经济
全年减少单位从业人员	115344	35315	6202	73827
离休、退休、退职	19122	9044	1012	9066
开除、除名、辞职	5267	531	63	4673
终止、解除合同	52815	11635	1808	39372
离开本单位仍保留劳动关系的职工	10263	4336	993	4934
死亡	1300	486	52	762
调出人员	8824	4467	406	3951
＃调到外省、市	375	177	1	197
其他	17753	4816	1868	11069

表 3—4　全市城镇单位分行业职工人数及构成（2006 年）

计量单位：人

指　　标	全　市	国有单位	城镇集体单　位	其他类型单　位
总　计	1088107	506268	61978	519861
按企业、事业、机关分组				
企业	800633	227222	55157	518254
事业	217976	209634	6735	1607
机关	69498	69412	86	
按国民经济行业分组				
农、林、牧、渔业	6603	6431	172	
农业	1733	1733		
林业	2932	2932		
牧业	614	526	88	
渔业	444	444		
农、林、牧、渔服务业	880	796	84	
采矿业	5405	1251	248	3906
制造业	436093	76017	29975	330101
电力、燃气及水的生产和供应业	20568	13347	76	7145
电力、热力的生产和供应业	13435	8567	21	4847
燃气生产和供应业	2552	469	26	2057
水的生产和供应业	4581	4311	29	241
建筑业	64792	21649	6264	36879
房屋和土木工程建筑业	41289	10456	5683	25150
建筑安装业	19182	10821	60	8301
建筑装饰业	2475	325	503	1647
其他建筑业	1846	47	18	1781

注：在岗职工＋离开本单位仍保留劳动关系的人员＝单位职工人数

表 3—4 续表 1

指 标	全 市	国有单位	城镇集体单位	其他类型单位
交通运输、仓储及邮政业	98091	68000	4743	25348
铁路运输业	25566	22628	2938	
道路运输业	14953	8213	670	6070
城市公共交通业	18612	11739	41	6832
水上运输业	18637	13932	266	4439
航空运输业	6868	3330		3538
管道运输业	25			25
装卸搬运和其他运输服务业	6806	2367	823	3616
仓储业	1646	943	5	698
邮政业	4978	4848		130
信息传输、计算机服务和软件业	10753	1462		9291
电信和其他信息传输服务业	5425	765		4660
计算机服务业	1662	682		980
软件业	3666	15		3651
批发和零售业	65161	14223	5354	45584
批发业	34067	7867	1955	24245
零售业	31094	6356	3399	21339
住宿和餐饮业	21484	7116	809	13559
住宿业	13204	6008	551	6645
餐饮业	8280	1108	258	6914
金融业	27224	12915	1594	12715
银行业	22374	11350	1594	9430
证券业	1112	109		1003
保险业	3077	1303		1774
其他金融活动	661	153		508

表 3—4　续表 2

指　　标	全　市	国有单位	城镇集体单　　位	其他类型单　　位
房地产业	16093	5530	630	9933
＃ 房地产开发经营	8752	1956	55	6741
物业管理	5798	2240	534	3024
房地产中介服务	301	206		95
租赁和商务服务业	33143	16309	5027	11807
租赁业	166	73	62	31
商务服务业	32977	16236	4965	11776
科学研究、技术服务和地质勘查业	33049	27311	181	5557
研究与试验发展	16123	14465		1658
自然科学研究与试验发展	4843	4644		199
工程和技术研究与试验发展	8822	7556		1266
农业科学研究与试验发展	1575	1543		32
医学研究与试验发展	608	447		161
社会人文科学研究与试验发展	275	275		
专业技术服务业	11597	7738	130	3729
＃ 气象服务	358	358		
地震服务	233	233		
海洋服务	4	4		
测绘服务	843	780	24	39
技术检测	1684	1437	38	209
环境监测	330	330		
工程技术与规划管理	6890	3695	68	3127
科技交流和推广服务业	1623	1402	51	170
地质勘查业	3706	3706		
水利、环境和公共设施管理业	17472	14726	789	1957
水利管理业	2114	2068	46	

表 3—4　续表 3

指　　标	全　市	国有单位	城镇集体单　位	其他类型单　位
环境管理业	7398	6443	572	383
公共设施管理业	7960	6215	171	1574
居民服务和其他服务业	3080	883	183	2014
居民服务业	2152	518	85	1549
其他服务业	928	365	98	465
教育	108601	106602	941	1058
＃初等教育	21379	21373	6	
中等教育	29675	29088	15	572
高等教育	51954	51831		123
卫生、社会保障和社会福利业	39940	33523	4786	1631
卫生	34214	28192	4391	1631
社会保障业	4039	3672	367	
社会福利业	1687	1659	28	
文化、体育和娱乐业	12758	11248	134	1376
新闻出版业	3290	2499		791
广播、电视、电影和音像业	4662	4662		
文化艺术业	3293	2943	78	272
体育	668	628	2	38
娱乐业	845	516	54	275
公共管理和社会组织	67797	67725	72	
中国共产党机关	2658	2658		
国家机构	63009	63009		
人民政协和民主党派	652	652		
群众团体、社会团体和宗教组织	1478	1406	72	

表 3—5 全市城镇单位职工工资总额及离岗职工生活费（2006 年）

指　　标	职工工资总额（千元）	在岗职工工资总额	离岗职工生活费	#内退职工	职工年平均人数（人）	职工年人均工资（元）
全　　市	31232577	29960106	1272471	945532	1098234	28439
按企业、事业、机关分组						
企业	20577943	19397170	1180773	870318	812511	25326
事业	7238742	7164577	74165	61438	217137	33337
机关	3415892	3398359	17533	13776	68586	49805
按国民经济行业分组						
农、林、牧、渔业	66305	61248	5057	3462	6666	9947
采矿业	87913	76753	11160	8489	5636	15598
制造业	9261674	8658279	603395	460916	440056	21047
电力、燃气及水的生产和供应业	925852	902190	23662	23525	21236	43598
建筑业	1699326	1570960	128366	92107	69856	24326
交通运输、仓储及邮政业	2982953	2815641	167312	127461	99156	30083
信息传输、计算机服务和软件业	562352	547378	14974	14545	10723	52444
批发和零售业	1662623	1535364	127259	81165	66503	25001
住宿和餐饮业	392498	372608	19890	11389	21598	18173
金融业	1861916	1828274	33642	33400	26954	69078
房地产业	495347	483672	11675	7278	15886	31181
租赁和商务服务业	665118	618333	46785	18027	32322	20578
科学研究、技术服务和地质勘查业	1417797	1403997	13800	10424	33152	42767
水利、环境和公共卫生设施管理业	405329	388974	16355	15047	17584	23051
居民服务和其他服务业	59511	55022	4489	560	3136	18977
教育	3379400	3368766	10634	8458	107892	31322
卫生、社会保障和社会福利业	1430678	1419510	11168	9167	39640	36092
文化、体育和娱乐业	567194	555959	11235	10844	12726	44570
公共管理和社会组织	3308791	3297178	11613	9268	67512	49010

表 3—6　全市城镇单位国有单位职工工资总额及离岗职工生活费（2006 年）

指　　标	职工工资总额（千元）	在岗职工工资总额	离岗职工生活费	#内退职工	职工年平均人数（人）	职工年人均工资（元）
全　　市	16704301	16146297	558004	393381	513137	32553
按企业、事业、机关分组						
企业	6245932	5776643	469289	320275	235750	26494
事业	7047120	6975938	71182	59330	208887	33737
机关	3411249	3393716	17533	13776	68500	49799
按国民经济行业分组						
农、林、牧、渔业	64463	59703	4760	3217	6494	9927
采矿业	12471	10247	2224	1072	1300	9593
制造业	1482408	1298571	183837	120473	78106	18979
电力、燃气及水的生产和供应业	598371	585892	12479	12350	13812	43323
建筑业	731295	685443	45852	35876	25565	28605
交通运输、仓储及邮政业	2118157	1993955	124202	94392	68877	30753
信息传输、计算机服务和软件业	60476	59736	740	635	1427	42380
批发和零售业	375290	340188	35102	17916	14431	26006
住宿和餐饮业	107829	100349	7480	5773	7172	15035
金融业	709835	681005	28830	28694	12894	55052
房地产业	170562	166133	4429	3075	5502	31000
租赁和商务服务业	312706	271960	40746	13291	16623	18812
科学研究、技术服务和地质勘查业	1149872	1137619	12253	9133	27354	42037
水利、环境和公共卫生设施管理业	341393	327201	14192	12963	14804	23061
居民服务和其他服务业	32400	31971	429	429	898	36080
教育	3338720	3328450	10270	8186	105948	31513
卫生、社会保障和社会福利业	1284432	1276344	8088	6528	33286	38588
文化、体育和娱乐业	506983	496451	10532	10164	11204	45250
公共管理和社会组织	3306638	3295079	11559	9214	67440	49031

表3—7 全市城镇单位集体单位职工工资总额及离岗职工生活费（2006年）

指　　标	职工工资总额（千元）	在岗职工工资总额	离岗职工生活费	#内退职工	职工年平均人数（人）	职工年人均工资（元）
全　　市	898674	811244	87430	51797	64108	14018
按企业、事业、机关分组						
企业	761558	676994	84564	49801	57334	13283
事业	132473	129607	2866	1996	6688	19808
机关	4643	4643			86	53988
按国民经济行业分组						
农、林、牧、渔业	1842	1545	297	245	172	10709
采矿业	3133	2685	448	311	257	12191
制造业	304482	248379	56103	30532	31148	9775
电力、燃气及水的生产和供应业	989	959	30	30	77	12844
建筑业	103066	100034	3032	2227	6979	14768
交通运输、仓储及邮政业	67052	54760	12292	8973	4880	13740
信息传输、计算机服务和软件业						
批发和零售业	69999	61185	8814	4713	5588	12527
住宿和餐饮业	13755	13285	470	397	803	17130
金融业	41691	40435	1256	1256	1571	26538
房地产业	20425	20253	172	18	647	31569
租赁和商务服务业	134071	132578	1493	639	4936	27162
科学研究、技术服务和地质勘查业	4406	3636	770	770	180	24478
水利、环境和公共卫生设施管理业	10477	9646	831	810	799	13113
居民服务和其他服务业	2447	2414	33	33	186	13156
教育	16126	15874	252	160	932	17303
卫生、社会保障和社会福利业	99848	98783	1065	629	4746	21038
文化、体育和娱乐业	2712	2694	18		135	20089
公共管理和社会组织	2153	2099	54	54	72	29903

表 3—8 全市城镇单位其他各种类型单位职工工资总额及离岗职工生活费（2006 年）

指标	职工工资总额（千元）	在岗职工工资总额	离岗职工生活费	#内退职工	职工年平均人数（人）	职工年人均工资（元）
全市	13629602	13002565	627037	500354	520989	26161
按企业、事业、机关分组						
企业	13570453	12943533	626920	500242	519427	26126
事业	59149	59032	117	112	1562	37867
机关						
按国民经济行业分组						
农、林、牧、渔业						
采矿业	72309	63821	8488	7106	4079	17727
制造业	7474784	7111329	363455	309911	330802	22596
电力、燃气及水的生产和供应业	326492	315339	11153	11145	7347	44439
建筑业	864965	785483	79482	54004	37312	23182
交通运输、仓储及邮政业	797744	766926	30818	24096	25399	31408
信息传输、计算机服务和软件业	501876	487642	14234	13910	9296	53988
批发和零售业	1217334	1133991	83343	58536	46484	26188
住宿和餐饮业	270914	258974	11940	5219	13623	19889
金融业	1110390	1106834	3556	3450	12489	88909
房地产业	304360	297286	7074	4185	9737	31258
租赁和商务服务业	218341	213795	4546	4097	10763	20286
科学研究、技术服务和地质勘查业	263519	262742	777	521	5618	46906
水利、环境和公共卫生设施管理业	53459	52127	1332	1274	1981	26986
居民服务和其他服务业	24664	20637	4027	98	2052	12019
教育	24554	24442	112	112	1012	24263
卫生、社会保障和社会福利业	46398	44383	2015	2010	1608	28854
文化、体育和娱乐业	57499	56814	685	680	1387	41456
公共管理和社会组织						

表3—9　全市城镇单位在岗职工工资总额及平均工资（2006年）

指　　标	在岗职工工资总额(千元)	在岗职工年平均人数(人)	在岗职工年人均工资(元)
全　　市	29960106	923010	32459
按登记注册类型分组			
国有单位	16146297	438132	36853
城镇集体单位	811244	44404	18270
其他单位	13002565	440474	29519
内资经济	9444853	285113	33127
港澳台商投资单位	1018389	57491	17714
外商投资单位	2539323	97870	25946
按企业、事业、机关分组			
企业	19397170	644496	30097
事业	7164577	210824	33984
机关	3398359	67690	50205
按国民经济行业分组			
农、林、牧、渔业	61248	4750	12894
采矿业	76753	3814	20124
制造业	8658279	346062	25019
电力、燃气及水的生产和供应业	902190	19874	45395
建筑业	1570960	53933	29128
交通运输、仓储及邮政业	2815641	83386	33766
信息传输、计算机服务和软件业	547378	9695	56460
批发和零售业	1535364	47445	32361
住宿和餐饮业	372608	18462	20182
金融业	1828274	25624	71350
房地产业	483672	14046	34435
租赁和商务服务业	618333	21795	28370
科学研究、技术服务和地质勘查业	1403997	31701	44289
水利、环境和公共卫生设施管理业	388974	16493	23584
居民服务和其他服务业	55022	1924	28598
教育	3368766	106771	31551
卫生、社会保障和社会福利业	1419510	38389	36977
文化、体育和娱乐业	555959	12075	46042
公共管理和社会组织	3297178	66771	49380

表3—10 城镇单位主要年份全市职工工资总额及人均工资

年 份	工资总额（万元）	#国有经济单位	#城镇集体经济单位	人均工资（元）	#国有经济单位	#城镇集体经济单位
1955	10448	10448	—	571	571	—
1960	23800	23800	—	548	548	—
1965	23054	23054	—	646	646	—
1970	23164	23164	—	582	582	—
1975	40954	30648	10306	546	587	452
1978	54649	41693	12956	560	615	441
1980	80362	58272	22090	730	785	616
1985	156556	104749	40143	1131	1193	996
1990	334781	253640	74359	2349	2514	1917
1995	1043754	800055	162415	7016	7589	5024
1997	1280823	1004362	166228	8847	9516	6004
1998	1343146	1016523	164861	9449	10059	6134
1999	1440432	941202	144030	10295	10779	6324
2000	1576409	1027036	134553	11897	12512	6815
2002	1866675	1150994	108479	16220	16892	8469
2003	2076222	1239508	98081	18853	19441	9680
2004	2357499	1379585	86435	22180	23315	10922
2005	2716059	1482115	87548	25215	27922	12783
2006	3123258	1670430	89867	28439	32553	14018

主要统计指标解释

从业人员 指从事一定社会劳动并取得劳动报酬或经营收入的人员，包括全部在岗职工、再就业的离退休人员、私营业主、个体户主、私营和个体从业人员、乡镇企业从业人员、农村从业人员、其他从业人员（包括民办教师、宗教职业者等）。这一指标反映了一定时期内全部劳动力资源的实际利用情况，是研究我国基本国情国力的重要指标。

城镇单位从业人员 指在各级国家机关、政党机关、社会团体及企业、事业单位中工作，取得工资或其他形式的劳动报酬的全部人员（在岗职工＋其他从业人员），不包括离开本单位仍保留劳动关系的职工。其中：(1) 在岗职工是指在城镇单位工作并由单位支付工资的在岗人员。(2) 其他从业人员包括：再就业的离退休人员、民办教师以及在各单位中工作的外方人员和港澳台方在岗人员、兼职人员、借用的外单位人员和第二职业者等，反映了各城镇单位实际参加生产或工作的全部劳动力。

城镇单位职工 指在城镇及镇以上的国有经济、集体经济、联营经济、股份制经济、外商和港、澳、台商投资经济、其他经济（不含个体、私营和乡办、村办企业）等各种经济类型单位及其附属机构工作，并由其支付工资的各类人员，包括在岗职工和离岗职工。

离岗职工 指由于各种原因，已经离开本人的生产或工作岗位，但仍与用人单位保留劳动关系的职工。

从业人员劳动报酬 指各单位在一定时期内直接支付给本单位全部职工的劳动报酬总额（即工资总额）。工资总额包括计时工资、计件工资、奖金、计件超额工资、各种津贴和补贴、加班加点工资、特殊情况下支付的工资（其他工资）等。

工资总额的计算原则应以直接支付给职工的全部劳动报酬为依据。各单位支付给职工的劳动报酬以及其他根据有关规定支付的工资，不论是计入成本的还是不计入成本的，不论是按国家规定列入计征奖金税项目的，还是未列入计征奖金税项目的，不论是以货币形式支付的还是以实物形式支付的，均包括在工资总额内。**即凡是单位以各种名义发放的现金和实物，只要属于劳动报酬性质并且现行统计制度未明确规定不统计为工资的都应作为工资统计。**

职工平均工资 指城镇企业、事业、机关单位的职工在一定时期内平均每人所得的工资额。它表明一定时期在岗职工工资收入和离岗职工生活费高低程度，是反映职工工资水平的主要指标。

计算公式为：职工平均工资＝报告期实际支付的全部职工工资总额÷报告期全部职工平均人数

（四）农业

CHAPTER 4
AGRICULTURE

表4—1　农村组织情况和从业人员情况（2006年）

指　　标	全　市	市　区	其中				
			浦　口	栖　霞	雨花台	江　宁	六　合
一、农村基层组织情况(个)							
镇个数	39	23	7	0	0	2	14
村委会个数	685	434	104	53	23	78	142
村民小组个数	12650	9210	1239	506	258	4371	2636
二、农村人口、从业人员资源及主要行业分布							
乡村户数(万户)	66.43	45.15	7.86	2.47	1.53	16.62	15.05
乡村人口数(万人)	211.18	144.94	25.74	6.78	3.97	52.12	52.41
劳动年龄内人口数(万人)	121.71	83.8	14.16	4.37	2.57	31.39	28.82
# 劳动年龄内上学的人口数	5.46	3.93	0.69	0.23	0.12	1.43	1.30
超过劳动年龄而实际参加劳动的人数	10.33	6.54	0.91	0.42	0.14	2.26	2.70
乡村实有从业人员合计(万人)	122.13	82.87	12.91	4.25	2.54	31.3	29.47
男从业人员	64.60	43.30	6.73	2.20	1.34	16.27	15.56
女从业人员	57.53	39.57	6.18	2.05	1.20	15.03	13.91
农林牧渔业从业人员(万人)	36.87	24.44	3.52	2.01	0.41	9.10	8.48
# 种植业从业人员	30.02	20.88	2.99	1.83	0.32	7.56	7.36
工业从业人员(万人)	30.66	22.25	3.45	0.99	1.17	9.86	6.35
建筑业从业人员(万人)	22.03	12.39	1.38	0.30	0.18	4.50	5.98
交通运输业、仓储业和邮政业从业人员(万人)	6.90	4.80	0.95	0.18	0.18	1.82	1.47
信息传输、计算机服务和软件业从业人员(万人)	0.33	0.23	0.07	0.02	0.01	0.05	0.07
批发与零售业从业人员(万人)	6.76	4.79	0.95	0.12	0.20	1.86	1.42
住宿与餐饮业从业人员(万人)	2.92	2.21	0.48	0.04	0.11	0.63	0.83
金融、保险业从业人员(万人)	0.27	0.16	0.03	0.01	0.01	0.06	0.05
其他从业人员(万人)	11.18	8.48	1.68	0.52	0.15	2.46	3.38
# 外出合同工、临时工							

表4—1　续表

指　标	县	溧　水	高　淳
一、农村基层组织情况(个)			
镇个数	16	8	8
村委会个数	251	92	159
村民小组个数	3440	2035	1405
二、农村人口、从业人员资源及主要行业分布			
乡村户数(万户)	21.28	10.13	11.15
乡村人口数(万人)	66.24	31.05	35.19
劳动年龄内人口数(万人)	47.91	16.82	21.09
# 劳动年龄内上学的人口数	1.53	0.78	0.75
超过劳动年龄而实际参加劳动的人数(万人)	3.79	1.53	2.26
乡村实有从业人员合计(万人)	39.26	17.03	22.23
男从业人员	21.30	9.34	11.96
女从业人员	17.96	7.69	10.27
农林牧渔业从业人员(万人)	12.43	5.04	7.39
# 种植业从业人员	9.14	4.20	4.94
工业从业人员(万人)	8.41	3.88	4.53
建筑业从业人员(万人)	9.64	3.21	6.43
交通运输业、仓储业和邮政业从业人员(万人)	2.10	0.98	1.12
信息传输、计算机服务和软件业从业人员（万人）	0.10	0.06	0.04
批发与零售业从业人员(万人)	1.97	1.01	0.96
住宿与餐饮业从业人员(万人)	0.71	0.39	0.32
金融、保险业从业人员(万人)	0.11	0.07	0.04
其他从业人员(万人)	2.70	1.92	0.78
# 外出合同工、临时工			

表4—2 农、林、牧、渔业总产值（现价）（2006年）

计量单位:万元

	总 计	农林牧渔业小计	农 业	林 业	牧 业	渔 业	农林牧渔服务业
全 市	1650559	1597653	900794	20641	334556	341662	52906
增长(%)	4.12	3.90	2.05	5.20	－0.74	13.11	7.78
市区	1125936	1094136	643560	16571	244685	189320	31800
＃ 浦口区	249880	241085	129562	4826	63503	43194	8795
栖霞区	82918	80802	62778	638	11479	5907	2116
雨花台区	18136	17422	10096		5734	1592	714
江宁区	374932	364757	200197	3112	75393	86055	10175
六合区	364709	354709	223527	7926	72297	50959	10000
县	524623	503517	257234	4070	89871	152342	21106
溧水县	239790	222990	139515	2405	44071	36999	16800
高淳县	284833	280527	117719	1665	45800	115343	4306

注:增长速度按可比价计算。

表4—3 农、林、牧、渔业增加值（现价）（2006年）

计量单位:万元

	总 计	农林牧渔业小计	农 业	林 业	牧 业	渔 业	农林牧渔服务业
全 市	820263	792029	484643	10449	121441	175496	28234
市区	561238	544909	347800	8331	89816	98962	16329
＃ 浦口区	124340	119743	70810	3101	24867	20965	4597
栖霞区	40984	40152	31276	323	4966	3587	832
雨花台区	8345	7998	4781		2552	665	347
江宁区	181464	175639	103697	1777	23381	46784	5825
六合区	191880	187152	129516	3097	28132	26407	4728
县	259025	247120	136843	2118	31625	76534	11905
溧水县	116699	107219	72002	1221	15857	18139	9480
高淳县	142326	139901	64841	897	15768	58395	2425

(四) 农业

表4—4　全市农业耕地面积情况

计量单位:千公顷

指　　标	2006年	2005年
一、年初耕地面积	245.60	245.58
二、年内增加耕地面积	4.11	1.43
# 新开荒面积		0.75
三、当年经批准减少耕地面积	6.02	1.41
# 国家基建占地	6.02	1.41
乡村集体占地		
农民个人建房占地		
退耕还林、渔面积		0.19
四、年末耕地面积	243.69	245.60

注:本表数据来源于市国土资源局。

表4—5 农业机械化、农业化学化、农田水利化情况（2006年）

指 标	全 市
一、农业机械化情况(万千瓦)	
农用机械总动力合计	198.41
柴油发动机动力	138.68
汽油发动机动力	1.35
电动机动力	58.38
其他机械动力	
（一）耕作机械	
大中型拖拉机(台)	5920
（万千瓦）	14.80
小型拖拉机(台)	37682
（万千瓦）	30.58
大中型拖拉机配套农具(部)	822
小型拖拉机配套农具(部)	61923
（二）农用排灌机械	
柴油机(台)	28065
（万千瓦）	18.58
电动机(台)	32586
（万千瓦）	46.61
农用水泵(万台)	59819
节水灌溉机械(套)	47
（三）收获机械	
联合收割机(台)	1214
机动割晒机(台)	24
（万千瓦）	0.04
机动脱粒机(台)	38545

注:本表数据来源于市农林局。

（四）农业

表 4—5　续表 1

指　　标	全　市
（四）植保机械(部)	6441
（万千瓦）	0.80
（五）林业机械(台)	62
（万千瓦）	0.16
（六）畜牧机械(台)	277
（七）渔业机械(台)	1274
（万千瓦）	1.15
（八）农副产品加工作业机械(台)	5730
＃ 粮食加工机械	4041
棉花加工机械	
油料加工机械	512
（九）运输机械	
农用运输车(辆)	4576
（万千瓦）	8.61
三轮运输车(辆)	1884
（万千瓦）	1.86
四轮运输车(辆)	2595
（万千瓦）	6.71
（十）其他农业机械	
推土机(台)	379
（万千瓦）	2.16

表4—5 续表2

指 标	全 市	市 区	县
二、农业主要能源及物资消耗			
农村用电量(万千瓦小时)	235092	172099	62993
农用化肥使用量(按折纯法计算)(吨)	134450	93142	41308
氮肥	70133	47794	22339
磷肥	11513	6925	4588
钾肥	8594	4214	4380
复合肥	44210	34209	10001
农用塑料薄膜使用量(吨)	4685	3894	791
# 地膜使用量	2310	1771	539
地膜覆盖面积(公顷)	18610	13506	5104
农用柴油(吨)	22135	12802	9333
农药使用量(吨)	3660	2409	1251
三、农田水利建设情况(千公顷)			
有效灌溉面积	192.74	131.67	61.07
旱涝保收面积	131.65	99.41	32.24
机电排灌面积	167.04	111.88	55.16

表4—6 农业主要产品生产情况（全社会）（2006年）

指　　标	播种面积（千公顷）	每公顷产量（公斤）	总产量（吨）
农作物总播种面积	350.44		
一、粮食作物合计	153.73	6852	1053300
（一）夏收粮食	44.11	4298	189594
1. 夏收谷物	42.60	4354	185475
小麦	41.07	4390	180293
元麦			
大麦	1.51	3432	5182
2. 夏收豆类(蚕豌豆)	1.53	2692	4119
（二）秋收粮食	109.62	7879	863706
1. 秋收谷物	104.23	8020	835906
稻谷	99.51	7981	794188
早稻			
中稻	27.97	7227	202130
单季晚稻	68.82	8229	566353
双季后作稻	2.72	9450	25705
稻谷中:籼稻	25.96	7860	204033
粳稻	70.97	8038	570463
糯稻	2.58	7633	19692
玉米	4.72	8839	41718
# 杂交玉米	4.20	8839	37122
谷子			
高粱			
其他谷物			
2. 秋收豆类	3.25	4133	13432
大豆	2.83	4272	12089
绿豆	0.26	3615	940
其他豆类	0.16	2519	403
3. 秋收薯类(按五折一计算)	2.14	6714	14368

表 4—6　续表

指　　标	播种面积（千公顷）	每公顷产量（公斤）	总产量（吨）
二、油料合计	74.87	2284	170972
（一）花生	2.67	2621	6999
（二）油菜籽	70.00	2290	160300
（三）芝麻	2.20	1670	3673
（四）其他油料			
三、棉花(皮棉)	3.38	1638	5536
四、麻类合计	1.26	3298	4156
# 苎麻	1.26	3298	4156
五、糖料合计	0.99	52138	51617
# 甘蔗	0.99	52138	51617
六、烟叶合计			
# 烤烟叶			
七、药材类合计	1.01		
八、蔬菜、瓜类	89.66	30323	2718719
（一）蔬菜(含菜用瓜)	80.13	29833	2390500
（二）瓜果类	9.53	34441	328219
# 西瓜	8.37	35954	300939
甜瓜	0.59	29327	17303
九、其他农作物	25.54		
# 青饲料	14.80		
绿肥	0.84		
附:常年种蔬菜面积	30.09		

说明:表中粮食、油料、蔬菜根据公报数据调整。

表4—7 茶叶、水果生产情况

指 标	2006年	2005年	2006年为上年%
茶叶合计(吨)	2140	2043	104.75
红毛茶			
绿毛茶	2140	2043	104.75
其他茶			
园林水果合计(吨)	53930	42495	126.91
# 苹果	37	65	56.92
柑桔	642	643	99.84
梨	6250	4621	135.25
葡萄	13572	12559	108.07
桃子	13424	12204	110.00
枇杷	21	47	44.68
红枣(干枣应折鲜枣)	1239	823	150.55
柿子(柿饼应折鲜柿)	5803	3676	157.86
年末实有茶园面积(千公顷)	5.89	5.74	102.61
# 当年采摘面积	4.81	4.85	99.18
年末园林果园面积合计(千公顷)	6.40	7.13	89.76
# 苹果园	0.01	0.02	50.00
柑桔园	0.05		
梨园	0.96	1.03	93.20
葡萄园	0.87	0.74	117.57
年末实有桑园面积(千公顷)	0.54	0.59	91.53

注:此表数据来源于市农林局。

表 4—8 林业生产情况

指　　标	2006 年	2005 年	2006 年为上年%
一、营林情况			
1. 当年造林面积合计(千公顷)	4.77	7.95	60.00
2. 迹地更新面积(千公顷)			
3. 零星(四旁)植树(万株)	437.10	298.54	146.41
4. 育苗面积(千公顷)	14.89	14.73	101.09
5. 幼林抚育实际面积(千公顷)	18.64	19.68	94.72
6. 成林抚育面积(千公顷)	9.77	10.88	89.80
二、当年造林面积按用途分(千公顷)			
用材林	1.12	5.22	21.46
经济林	1.07	0.76	140.79
防护林	2.58	1.97	130.96
薪炭林			
特种用途林			
三、主要林产品产量(吨)			
油桐籽			
油茶籽	57	164	34.76
乌桕籽			
棕　片			
竹笋干	293	234	125.21
核　桃			
板　栗	2424	1503	161.28
白　果		52	0.00
四、村及村以下竹木采伐量			
1. 木材(万立方米)	37599	23602	159.30
2. 竹材(毛竹、篙竹)(万根)	20.63	20.65	99.90

注:本表数据来源于市农林局。

表 4—9　畜牧业主要产品生产情况（2006 年）

指　标	当年出栏头数	年末存栏头数	肉产量（吨）
一、大牲畜(万头)	1.12	7.06	3317
# 从事农事劳役的		2.07	
1. 牛(万头)	1.12	7.06	3317
# 黄牛	0.07	0.1	175
良种及改良乳牛	0.06	4.01	150
水牛	0.99	2.95	2992
2. 驴(万头)			
二、猪(万头)	119.83	59.92	104332
三、羊(万只)	38.09	16.26	9023
1. 山羊	38.09	16.26	9023
2. 绵羊			
四、家禽(万只)	3451.32	986.50	61328
五、兔(万只)	44.82	25.38	640

表 4—9　续表

指　标	全　市		
		市　区	县
奶类产量(吨)	151423	151163	260
# 牛奶产量	151423	151163	260
蜂蜜产量(吨)	1916	664	1252
禽蛋产量(吨)	83471	65070	18401
蚕茧产量(吨)	524	173	351

注:2006 年畜牧业主要产品除兔为主管部门年报数外,均为抽样调查数,抽样调查品种只有大类,无细分类。

表 4—10　渔业生产情况（2006 年）

指　　标	全　市	市　区	县
水产品总产量(吨)	190428	128183	62245
＃ 鱼类	144046	101592	42454
虾蟹类	32992	17275	15717
贝类	10734	7045	3689
其他类	2656	2271	385
＃ 内陆水域捕捞	17970	12497	5473
内陆水域养殖	172458	115686	56772
内陆水域养殖面积(千公顷)	47.29	28.58	18.71
＃ 池塘养殖	27.55	19.42	8.13
湖泊养殖	2.80	0.00	2.80
河沟养殖	8.50	3.59	4.91
水库养殖	6.79	4.49	2.30
其他养殖	1.65	1.08	0.57

注:本表数据来源于市农林局。

表4—11 主要年份农林牧渔业总产值（按不变价计算）

计量单位：万元

年份	合计	农林牧渔总产值	农业	林业	牧业	副业	渔业	农林牧渔服务业
1949		23102	17728	156	3858	853	507	
1950		28164	21656	263	4570	1189	486	
1955		37939	29947	896	4774	1180	1142	
1960		28643	22269	1771	3102	585	916	
1965		51515	38521	1028	10167	602	1197	
1970		55078	41235	1335	10655	604	1249	
1975		61169	46968	1039	11043	629	1490	
1978		73375	57545	1204	12952	591	1083	
1980		76297	57072	1243	15647	674	1661	
1985		119188	78067	3278	29215	4656	3972	
1990		137686	80683	1824	38563	10075	6542	
1990 *		308102	163039	4445	106634	12028	21956	
1995 *		363845	218903	7511	95771	—	41660	
1997 *		442411	253670	9397	124746	—	54598	
1998 *		464707	258151	10163	132398	—	63995	
1999 *		494203	282745	12162	129614	—	69682	
2000 *		534800	289966	17015	148351	—	79468	
2002 *		650195	338624	30469	164838	—	116264	
2003 *	680797	638257	322856	10863	169142	—	135396	42540
2004 *	711854	659959	348987	11088	158589	—	141295	51895
2005 *	718980	678448	360616	10589	156965	—	150278	40532
2006 *	748606	704922	368002	11140	155806	—	169974	43684

注：1. 1995年以后农林牧渔业总产值中由于统计口径上变化，农民家庭兼营业产值从农业中调出。

2. 注 * 的数据，均采用1990年不变价格计算；其他数据按1980年不变价计算。

3. 1995年农业总产值按农业普查同口径调整。

表 4—12 主要年份主要农产品产量

年 份	粮 食（万吨）	棉 花（吨）	油 料（吨）	麻 类（吨）	蚕 茧（吨）	园林水果（吨）
1949	37.84	836	9194	104	27	913
1950	49.53	892	10577	121	31	934
1955	72.44	2160	11024	595	118	1587
1960	45.84	656	7833	244	308	1448
1965	96.12	1825	10468	878	169	2887
1970	102.57	2360	9928	1693	565	4774
1975	120.44	2718	15841	2545	940	6492
1978	147.20	3621	21882	3593	797	5077
1980	138.01	5528	28025	2710	1095	9653
1985	173.70	4459	90542	9906	629	6802
1990	173.26	2392	96797	1727	487	8526
1995	168.57	3520	144872	1320	1127	13639
1997	182.51	4501	146179	1561	484	18530
1998	176.91	4838	106504	1631	580	18685
1999	169.77	3699	192144	1687	494	22032
2000	143.37	4461	220119	2318	536	23625
2002	110.52	5078	214865	3297	670	37450
2003	86.31	5190	200466	3925	431	41671
2004	102.39	6058	209833	3575	525	51813
2005	96.54	5920	211685	4013	441	42495
2006	105.33	5536	170972	4156	524	53930

主要统计指标解释

农林牧渔业总产值 指以货币表现的农、林、牧、渔业全部产品和对农业生产进行各种支持性服务活动的总量，它反映一定时期内农业生产总规模和总成果。从2003年开始农林牧渔业总产值执行新的国民经济行业分类标准，包括农业、林业、牧业、渔业、农林牧渔服务业，不再包括农民家庭兼营商品性工业。农林牧渔业总产值中的农、林、牧、渔四业的计算方法通常是按农、林、牧、渔业产品及其副产品的产量分别乘以各自单位产品价格求得，现行价格从2003年开始使用生产价格调查的价格；少数生产周期较长，当年没有产品或产品产量不易统计的，则采用间接方法匡算其产值；然后将四业产品产值与农林牧渔服务业产值相加即为农林牧渔业总产值。1957年以前的农林牧渔业总产值中包括了厩肥和农民自给性手工业（如农民自制衣服、鞋、袜，自己从事粮食初步加工等）。1958年及以后，林业中增加了村及村以下竹木采伐产值；牧业中取消了厩肥产值；副业中取消了农民自给性手工业产值，增加了村及村以下办的工业产值；渔业中增加了海洋捕捞水产品产值。1980年及以后，在副业中增加了农民家庭兼营工业商品部分的产值。从1984年起村及村以下工业产值划归工业。从1993年起取消副业，将野生动物的捕猎划入牧业、野生植物采集和农民家庭兼营商品性工业划归农业，从2003年起不再包括农民家庭兼营商品性工业产值。1996年第一次农业普查以后，由于畜牧业产品年报数据与普查数据之间存在一定的差距，国家统计局农调总队对畜牧业年报数据与普查数据进行衔接，相应的畜牧业产值进行调整。

粮食产量 指全社会的产量。包括国有经济经营的、集体统一经营的和农民家庭经营的粮食产量，还包括工矿企业办的农场和其他生产单位的产量。粮食除包括稻谷、小麦、玉米、高粱、谷子及其他杂粮外，还包括薯类和豆类。其产量计算方法，豆类按去豆荚后的干豆计算；薯类（包括甘薯和马铃薯，不包括芋头和木薯）1963年以前按每4公斤鲜薯折1公斤粮食计算，从1964年开始改为按5公斤鲜薯折1公斤粮食计算。城市郊区作为蔬菜的薯类（如马铃薯等）按鲜品计算，并且不作粮食统计。其他粮食一律按脱粒后的原粮计算。

棉花产量 指全社会的产量。包括春播棉和夏播棉。产量按皮棉计算。

油料产量 指全部油料作物的生产量。包括花生、油菜籽、芝麻、向日葵籽、胡麻籽（亚麻籽）和其他油料。不包括大豆、木本油料和野生油料。花生以带壳干花生计算。

水产品产量 指人工养殖的水产品和天然生长的水产品的捕捞量。包括海水的鱼类、虾蟹类、贝类和藻类以及内陆水域的鱼类、虾蟹类和贝类，不包括淡水水生植物。

猪、牛、羊肉产量 指当年出栏并已屠宰、除去头蹄下水后带骨肉（即胴体重）的重量。

期初（末）畜禽存栏头（只）数 指报告期初（末）农村各种合作经济组织和国营农场、农民个人、机关、团体、学校、工矿企业、部队等单位以及城镇居民饲养的大牲畜、猪、羊、家禽等畜禽的存栏数。

耕地面积 是指年初可用来种植农作物并经常进行耕种、能够正常收获的土地。包括当年实际耕种的熟地、当年新开荒地、休闲不满三年随时可以复耕的地和当年休闲地以及以种植农作物为主并附带种植桑树、茶树、果树和其他林木的土地、沿海、沿湖地区已围垦利用的"海涂"、"湖田"等面积。不包括临时种植农作物的坡度在25度以上的陡坡地、在河套、湖畔、库区临时开发的成片或零星土地，属于专业性的桑园、茶园、果园、果木苗圃、林地、芦苇地、天然或人工草地面积、也不包括已列为国家和省（区、市）退耕计划但临时耕种的土地。

农作物播种面积 指实际播种或移植有农作物的面积。凡是实际种植有农作物的面积，不论种植在耕地上还是种植在非耕地上，均包括在农作物播种面积中。在播种季节基本结束后，因遭灾而重新改种和补种的农作物面积，也包括在内。

有效灌溉面积 指具有一定的水源，地块比较平整，灌溉工程或设备已经配套，在一般年景下当年能够进行正常灌溉的耕地面积。在一般情况下，有效灌溉面积应等于灌溉工程或设备已经配备，能够进行正常灌溉的水田和水浇地面积之和。

农用化肥施用量 指本年内实际用于农业生产的化肥数量，包括氮肥、磷肥、钾肥和复合肥。化肥施用量要求按折纯量计算数量。折纯量是指把氮肥、磷肥、钾肥分别按含氮、含五氧化二磷、含氧化钾的百分之一百成份进行折算后的数量。复合肥按其所含主要成分折算。

农业机械总动力 指主要用于农、林、牧、渔业的各种动力机械的动力总和。包括耕作机械、排灌机械、收获机械、农用运输机械、植物保护机械、牧业机械、林业机械、渔业机械和其他农业机械〔内燃机按引擎马力折成瓦（特）计算、电动机按功率折成瓦（特）计算〕。不包括专门用于乡、镇、村、组办工业、基本建设、非农业运输、科学试验和教学等非农业生产方面用的动力机械与作业机械。

农林牧渔业劳动力 指全社会直接参加农林牧渔业生产活动的劳动力。

（五）工业

CHAPTER 5
INDUSTRY

表 5—1　全部规模以上工业总产值和销售产值（2006 年）

计量单位：千元

指　　标	企业单位数（个）	工业总产值	工业销售产值
总　　计	1889	469281064	468520930
一、按经济类型分组：			
内资企业	1334	282165497	282463306
国有企业	89	35579224	35384169
集体企业	104	9932420	9856180
股份合作企业	22	1180970	1162450
联营企业	13	572950	567940
有限责任公司	270	90709589	93019393
股份有限公司	58	91249970	90857700
私营企业	773	52539154	51225304
其他企业	5	401220	390170
港、澳、台商投资企业	228	31799890	31730110
外商投资企业	327	155315677	154327515
二、按轻重工业分组：			
轻工业	630	70049696	68888137
重工业	1259	399231368	399632793
三、按企业规模分组：			
大型企业	35	219923740	221920560
中型企业	234	134396596	134387703
小型企业	1620	114960728	112212667

注：全市工业企业累计完成工业总产值 5162.81 亿元，其中：限额以下工业总产值 470 亿元。

（五）工业

表 5—1　续表 1

指　　标	企业单位数（个）	工业总产值	工业销售产值
四、按隶属关系分组：			
中央	54	137485610	136992340
省	27	13233760	13112830
市	157	64118910	67289820
区、县	95	12620120	12054140
街、镇、乡	90	9761120	9602080
村、居委会	17	1416530	1405260
其他	1449	230645014	228064460
五、在合计中：			
国有控股企业	207	189566141	188704536
六、在合计中：			
机电产业集团	88	13547820	13663750
轻纺产业集团	70	9512757	9394385
化建产业集团	48	9795930	9410200
医药产业集团	1	1266120	1232670
熊猫电子集团	5	31240990	31953700

表 5—1　续表 2

指　　标	企业单位数（个）	工业总产值	工业销售产值
七、按工业行业分组：			
采矿业	34	3405330	3317490
黑色金属矿采选业	6	1442700	1424150
有色金属矿采选业	2	732710	730340
非金属矿采选业	26	1229920	1163000
制造业	1829	456812274	456215460
农副食品加工业	42	4644040	4489130
食品制造业	29	3410600	3483090
饮料制造业	14	3063582	2985454
烟草制品业	1	8141710	8226240
纺织业	58	4900900	4608040
纺织服装、鞋、帽制造业	149	10591900	10322520
皮革、毛皮、羽毛(绒)及其制品业	22	2696670	2693080
木材加工及木、竹、藤、棕、草制品业	9	664650	645270
家具制造业	13	510320	524220
造纸及纸制品业	22	1465580	1435700
印刷业和记录媒介的复制	32	1428920	1434860
文教体育用品制造业	37	2316540	2222330
石油加工、炼焦及核燃料加工业	17	44689680	44667310
化学原料及化学制品制造业	202	98089740	97611930
医药制造业	36	3838272	3661346
化学纤维制造业	5	893460	869570

表 5—1 续表 3

指 标	企业单位数（个）	工业总产值	工业销售产值
橡胶制品业	13	3931840	3730730
# 轮胎制造	1	2455920	2285010
塑料制品业	78	4918240	4820960
非金属矿物制品业	136	11667770	11499080
黑色金属冶炼及压延加工业	65	42914860	45777470
有色金属冶炼及压延加工业	43	14226780	14040710
金属制品业	112	8235170	8085900
通用设备制造业	171	17179149	16939759
专用设备制造业	88	9665837	9319167
交通运输设备制造业	110	28745790	28373450
# 汽车制造	56	16624800	16366380
摩托车制造	7	722850	689440
电气机械及器材制造业	128	19505319	19197094
通信设备、计算机及其他电子设备制造业	129	99090070	99324280
仪器仪表及文化、办公用机械制造业	49	3625385	3504941
工艺品及其他制造业	17	1433570	1397160
废弃资源和废旧材料回收加工业	2	325930	324670
电力、燃气及水的生产和供应业	26	9063460	8987980
电力、热力的生产和供应业	13	6543560	6479040
燃气生产和供应业	5	1939030	1945030
水的生产和供应业	8	580870	563910

表 5—2 主要工业产品产量（2006 年）

产品名称	主要生产单位	产 量	2006 年为上年 %
粗钢(万吨)	南京钢铁集团有限公司	773.72	107.0
生铁(万吨)	上海梅山钢铁股份有限公司	779.49	107.7
成品钢材(万吨)	南京钢铁集团有限公司	923.44	106.3
铁矿石(原矿)(万吨)	上海梅山矿业有限公司	471.83	108.5
发电量(亿千瓦时)	华能国际电力股份有限公司	210.96	118.5
原油加工量(万吨)	中国石油化工股份有限公司金陵分公司	1848.16	99.6
水泥(万吨)	江苏双龙集团有限公司	1539.76	108.9
工业锅炉(蒸发量吨)	德尔塔动力设备(中国)有限公司	1641	121.4
内燃机(万千瓦)	南京汽车集团有限公司	394.61	100.5
金属切削机床(台)	南京二机数控车床有限责任公司	6710	109.5
泵(万台)	南京蓝深制泵集团股份有限公司	2.55	126.8
气体压缩机(台)	南京恒达压缩机有限公司	92471	200.9
制冷空调设备(台(套))	南京佳力图空调机电有限公司	1116	185.7
矿山设备(吨)	南京立力煤矿机械制造有限公司	4504	66.7
化工设备(吨)	南京工艺装备制造有限公司	1721.3	95.2
水泥设备(吨)	江苏双龙集团有限公司	11047	109.4
汽车(辆)	南京汽车集团有限公司	132008	76.2
改装汽车(辆)	南京晨光集团有限责任公司	4732	113.1
民用钢质船舶(综合吨)	中国长江航运集团金陵船厂	650028	110.6
发电设备(万千瓦)	南京汽轮电机(集团)有限责任公司	370.15	91.4
交流电动机(万千瓦)	南京特种电机厂有限公司	136.31	107.5
变压器(万千伏安)	南京立业电力变压器有限公司	1009.87	148.2

（五）工业

表 5—2　续表 1

产品名称	主要生产单位	产　量	2006 年为上年 %
硫酸(折 100%)(万吨)	中国石化集团南京化学工业有限公司	76.16	98.7
浓硝酸(折 100%)(万吨)	中国石化集团南京化学工业有限公司	9.26	96.0
氢氧化钠(烧碱)(折 100%)(万吨)	中国石化集团南京化工厂	5.38	104.4
合成氨(万吨)	中国石油化工股份有限公司金陵分公司	28.03	53.2
农用氮、磷、钾化学肥料总计(折纯)(万吨)	中国石油化工股份有限公司金陵分公司	28.86	113.2
＃ 氮肥(折含 N100%)	中国石油化工股份有限公司金陵分公司	19.05	212.0
磷肥(折合 P_2O_5 100%)	中国石化集团南京化学工业有限公司	9.81	59.4
化学农药原药(吨)	南京红太阳股份有限公司	20000	186.4
纯苯(吨)	扬子石油化工股份有限公司	538939	117.4
塑料树脂及共聚物(吨)	扬子石油化工股份有限公司	1532690	113.6
化学纤维(万吨)	南京化纤股份有限公司	3.68	102.1
涂料(油漆)(吨)	江苏长江涂料有限公司	122280	166.3
合成洗涤剂(吨)	南京东方红石化有限责任公司	13535	265.5
化学原料药(吨)	南京医药产业(集团)有限责任公司	1641	106.8
中成药(吨)	南京医药产业(集团)有限责任公司	2032	88.9
塑料制品(吨)	南京帆顺包装有限公司	128969	141.4
烷基苯(吨)	中国石化集团金陵石油化工有限责任公司	103749	109.0
乙烯(万吨)	扬子石油化工股份有限公司	140.17	125.5
饮料酒(商品量)(千升)	南京英特布鲁金陵啤酒有限公司	85035	109.7
＃啤酒	南京英特布鲁金陵啤酒有限公司	85035	109.7
卷烟(亿支)	南京卷烟厂	310.65	105.0
配混合饲料(万吨)	南京农标普瑞纳饲料有限公司	3.28	105.5

表 5—2 续表 2

产品名称	主要生产单位	产 量	2006 年为上年 %
针棉织品折用纱线量(吨)	江宁区华鑫纺织品有限公司	415	91.5
纱(吨)	南京通洋纺织有限公司	29966	99.3
布(万米)	南京市宏信棉业纺织有限公司	3202.26	164.6
印染布(万米)	南京东亚漂染有限公司	2381	105.1
绒线(毛线)(吨)	南京瑞鑫纺织有限公司	1700	81.9
丝织品(万米)	高淳县正兴丝织厂	40.71	59.0
皮鞋(万双)	南京万里集团有限公司	597.01	124.1
家具(万件)	南京加联亚家俱有限公司	60.55	37.7
机制纸及纸板(万吨)	南京金银杏纸业公司	2.02	66.1
日用玻璃制品(万吨)	弓箭玻璃器皿(南京)有限公司	3.07	96.5
日用陶瓷(万件)	江苏高淳陶瓷股份有限公司	3190	118.3
电视机(万台)	南京夏普电子有限公司	137.25	86.0
# 彩色电视机	南京夏普电子有限公司	137.25	86.0
家用洗衣机(万台)	南京乐金熊猫电器有限公司	195.65	118.1
微型电子计算机(万部)	南京福中电脑科技有限公司	32.82	105.2
摩托车(万辆)	金城集团有限公司	78.61	107.9
电风扇(万台)	南京科创电器有限公司	106.60	110.0
电光源(灯泡)(万只)	飞东照明有限公司	9912.5	102.1

（五）工业

表5—3　全部规模以上工业企业主要经济指标（2006年）

计量单位：千元

指　　标	企业单位数（个）	#亏损企业	工业总产值
总　　计	1889	322	469281064
一、按经济类型分组：			
内资企业	1334	219	282165497
国有企业	89	25	35579224
集体企业	104	13	9932420
股份合作企业	22	3	1180970
联营企业	13	2	572950
有限责任公司	270	40	90709589
股份有限公司	58	10	91249970
私营企业	773	124	52539154
其他企业	5	2	401220
港、澳、台商投资企业	228	40	31799890
外商投资企业	327	63	155315677
二、按轻重工业分组：			
轻工业	630	119	70049696
重工业	1259	203	399231368
三、按企业规模分组：			
大型企业	35	3	219923740
中型企业	234	37	134396596
小型企业	1620	282	114960728

表 5—3　续表 1

指　　标	企　业 单位数 （个）	#亏损企业	工业总产值
四、按工业行业分组			
采矿业	34	3	3405330
煤炭开采和洗选业			
石油和天然气开采业			
黑色金属矿采选业	6	1	1442700
有色金属矿采选业	2	0	732710
非金属矿采选业	26	2	1229920
其他采矿业			
制造业	1829	314	456812274
农副食品加工业	42	9	4644040
食品制造业	29	6	3410600
饮料制造业	14	4	3063582
烟草制品业	1	0	8141710
纺织业	58	14	4900900
纺织服装、鞋、帽制造业	149	29	10591900
皮革、毛皮、羽毛(绒)及其制品业	22	3	2696670
木材加工及木、竹、藤、棕、草制品业	9	2	664650
家具制造业	13	1	510320
造纸及纸制品业	22	3	1465580
印刷业和记录媒介的复制	32	9	1428920
文教体育用品制造业	37	3	2316540
石油加工、炼焦及核燃料加工业	17	6	44689680
化学原料及化学制品制造业	202	23	98089740

（五）工业

表 5—3　续表 2

指　　标	企　业 单位数 （个）	#亏损企业	工业总产值
医药制造业	36	8	3838272
化学纤维制造业	5	1	893460
橡胶制品业	13	1	3931840
# 轮胎制造	1	0	2455920
塑料制品业	78	19	4918240
非金属矿物制品业	136	29	11667770
黑色金属冶炼及压延加工业	65	13	42914860
有色金属冶炼及压延加工业	43	5	14226780
金属制品业	112	14	8235170
通用设备制造业	171	20	17179149
专用设备制造业	88	13	9665837
交通运输设备制造业	110	25	28745790
# 汽车制造	56	19	16624800
摩托车制造	7	1	722850
电气机械及器材制造业	128	21	19505319
通信设备、计算机及其他电子设备制造业	129	22	99090070
仪器仪表及文化、办公用机械制造业	49	7	3625385
工艺品及其他制造业	17	3	1433570
废弃资源和废旧材料回收加工业	2	1	325930
电力、燃气及水的生产和供应业	26	5	9063460
电力、热力的生产和供应业	13	2	6543560
燃气生产和供应业	5	0	1939030
水的生产和供应业	8	3	580870

表5—3 续表3

指　　标	资产总计	流动资产年平均余额	固定资产原价	累计折旧	固定资产净值年平均余额	流动负债年末合计数
总　　计	356076135	175841099	209018143	79497927	125190776	162638976
一、按经济类型分组：						
内资企业	233594264	117508033	137890055	58719007	74652776	109956238
国有企业	41993815	24706129	26424034	11414964	15024202	16456391
集体企业	4126918	2967828	1367050	618489	777007	2362392
股份合作企业	886751	555379	324376	145773	157941	523429
联营企业	456323	192739	313610	122070	191311	176778
有限责任公司	119467721	55913960	61142489	21537720	36236156	61097424
股份有限公司	38426550	16413388	38796608	21748314	15716623	12338582
私营企业	28121225	16689944	9473485	3116894	6517186	16933980
其他企业	114961	68666	48403	14783	32350	67262
港、澳、台商投资企业	25293342	15903575	8762600	3102601	5491427	12892621
外商投资企业	97188529	42429491	62365488	17676319	45046573	39790117
二、按轻重工业分组：						
轻工业	53964658	33579009	24283083	8298960	15340950	24728801
重工业	302111477	142262090	184735060	71198967	109849826	137910175
三、按企业规模分组：						
大型企业	159981304	68342287	115477514	50560672	59612645	72021495
中型企业	127050658	68671489	62920577	18209281	45559183	56688666
小型企业	69044173	38827323	30620052	10727974	20018948	33928815

表 5—3　续表 4

指　　标	资产总计	流动资产年平均余额	固定资产原价	累计折旧	固定资产净值年平均余额	流动负债年末合计数
四、按工业行业分组						
采矿业	2875444	1690732	1821286	1021859	824809	1113025
煤炭开采和洗选业						
石油和天然气开采业						
黑色金属矿采选业	1851719	1064082	1328863	750530	598139	490862
有色金属矿采选业	504590	297306	195243	117886	75837	278317
非金属矿采选业	519135	329344	297180	153443	150833	343846
其他采矿业						
制造业	330978361	169590303	188793217	72786541	111577659	156250106
农副食品加工业	3241302	2178184	641582	263331	364128	1707598
食品制造业	4994407	2955873	1401221	480600	1108374	2808288
饮料制造业	1749940	933645	1018964	425560	568187	968324
烟草制品业	2459362	5836778	1676810	892737	836472	933668
纺织业	5169556	2440634	2539460	599352	1248318	1920048
纺织服装、鞋、帽制造业	4397236	2679711	1710121	486427	1184657	2257931
皮革、毛皮、羽毛(绒)及其制品业	1324978	810016	305318	116227	192976	653777
木材加工及木、竹、藤、棕、草制品业	244847	123013	130744	40882	91953	135048
家具制造业	503774	244589	156178	72956	80101	261695
造纸及纸制品业	1159320	712121	496238	194910	310641	643877
印刷业和记录媒介的复制	1640339	690329	1218554	512196	705588	757955
文教体育用品制造业	1035330	724661	288277	116725	180094	701310
石油加工、炼焦及核燃料加工业	11663173	4008715	11934329	5793778	6232299	5561742
化学原料及化学制品制造业	73106850	26373530	64221270	24841354	36212537	20194333

表 5—3　续表 5

指　　标	资产总计	流动资产年平均余额	固定资产原价	累计折旧	固定资产净值年平均余额	流动负债年末合计数
医药制造业	6317393	3306364	3021200	849979	2047893	2404532
化学纤维制造业	1647853	645280	844590	288140	564840	761161
橡胶制品业	3334947	1293331	2077117	696621	1368205	1635770
# 轮胎制造	2679870	926230	1743550	556800	1187500	1348560
塑料制品业	3580065	2078790	1788893	618535	1245253	1700151
非金属矿物制品业	13702409	6258494	9087919	3469498	5770443	6340700
黑色金属冶炼及压延加工业	39260694	14785702	29982661	10260595	17924622	16433008
有色金属冶炼及压延加工业	3214347	1974968	781182	259369	505172	1542775
金属制品业	6252564	4041896	2457506	981635	1472155	3577102
通用设备制造业	17140877	11579280	5448558	2064278	3136132	9763358
专用设备制造业	4949590	3476542	1860483	863281	1204941	2873174
交通运输设备制造业	34897542	18167752	15589925	7196295	9238836	20855961
# 汽车制造	21262213	9675320	11008826	4969158	6578713	12076637
摩托车制造	706994	350565	535177	223618	312501	369485
电气机械及器材制造业	19897546	13682716	4063928	1568838	2608585	8894709
通信设备、计算机及其他电子设备制造业	56868582	33535802	22079165	8117738	13940008	36464321
仪器仪表及文化、办公用机械制造业	5772829	3326396	1294749	485054	756874	2776016
工艺品及其他制造业	1331889	679211	588285	213880	404225	695324
废弃资源和废旧材料回收加工业	118820	45980	87990	15770	73150	26450
电力、燃气及水的生产和供应业	22222330	4560064	18403640	5689527	12788308	5275845
电力、热力的生产和供应业	15693401	2835194	13534596	4532102	9114067	3398344
燃气生产和供应业	2076304	301694	1498503	192559	1239755	804009
水的生产和供应业	4452625	1423176	3370541	964866	2434486	1073492

（五）工业

表5—3　续表6

指　标	主营业务收　入	主营业务税金及附加	利　税总　额	盈亏相抵后利润总额	从业人员平均人数（人）
总　计	471412951	6452544	40798478	21488443	558608
一、按经济类型分组：					
内资企业	284195700	6355478	27637190	12357833	376302
国有企业	35347020	3849491	10798690	4400990	56071
集体企业	9888706	50998	710241	297729	16173
股份合作企业	1167528	6450	129760	69765	3958
联营企业	519772	4456	42639	12059	2948
有限责任公司	91363072	619904	8473344	4620828	146333
股份有限公司	95520329	1623632	4162487	1399034	30568
私营企业	49996857	200027	3301184	1546535	119515
其他企业	392416	520	18845	10893	736
港、澳、台商投资企业	31271496	42213	3264094	2200825	63683
外商投资企业	155945755	54853	9897194	6929785	118623
二、按轻重工业分组：					
轻工业	68596714	3895943	12170220	5214770	174565
重工业	402816237	2556601	28628258	16273673	384043
三、按企业规模分组：					
大型企业	224147883	2100989	11982646	5883290	157946
中型企业	137347832	3978077	19698845	10206650	174274
小型企业	109917236	373478	9116987	5398503	226388

表 5—3 续表 7

指　　标	主营业务收　入	主营业务税金及附加	利　税总　额	盈亏相抵后利润总额	从业人员平均人数（人）
四、按工业行业分组					
采矿业	3009337	31119	460477	236178	10804
煤炭开采和洗选业					
石油和天然气开采业					
黑色金属矿采选业	1246982	15936	247936	112008	5975
有色金属矿采选业	655132	3722	116098	83595	871
非金属矿采选业	1107223	11461	96443	40575	3958
其他采矿业					
制造业	459236208	6364833	38930906	20563535	533990
农副食品加工业	4603874	26776	366820	217863	6997
食品制造业	3390264	9063	526679	338359	8615
饮料制造业	2722452	23389	257846	151405	3644
烟草制品业	8226236	3682248	7089631	2273097	1610
纺织业	4464895	16331	215589	93510	17301
纺织服装、鞋、帽制造业	10071497	27403	532656	237251	55297
皮革、毛皮、羽毛(绒)及其制品业	2597993	5721	303252	146481	6392
木材加工及木、竹、藤、棕、草制品业	635811	1050	38175	23494	1374
家具制造业	513273	1699	40975	24821	2232
造纸及纸制品业	1420552	3558	115523	62007	4086
印刷业和记录媒介的复制	1318826	4962	196655	144562	4603
文教体育用品制造业	2129737	7443	151107	83735	9398
石油加工、炼焦及核燃料加工业	45030938	1043934	240904	−957526	5875
化学原料及化学制品制造业	104875227	634021	9630238	6272822	55464

表 5—3　续表 8

指　　标	主营业务收　　入	主营业务税金及附加	利　税总　额	盈亏相抵后利润总额	从业人员平均人数（人）
医药制造业	4382360	22733	809656	488524	11786
化学纤维制造业	873608	3140	63411	22621	2714
橡胶制品业	3695979	7622	173433	84200	5492
# 轮胎制造	2248590	3420	61180	18250	2200
塑料制品业	4912477	15120	322534	163190	10861
非金属矿物制品业	10956193	65802	896731	304745	27599
黑色金属冶炼及压延加工业	43158358	226470	4751339	2655117	29446
有色金属冶炼及压延加工业	13895010	14574	1091357	867991	5393
金属制品业	8099630	31142	916660	587619	18405
通用设备制造业	16736340	49818	1816006	1139247	42267
专用设备制造业	9140145	24700	470817	259550	14789
交通运输设备制造业	27065840	278419	1455646	467401	56912
# 汽车制造	15886101	220839	687461	－26503	30088
摩托车制造	688223	6463	75688	40679	2356
电气机械及器材制造业	19332797	68320	2575408	1810039	27677
通信设备、计算机及其他电子设备制造业	99711396	41377	3237370	2195517	81246
仪器仪表及文化、办公用机械制造业	3558702	14953	501563	348528	10493
工艺品及其他制造业	1390558	11035	114335	57805	5432
废弃资源和废旧材料回收加工业	325240	2010	28590	－440	590
电力、燃气及水的生产和供应业	9167406	56592	1407095	688730	13814
电力、热力的生产和供应业	6644146	50298	1279613	643818	7108
燃气生产和供应业	1981235	3081	131717	89058	2893
水的生产和供应业	542025	3213	－4235	－44146	3813

表 5—4　全部独立核算国有工业企业主要经济指标（2006 年）

计量单位：千元

指　　标	企　业 单位数 （个）	#亏损企业	工业总产值
总　　计	89	25	35579224
一、按轻重工业分组：			
轻工业	33	9	11270822
重工业	56	16	24308402
二、按企业规模分组：			
大型企业	6	1	17606260
中型企业	27	3	15865894
小型企业	56	21	2107070
三、按行业分组：			
采矿业	2	2	42550
煤炭开采和洗选业			
石油和天然气开采业			
黑色金属矿采选业	1	1	37500
有色金属矿采选业			
非金属矿采选业	1	1	5050
其他采矿业			
制造业	76	19	34102604
农副食品加工业	3	0	85210
食品制造业			
饮料制造业	1	0	4250
烟草制品业	1	0	8141710
纺织业			
纺织服装、鞋、帽制造业	4	1	553300
皮革、毛皮、羽毛(绒)及其制品业			
木材加工及木、竹、藤、棕、草制品业			
家具制造业			
造纸及纸制品业	2	1	173340

表 5—4　续表 1

指　　标	企　业单位数（个）	＃亏损企业	工业总产值
印刷业和记录媒介的复制	9	2	199390
文教体育用品制造业	1	0	6900
石油加工、炼焦及核燃料加工业			
化学原料及化学制品制造业	3	2	93610
医药制造业	4	2	1428920
化学纤维制造业			
橡胶制品业	1	0	190910
＃ 轮胎制造			
塑料制品业			
非金属矿物制品业	3	0	542680
黑色金属冶炼及压延加工业	2	1	10986050
有色金属冶炼及压延加工业			
金属制品业	4	1	845200
通用设备制造业	6	1	907950
专用设备制造业	1	0	65940
交通运输设备制造业	12	3	5726860
＃ 汽车制造	5	1	348420
摩托车制造			
电气机械及器材制造业	9	1	3664754
通信设备、计算机及其他电子设备制造业	5	3	270880
仪器仪表及文化、办公用机械制造业	5	1	214750
工艺品及其他制造业			
废弃资源和废旧材料回收加工业			
电力、燃气及水的生产和供应业	11	4	1434070
电力、热力的生产和供应业	4	1	868680
燃气生产和供应业			
水的生产和供应业	7	3	565390

表 5—4　续表 2

指　　标	资产总计	流动资产年平均余额	固定资产原价	累计折旧	固定资产净值年平均余额	流动负债年末合计数
总　　计	41993815	24706129	26424034	11414964	15024202	16456391
一、按轻重工业分组：						
轻工业	11369721	9838201	7195003	2622334	4674492	3548657
重工业	30624094	14867928	19229031	8792630	10349710	12907734
二、按企业规模分组：						
大型企业	24739468	11248556	17402281	7283669	9868725	8723239
中型企业	14205012	12114259	7153700	3441323	3802387	6300004
小型企业	3049335	1343314	1868053	689972	1353090	1433148
三、按行业分组：						
采矿业	51776	34250	62507	48070	17170	35743
煤炭开采和洗选业						
石油和天然气开采业						
黑色金属矿采选业	43220	25810	55908	43200	11890	24543
有色金属矿采选业						
非金属矿采选业	8556	8440	6599	4870	5280	11200
其他采矿业						
制造业	36310422	22937997	21081500	9316010	11680427	15084640
农副食品加工业	31703	19075	15069	6810	9801	13108
食品制造业						
饮料制造业	5020	3690	4340	2260	2480	2870
烟草制品业	2459362	5836778	1676810	892737	836472	933668
纺织业						
纺织服装、鞋、帽制造业	982946	664202	402156	124730	274122	415381
皮革、毛皮、羽毛(绒)及其制品业						
木材加工及木、竹、藤、棕、草制品业						
家具制造业						
造纸及纸制品业	111394	63932	38186	15630	41910	93099

（五）工业

表 5—4　续表 3

指　　标	资产总计	流动资产年平均余额	固定资产原价	累计折旧	固定资产净值年平均余额	流动负债年末合计数
印刷业和记录媒介的复制	529394	161725	433035	194923	231894	282874
文教体育用品制造业	4691	4265	99	52	14	4108
石油加工、炼焦及核燃料加工业						
化学原料及化学制品制造业	57291	31643	22153	2991	19751	33708
医药制造业	2841632	1592251	1351483	426482	918182	752237
化学纤维制造业						
橡胶制品业	204470	120620	141610	63880	78500	86570
＃ 轮胎制造						
塑料制品业						
非金属矿物制品业	195886	79134	164511	70325	116404	68331
黑色金属冶炼及压延加工业	12166769	4010112	12454210	5603243	6556060	1697238
有色金属冶炼及压延加工业						
金属制品业	1008445	446509	841384	371723	448498	409566
通用设备制造业	1376521	758034	554278	283629	268836	921537
专用设备制造业	36480	33530	4322	429	3020	25110
交通运输设备制造业	8073953	5375064	1915545	766342	1264892	6332899
＃ 汽车制造	424885	215585	127041	54533	89982	260886
摩托车制造						
电气机械及器材制造业	5390387	3240911	747966	327969	427089	2544564
通信设备、计算机及其他电子设备制造业	421840	272664	169871	74826	110010	267977
仪器仪表及文化、办公用机械制造业	412238	223858	144472	87029	72492	199795
工艺品及其他制造业						
废弃资源和废旧材料回收加工业						
电力、燃气及水的生产和供应业	5631617	1733882	5280027	2050884	3326605	1336008
电力、热力的生产和供应业	1361186	352689	2052128	1121102	984325	340423
燃气生产和供应业						
水的生产和供应业	4270431	1381193	3227899	929782	2342280	995585

表5—4 续表4

指标	主营业务收入	主营业务税金及附加	利税总额	盈亏相抵后利润总额	从业人员平均人数（人）
总计	35347020	3849491	10798690	4400990	56071
一、按轻重工业分组：					
轻工业	12191165	3704311	7572463	2536545	18464
重工业	23155855	145180	3226227	1864445	37607
二、按企业规模分组：					
大型企业	16989319	105545	2750769	1672086	22060
中型企业	16228771	3729256	7976167	2743887	26565
小型企业	2128930	14690	71754	-14983	7446
三、按行业分组：					
采矿业	43974	436	-811	-2597	438
煤炭开采和洗选业					
石油和天然气开采业					
黑色金属矿采选业	37504	406	409	-1167	252
有色金属矿采选业					
非金属矿采选业	6470	30	-1220	-1430	186
其他采矿业					
制造业	33865175	3837717	10689090	4414464	49871
农副食品加工业	78003	540	4616	2076	119
食品制造业					
饮料制造业	4270	40	700	480	120
烟草制品业	8226236	3682248	7089631	2273097	1610
纺织业					
纺织服装、鞋、帽制造业	617075	1669	23435	14264	5039
皮革、毛皮、羽毛(绒)及其制品业					
木材加工及木、竹、藤、棕、草制品业					
家具制造业					
造纸及纸制品业	158180	700	640	-5020	633

表5—4　续表5

指　　标	主营业务收　　入	主营业务税金及附加	利　税总　额	盈亏相抵后利润总额	从业人员平均人数（人）
印刷业和记录媒介的复制	210351	1833	22497	5739	1594
文教体育用品制造业	6904	58	633	49	14
石油加工、炼焦及核燃料加工业					
化学原料及化学制品制造业	94252	288	1712	539	197
医药制造业	2241502	13444	433242	291083	5167
化学纤维制造业					
橡胶制品业	211000	1010	14930	4820	907
# 轮胎制造					
塑料制品业					
非金属矿物制品业	508254	1043	23817	9726	1245
黑色金属冶炼及压延加工业	10633867	77444	2127110	1292119	5043
有色金属冶炼及压延加工业					
金属制品业	809585	7140	210588	162427	2107
通用设备制造业	931786	5226	74236	21889	4811
专用设备制造业	65940	2290	4770	490	425
交通运输设备制造业	4668319	15734	242558	142845	12483
# 汽车制造	359756	883	18473	9271	1470
摩托车制造					
电气机械及器材制造业	3904819	25382	396464	197676	5442
通信设备、计算机及其他电子设备制造业	271879	1002	8167	－2781	1162
仪器仪表及文化、办公用机械制造业	222953	626	9344	2946	1753
工艺品及其他制造业					
废弃资源和废旧材料回收加工业					
电力、燃气及水的生产和供应业	1437871	11338	110411	－10877	5762
电力、热力的生产和供应业	911659	8232	117255	34822	2071
燃气生产和供应业					
水的生产和供应业	526212	3106	－6844	－45699	3691

表 5—5　全部规模以上集体工业企业主要经济指标（2006 年）

计量单位：千元

指　　标	企　业 单位数 （个）	#亏损企业	工业总产值
总　　计	104	13	9932420
一、按轻重工业分组：			
轻工业	23	2	1524210
重工业	81	11	8408210
二、按企业规模分组：			
大型企业			
中型企业	6	2	3120480
小型企业	98	11	6811940
三、按行业分组：			
采矿业	1	0	21380
煤炭开采和洗选业			
石油和天然气开采业			
黑色金属矿采选业			
有色金属矿采选业			
非金属矿采选业	1	0	21380
其他采矿业			
制造业	103	13	9911040
农副食品加工业	1	0	47260
食品制造业	1	0	10110
饮料制造业	1	0	124920
烟草制品业			
纺织业	3	0	227700
纺织服装、鞋、帽制造业			
皮革、毛皮、羽毛(绒)及其制品业	2	0	106350
木材加工及木、竹、藤、棕、草制品业			
家具制造业			
造纸及纸制品业	2	1	45410

表 5—5　续表 1

指　　标	企　业 单位数 （个）	#亏损企业	工业总产值
印刷业和记录媒介的复制	1	0	15620
文教体育用品制造业			
石油加工、炼焦及核燃料加工业	4	1	377550
化学原料及化学制品制造业	17	3	1884300
医药制造业			
化学纤维制造业	1	0	33800
橡胶制品业	1	0	26290
# 轮胎制造			
塑料制品业	7	1	222560
非金属矿物制品业	7	0	261710
黑色金属冶炼及压延加工业	6	0	3026680
有色金属冶炼及压延加工业	6	1	821390
金属制品业	10	0	804220
通用设备制造业	8	2	370470
专用设备制造业			
交通运输设备制造业	11	3	275090
# 汽车制造	3	1	70660
摩托车制造	2	1	26050
电气机械及器材制造业	5	0	769170
通信设备、计算机及其他电子设备制造业	3	1	163340
仪器仪表及文化、办公用机械制造业	2	0	114270
工艺品及其他制造业	4	0	182830
废弃资源和废旧材料回收加工业			
电力、燃气及水的生产和供应业			
电力、热力的生产和供应业			
燃气生产和供应业			
水的生产和供应业			

表 5—5　续表 2

指　　标	资产总计	流动资产年平均余额	固定资产原价	累计折旧	固定资产净值年平均余额	流动负债年末合计数
总　　计	4126918	2967828	1367050	618489	777007	2362392
一、按轻重工业分组：						
轻工业	415407	279498	176304	69836	112472	252604
重工业	3711511	2688330	1190746	548653	664535	2109788
二、按企业规模分组：						
大型企业						
中型企业	1590048	1217717	443443	192611	250108	1063637
小型企业	2536870	1750111	923607	425878	526899	1298755
三、按行业分组：						
采矿业	30484	3595	24247	1630	19605	17917
煤炭开采和洗选业						
石油和天然气开采业						
黑色金属矿采选业						
有色金属矿采选业						
非金属矿采选业	30484	3595	24247	1630	19605	17917
其他采矿业						
制造业	4096434	2964233	1342803	616859	757402	2344475
农副食品加工业	17720	10300	6150	1310	1210	15210
食品制造业	18340	7990	8050	1740	7510	2610
饮料制造业	25850	16570	7390	2750	5070	20190
烟草制品业						
纺织业	44913	38580	8490	2733	6022	22799
纺织服装、鞋、帽制造业						
皮革、毛皮、羽毛(绒)及其制品业	38420	37040	4710	2670	2210	8250
木材加工及木、竹、藤、棕、草制品业						
家具制造业						
造纸及纸制品业	58637	30756	37251	10100	28816	59418

（五）工业

表 5—5　续表 3

指　　标	资产总计	流动资产年平均余额	固定资产原价	累计折旧	固定资产净值年平均余额	流动负债年末合计数
印刷业和记录媒介的复制	4943	3544	1330	421	856	3451
文教体育用品制造业						
石油加工、炼焦及核燃料加工业	94559	67301	67299	44373	27308	41016
化学原料及化学制品制造业	834589	555385	323224	180422	159260	370411
医药制造业						
化学纤维制造业	14970	5430	11410	1480	10000	9030
橡胶制品业	39707	31902	13127	6825	6272	18897
＃ 轮胎制造						
塑料制品业	117088	82612	53833	22194	25848	69295
非金属矿物制品业	302963	194706	144779	99488	49707	102277
黑色金属冶炼及压延加工业	1063859	881175	198961	49832	151144	760932
有色金属冶炼及压延加工业	160245	114555	42350	9950	39250	103358
金属制品业	255531	205480	57265	22137	34718	121515
通用设备制造业	396189	252135	147825	62432	73009	266816
专用设备制造业						
交通运输设备制造业	255517	181708	79517	34473	53856	128121
＃ 汽车制造	96314	58396	28637	7735	17088	27792
摩托车制造	29808	19924	18539	8163	10416	10975
电气机械及器材制造业	141500	107780	34530	10450	23180	78740
通信设备、计算机及其他电子设备制造业	95876	67860	40238	20084	22397	86495
仪器仪表及文化、办公用机械制造业	46026	25898	24009	11245	13245	20214
工艺品及其他制造业	68992	45526	31065	19750	16514	35430
废弃资源和废旧材料回收加工业						
电力、燃气及水的生产和供应业						
电力、热力的生产和供应业						
燃气生产和供应业						
水的生产和供应业						

表 5—5　续表 4

指　　标	主营业务收　　入	主营业务税金及附加	利　税总　额	盈亏相抵后利润总额	从业人员平均人数（人）
总　　计	9888706	50998	710241	297729	16173
一、按轻重工业分组					
轻工业	1335161	5347	85357	45053	3343
重工业	8553545	45651	624884	252676	12830
二、按企业规模分组					
大型企业					
中型企业	3264362	15327	232088	100168	3597
小型企业	6624344	35671	478153	197561	12576
三、按行业分组					
采矿业	21020	310	1749	40	45
煤炭开采和洗选业					
石油和天然气开采业					
黑色金属矿采选业					
有色金属矿采选业					
非金属矿采选业	21020	310	1749	40	45
其他采矿业					
制造业	9867686	50688	708492	297689	16128
农副食品加工业	42060	40	2670	1250	21
食品制造业	6170	80	1210	450	58
饮料制造业	121150	60	18600	15270	112
烟草制品业					
纺织业	210750	996	10581	3867	1082
纺织服装、鞋、帽制造业					
皮革、毛皮、羽毛（绒）及其制品业	92520	90	3330	1900	109
木材加工及木、竹、藤、棕、草制品业					
家具制造业					
造纸及纸制品业	43370	130	2320	1600	216

表 5—5　续表 5

指　　标	主营业务收　　入	主营业务税金及附加	利　税总　额	盈亏相抵后利润总额	从业人员平均人数（人）
印刷业和记录媒介的复制	14052	82	875	85	32
文教体育用品制造业					
石油加工、炼焦及核燃料加工业	406867	1320	9448	3217	340
化学原料及化学制品制造业	1907763	12185	136041	53306	2683
医药制造业					
化学纤维制造业	33370	170	2670	1330	96
橡胶制品业	27900	198	6746	5370	114
＃ 轮胎制造					
塑料制品业	256822	768	12301	4690	995
非金属矿物制品业	256513	3368	25688	8070	1012
黑色金属冶炼及压延加工业	3099856	12317	230836	110934	1076
有色金属冶炼及压延加工业	855759	4701	55530	15503	666
金属制品业	770049	4434	84004	36281	1353
通用设备制造业	361966	1166	13110	805	1481
专用设备制造业					
交通运输设备制造业	270737	1689	21429	7837	2036
＃ 汽车制造	69219	377	11779	6389	399
摩托车制造	23324	164	2585	909	171
电气机械及器材制造业	652860	5180	47030	24050	742
通信设备、计算机及其他电子设备制造业	162969	873	9738	－2419	693
仪器仪表及文化、办公用机械制造业	107138	206	5889	901	401
工艺品及其他制造业	167045	635	8446	3392	810
废弃资源和废旧材料回收加工业					
电力、燃气及水的生产和供应业					
电力、热力的生产和供应业					
燃气生产和供应业					
水的生产和供应业					

表 5—6 全部规模以上有限责任公司工业企业主要经济指标（2006 年）

计量单位：千元

指 标	企业单位数（个）	#亏损企业	工业总产值
总 计	1121	191	230028875
一、按经济类型分组：			
国有独资公司	13	0	23647120
私营有限责任公司	584	101	39106854
与港澳台商合资经营	111	26	17323340
中外合资经营	156	24	82889092
其他有限责任公司	257	40	67062469
二、按轻重工业分组：			
轻工业	384	72	33034924
重工业	737	119	196993951
三、按企业规模分组：			
大型企业	21	1	79726680
中型企业	125	20	75351872
小型企业	975	170	74950323
四、按行业分组：			
采矿业	15	0	2729340
煤炭开采和洗选业			
石油和天然气开采业			
黑色金属矿采选业	4	0	1354630
有色金属矿采选业	2	0	732710
非金属矿采选业	9	0	642000
其他采矿业			
制造业	1096	190	221451665
农副食品加工业	31	7	3090250
食品制造业	18	4	2294050
饮料制造业	7	2	2262822
烟草制品业			
纺织业	41	9	3142570
纺织服装、鞋、帽制造业	102	22	7177990
皮革、毛皮、羽毛(绒)及其制品业	9	2	784360

表5—6　续表1

指　　标	企业单位数（个）	#亏损企业	工业总产值
木材加工及木、竹、藤、棕、草制品业	6	1	545170
家具制造业	8	1	271480
造纸及纸制品业	12	1	674790
印刷业和记录媒介的复制	18	5	1047410
文教体育用品制造业	16	0	1008150
石油加工、炼焦及核燃料加工业	9	2	2012910
化学原料及化学制品制造业	123	11	47747420
医药制造业	24	4	1948012
化学纤维制造业	2	1	33130
橡胶制品业	7	1	3082540
# 轮胎制造	1	0	2455920
塑料制品业	43	13	2477650
非金属矿物制品业	94	25	8972220
黑色金属冶炼及压延加工业	37	10	27145460
有色金属冶炼及压延加工业	28	4	10825250
金属制品业	67	9	3811090
通用设备制造业	100	10	11150089
专用设备制造业	55	10	3430717
交通运输设备制造业	69	14	21480420
# 汽车制造	34	12	15569660
摩托车制造	5	0	696800
电气机械及器材制造业	74	9	9266775
通信设备、计算机及其他电子设备制造业	59	8	42035400
仪器仪表及文化、办公用机械制造业	30	4	2377160
工艺品及其他制造业	6	0	1099020
废弃资源和废旧材料回收加工业	1	1	257360
电力、燃气及水的生产和供应业	10	1	5847870
电力、热力的生产和供应业	5	1	3908840
燃气生产和供应业	5	0	1939030
水的生产和供应业			

表 5—6 续表 2

指　　标	资产总计	流动资产年平均余额	固定资产原价	累计折旧	固定资产净值年平均余额	流动负债年末合计数
总　　计	221556237	104379656	117603891	37371753	76849457	107334351
一、按经济类型分组：						
国有独资公司	37281947	14651322	22010099	8433142	11068561	17796217
私营有限责任公司	21924219	12833363	7362177	2400895	5108366	13186466
与港澳台商合资经营	15609008	10375189	5324182	1890476	3439117	8424787
中外合资经营	64555289	25257144	43775043	11542662	32065818	24625674
其他有限责任公司	82185774	41262638	39132390	13104578	25167595	43301207
二、按轻重工业分组：						
轻工业	24236071	12944586	10322563	3331927	6403120	12728364
重工业	197320166	91435070	107281328	34039826	70446337	94605987
三、按企业规模分组：						
大型企业	95320205	42601172	54954822	20654402	30776930	50609708
中型企业	82887872	37986429	43588486	10239581	33510264	35234939
小型企业	43348160	23792055	19060583	6477770	12562263	21489704
四、按行业分组：						
采矿业	2584262	1545312	1605000	918158	711573	926586
煤炭开采和洗选业						
石油和天然气开采业						
黑色金属矿采选业	1800669	1036752	1266645	706940	585329	459799
有色金属矿采选业	504590	297306	195243	117886	75837	278317
非金属矿采选业	279003	211254	143112	93332	50407	188470
其他采矿业						
制造业	205023645	100593776	106289366	34242741	68743868	103018741
农副食品加工业	1750587	987748	498426	203889	294505	1132232
食品制造业	3745871	2239555	757023	230311	716236	2197037
饮料制造业	1127844	498005	893129	375886	495897	540368
烟草制品业						
纺织业	3637842	1669017	1885507	458886	693592	1318515
纺织服装、鞋、帽制造业	2452742	1364476	1001334	263364	711796	1313585
皮革、毛皮、羽毛(绒)及其制品业	229042	161881	63928	22390	41734	167829

表 5—6　续表 3

指　　标	资产总计	流动资产年平均余额	固定资产原价	累计折旧	固定资产净值年平均余额	流动负债年末合计数
木材加工及木、竹、藤、棕、草制品业	158895	84789	73231	15138	60064	88238
家具制造业	404570	180262	112544	51943	57108	226370
造纸及纸制品业	552705	297908	244486	72146	162307	365733
印刷业和记录媒介的复制	994297	447677	713964	278553	438002	408793
文教体育用品制造业	328176	170570	149924	63287	86322	208945
石油加工、炼焦及核燃料加工业	1430003	665800	500525	190768	318150	482296
化学原料及化学制品制造业	48422198	15389925	37411953	8901397	26780399	14591552
医药制造业	2604413	1345253	1238527	278146	868702	1411881
化学纤维制造业	3683	3540	310	170	160	1991
橡胶制品业	2978155	1090853	1867878	616638	1242646	1480149
# 轮胎制造	2679870	926230	1743550	556800	1187500	1348560
塑料制品业	1695047	861220	1027914	328873	793665	938358
非金属矿物制品业	11599067	5166065	7952738	2954076	5134821	5577478
黑色金属冶炼及压延加工业	25261287	9330491	17079637	4520585	11054463	13457461
有色金属冶炼及压延加工业	2103858	1199457	479498	186444	268393	801383
金属制品业	2366633	1610833	619629	186268	442083	1451395
通用设备制造业	11415918	8327136	3070986	1126450	1760582	6875585
专用设备制造业	2183023	1325296	799137	296084	435271	1266535
交通运输设备制造业	25851735	12186259	13299060	6291152	7729092	14020138
# 汽车制造	20247592	9131569	10621531	4814316	6333079	11529605
摩托车制造	677186	330641	516638	215455	302085	358510
电气机械及器材制造业	9618269	7319249	1313563	478503	948571	4100552
通信设备、计算机及其他电子设备制造业	37389297	24346210	11850362	5379153	6301923	26121513
仪器仪表及文化、办公用机械制造业	3640906	1749728	973298	342630	616423	1908580
工艺品及其他制造业	1041062	551593	393215	124891	277111	537799
废弃资源和废旧材料回收加工业	36520	22980	17640	4720	13850	26450
电力、燃气及水的生产和供应业	13948330	2240568	9709525	2210854	7394016	3389024
电力、热力的生产和供应业	11872026	1938874	8211022	2018295	6154261	2585015
燃气生产和供应业	2076304	301694	1498503	192559	1239755	804009
水的生产和供应业						

表 5—6　续表 4

指　　标	主营业务收　　入	主营业务税金及附加	利　税总　额	盈亏相抵后利润总额	从业人员平均人数（人）
总　　计	228850312	829814	20204752	12162396	318777
一、按经济类型分组：					
国有独资公司	24677515	103716	1793595	1008397	41750
私营有限责任公司	37247556	146584	2348238	1072529	93248
与港澳台商合资经营	17128824	26697	1911808	1266406	27763
中外合资经营	83110860	36629	7471362	5202633	51433
其他有限责任公司	66685557	516188	6679749	3612431	104583
二、按轻重工业分组：					
轻工业	31852801	141781	2513956	1400524	102840
重工业	196997511	688033	17690796	10761872	215937
三、按企业规模分组：					
大型企业	80902809	414833	5260270	2755554	96502
中型企业	76243333	179091	8815916	5584627	86933
小型企业	71704170	235890	6128566	3822215	135342
四、按行业分组：					
采矿业	2443436	24477	412869	219470	8158
煤炭开采和洗选业					
石油和天然气开采业					
黑色金属矿采选业	1179578	15350	245557	112875	5688
有色金属矿采选业	655132	3722	116098	83595	871
非金属矿采选业	608726	5405	51214	23000	1599
其他采矿业					
制造业	220545295	768205	18776697	11348862	304627
农副食品加工业	3078347	25536	162687	69456	4641
食品制造业	2277402	8178	405431	279275	6145
饮料制造业	1951249	22329	162580	80495	2960
烟草制品业					
纺织业	3069465	10991	179110	89473	12730
纺织服装、鞋、帽制造业	6782349	21075	351091	132581	36748
皮革、毛皮、羽毛(绒)及其制品业	753065	3242	79881	30900	2284

表 5—6　续表 5

指　　标	主营业务收　入	主营业务税金及附加	利　税总　额	盈亏相抵后利润总额	从业人员平均人数（人）
木材加工及木、竹、藤、棕、草制品业	537211	930	35058	23203	1063
家具制造业	284833	1058	28099	18297	1630
造纸及纸制品业	656619	1568	23582	9198	2110
印刷业和记录媒介的复制	948876	2828	174299	144347	2634
文教体育用品制造业	959366	3865	53882	28181	4702
石油加工、炼焦及核燃料加工业	1925615	6040	495250	470674	865
化学原料及化学制品制造业	48864968	71040	5540176	3701875	37020
医药制造业	1746145	7611	276891	134136	4555
化学纤维制造业	29198	60	1221	541	83
橡胶制品业	2831529	4782	101780	39654	3740
＃ 轮胎制造	2248590	3420	61180	18250	2200
塑料制品业	2371849	6851	117392	33992	4853
非金属矿物制品业	8551243	43216	692764	206522	18860
黑色金属冶炼及压延加工业	27659267	130955	2327483	1234386	20513
有色金属冶炼及压延加工业	10562362	6077	875856	762141	3008
金属制品业	3787896	15667	295397	174331	8826
通用设备制造业	10827128	27745	1323959	887341	19318
专用设备制造业	3163037	11702	269623	140088	8365
交通运输设备制造业	20865712	258054	1078128	233704	38775
＃ 汽车制造	14836771	217380	602091	－78315	26246
摩托车制造	664899	6299	73103	39770	2185
电气机械及器材制造业	9341964	31388	1600298	1234549	12191
通信设备、计算机及其他电子设备制造业	43087867	30367	1752797	940290	35035
仪器仪表及文化、办公用机械制造业	2300121	6039	275758	209436	6695
工艺品及其他制造业	1073252	9011	85534	44926	4033
废弃资源和废旧材料回收加工业	257360	0	10690	－5130	245
电力、燃气及水的生产和供应业	5861581	37132	1015186	594064	5992
电力、热力的生产和供应业	3880346	34051	883469	505006	3099
燃气生产和供应业	1981235	3081	131717	89058	2893
水的生产和供应业					

表 5—7 全部规模以上股份有限公司工业企业主要经济指标（2006 年）

计量单位：千元

指　　标	企业单位数（个）	#亏损企业	工业总产值
总　　计	113	18	97517870
一、按经济类型分组：			
股份有限公司	58	10	91249970
私营股份有限公司	46	7	3906160
港澳台商投资股份有限公司	2	0	101480
外商投资股份有限公司	7	1	2260260
二、按轻重工业分组：			
轻工业	31	8	3241590
重工业	82	10	94276280
三、按企业规模分组：			
大型企业	3	1	84881250
中型企业	20	2	7386770
小型企业	90	15	5249850
四、按行业分组：			
采矿业			
煤炭开采和洗选业			
石油和天然气开采业			
黑色金属矿采选业			
有色金属矿采选业			
非金属矿采选业			
其他采矿业			
制造业	109	18	95737240
农副食品加工业	1	0	29710
食品制造业	1	0	38050
饮料制造业	2	0	77560
烟草制品业			
纺织业	2	1	192880
纺织服装、鞋、帽制造业	3	1	301890
皮革、毛皮、羽毛(绒)及其制品业	2	0	319540

表 5—7　续表 1

指　标	企业单位数（个）	#亏损企业	工业总产值
木材加工及木、竹、藤、棕、草制品业			
家具制造业	1	0	86240
造纸及纸制品业			
印刷业和记录媒介的复制	1	1	11000
文教体育用品制造业			
石油加工、炼焦及核燃料加工业	1	1	42259480
化学原料及化学制品制造业	13	0	42479740
医药制造业	5	2	317910
化学纤维制造业	1	0	810640
橡胶制品业	2	0	122240
# 轮胎制造			
塑料制品业	7	1	1013650
非金属矿物制品业	7	0	843140
黑色金属冶炼及压延加工业	4	0	385090
有色金属冶炼及压延加工业			
金属制品业	6	0	1210410
通用设备制造业	9	1	840130
专用设备制造业	10	1	752460
交通运输设备制造业	7	3	275900
# 汽车制造	6	3	165380
摩托车制造			
电气机械及器材制造业	5	2	276420
通信设备、计算机及其他电子设备制造业	10	2	2196830
仪器仪表及文化、办公用机械制造业	5	0	802310
工艺品及其他制造业	4	2	94020
废弃资源和废旧材料回收加工业			
电力、燃气及水的生产和供应业	4	0	1780630
电力、热力的生产和供应业	3	0	1765150
燃气生产和供应业			
水的生产和供应业	1	0	15480

表 5—7 续表 2

指　标	资产总计	流动资产年平均余额	固定资产原价	累计折旧	固定资产净值年平均余额	流动负债年末合计数
总　计	45046646	20013970	42775358	23519563	17996960	15296129
一、按经济类型分组:						
股份有限公司	38426550	16413388	38796608	21748314	15716623	12338582
私营股份有限公司	3335555	2047581	1013248	378854	622247	1920973
港澳台商投资股份有限公司	118248	80194	32313	9364	23340	40817
外商投资股份有限公司	3166293	1472807	2933189	1383031	1634750	995757
二、按轻重工业分组:						
轻工业	4321521	1932457	1850203	616862	1245809	1786046
重工业	40725125	18081513	40925155	22902701	16751151	13510083
三、按企业规模分组:						
大型企业	31623841	12224471	36713335	21052877	14314140	9220306
中型企业	8956887	5297529	4333728	1988123	2516684	3784141
小型企业	4465918	2491970	1728295	478563	1166136	2291682
四、按行业分组:						
采矿业						
煤炭开采和洗选业						
石油和天然气开采业						
黑色金属矿采选业						
有色金属矿采选业						
非金属矿采选业						
其他采矿业						
制造业	42599513	19475866	39589390	22198184	16056023	14747936
农副食品加工业	4480	2730	4450	2700	1750	1160
食品制造业	85005	12984	69738	5696	53673	26766
饮料制造业	6470	4670	4280	1870	2790	1810
烟草制品业						
纺织业	418000	265920	57000	11840	48540	139030
纺织服装、鞋、帽制造业	75029	42455	15836	2301	11611	48513
皮革、毛皮、羽毛(绒)及其制品业	327821	91855	95211	47017	48969	117406

（五）工业

表5—7 续表3

指 标	资产总计	流动资产年平均余额	固定资产原价	累计折旧	固定资产净值年平均余额	流动负债年末合计数
木材加工及木、竹、藤、棕、草制品业						
家具制造业	8412	6834	2643	1282	1603	417
造纸及纸制品业						
印刷业和记录媒介的复制	12020	7660	12360	9640	3250	10270
文教体育用品制造业						
石油加工、炼焦及核燃料加工业	10122081	3264781	11362925	5556967	5884130	5024976
化学原料及化学制品制造业	20467187	8716585	24678927	15282322	7955521	3645969
医药制造业	574415	273169	282486	114035	187771	212160
化学纤维制造业	1617330	628490	828620	285620	551290	739190
橡胶制品业	28587	13845	17742	3945	13937	16600
# 轮胎制造						
塑料制品业	709232	418515	269935	72384	192499	335233
非金属矿物制品业	647315	329190	216061	104439	112517	134011
黑色金属冶炼及压延加工业	134050	89001	38191	11738	23752	116196
有色金属冶炼及压延加工业						
金属制品业	1276531	973942	152748	81500	102220	809849
通用设备制造业	876179	452844	420686	263532	183170	506257
专用设备制造业	719242	522495	171711	50579	130924	500371
交通运输设备制造业	265207	142374	119504	33833	86630	173231
# 汽车制造	189498	102384	83966	26894	58031	151365
摩托车制造						
电气机械及器材制造业	252941	153891	106496	36345	69644	126029
通信设备、计算机及其他电子设备制造业	2293445	1753125	494475	171983	332467	1378855
仪器仪表及文化、办公用机械制造业	1564356	1244799	126424	32223	37292	580251
工艺品及其他制造业	114178	63712	40941	14393	20073	103388
废弃资源和废旧材料回收加工业						
电力、燃气及水的生产和供应业	2447133	538104	3185968	1321379	1940937	548193
电力、热力的生产和供应业	2264939	496121	3043326	1286295	1848731	470286
燃气生产和供应业						
水的生产和供应业	182194	41983	142642	35084	92206	77907

表 5—7 续表 4

指　标	主营业务收入	主营业务税金及附加	利税总额	盈亏相抵后利润总额	从业人员平均人数（人）
总　计	101786022	1648939	4776942	1693196	43782
一、按经济类型分组：					
股份有限公司	95520329	1623632	4162487	1399034	30568
私营股份有限公司	3847413	20331	386671	199219	9022
港澳台商投资股份有限公司	94351	0	32408	23258	141
外商投资股份有限公司	2323929	4976	195376	71685	4051
二、按轻重工业分组：					
轻工业	2811471	24548	249769	103521	11931
重工业	98974551	1624391	4527173	1589675	31851
三、按企业规模分组：					
大型企业	89367659	1579991	3405417	921646	15005
中型企业	7289404	43540	872227	479796	15890
小型企业	5128959	25408	499298	291754	12887
四、按行业分组：					
采矿业					
煤炭开采和洗选业					
石油和天然气开采业					
黑色金属矿采选业					
有色金属矿采选业					
非金属矿采选业					
其他采矿业					
制造业	99967288	1640817	4531984	1616053	41765
农副食品加工业	29400	10	450	190	63
食品制造业	38073	536	21457	16185	118
饮料制造业	75200	910	6410	3250	130
烟草制品业					
纺织业	164340	490	1990	－430	510
纺织服装、鞋、帽制造业	265130	734	16651	2607	1560
皮革、毛皮、羽毛(绒)及其制品业	258946	1743	12980	4365	933

（五）工业

表 5—7　续表 5

指　标	主营业务收　入	主营业务税金及附加	利　税总　额	盈亏相抵后利润总额	从业人员平均人数（人）
木材加工及木、竹、藤、棕、草制品业					
家具制造业	77619	580	5495	122	83
造纸及纸制品业					
印刷业和记录媒介的复制	11060	10	－1010	－1240	40
文教体育用品制造业					
石油加工、炼焦及核燃料加工业	42656779	1036511	－264313	－1430984	4625
化学原料及化学制品制造业	46566134	544763	3707594	2401468	9324
医药制造业	263606	1609	53882	27319	1642
化学纤维制造业	795900	2850	58730	20580	2473
橡胶制品业	120960	863	8072	3810	370
＃ 轮胎制造					
塑料制品业	1065749	3977	93821	61475	2226
非金属矿物制品业	611408	14434	61433	30819	2617
黑色金属冶炼及压延加工业	366491	1690	42388	29864	493
有色金属冶炼及压延加工业					
金属制品业	1209862	2745	173052	129424	1478
通用设备制造业	841044	3631	84715	42259	4051
专用设备制造业	719756	5312	59546	33886	1947
交通运输设备制造业	277964	1303	15193	4622	1396
＃ 汽车制造	147057	990	8416	1119	1099
摩托车制造					
电气机械及器材制造业	273009	1441	21956	6044	952
通信设备、计算机及其他电子设备制造业	2364021	6473	135305	91299	3420
仪器仪表及文化、办公用机械制造业	816134	7711	209334	138037	897
工艺品及其他制造业	98703	491	6853	1082	417
废弃资源和废旧材料回收加工业					
电力、燃气及水的生产和供应业	1818734	8122	244958	77143	2017
电力、热力的生产和供应业	1802921	8015	242349	75590	1895
燃气生产和供应业					
水的生产和供应业	15813	107	2609	1553	122

表 5—8　全部规模以上“三资”工业企业主要经济指标（2006 年）

计量单位：千元

指　　标	企业单位数（个）	#亏损企业	工业总产值
总　　计	555	103	187115567
一、按轻重工业分组：			
轻工业	228	45	31815362
重工业	327	58	155300205
二、按企业规模分组：			
大型企业	9	0	57663100
中型企业	96	16	83347202
小型企业	450	87	46105265
三、按行业分组：			
采矿业			
煤炭开采和洗选业			
石油和天然气开采业			
黑色金属矿采选业			
有色金属矿采选业			
非金属矿采选业			
其他采矿业			
制造业	547	103	183612057
农副食品加工业	7	3	1535170
食品制造业	14	3	2062530
饮料制造业	8	3	2747862
烟草制品业			
纺织业	20	8	2119010
纺织服装、鞋、帽制造业	61	9	4304570
皮革、毛皮、羽毛(绒)及其制品业	9	1	1557390
木材加工及木、竹、藤、棕、草制品业	3	1	119480
家具制造业	5	0	205760
造纸及纸制品业	5	0	403400

表5—8 续表1

指标	企业单位数（个）	#亏损企业	工业总产值
印刷业和记录媒介的复制	6	2	598060
文教体育用品制造业	23	3	1558190
石油加工、炼焦及核燃料加工业	1	1	308950
化学原料及化学制品制造业	55	7	30688390
医药制造业	11	2	690240
化学纤维制造业			
橡胶制品业	2	0	2899140
# 轮胎制造	1	0	2455920
塑料制品业	21	6	1217780
非金属矿物制品业	29	9	2454470
黑色金属冶炼及压延加工业	11	2	2089010
有色金属冶炼及压延加工业	15	3	8795590
金属制品业	26	5	1761170
通用设备制造业	50	8	8602070
专用设备制造业	28	4	5752460
交通运输设备制造业	21	5	2233060
# 汽车制造	11	4	1075090
摩托车制造	3	0	412800
电气机械及器材制造业	38	8	8587350
通信设备、计算机及其他电子设备制造业	62	7	89019780
仪器仪表及文化、办公用机械制造业	11	2	1172645
工艺品及其他制造业	5	1	128530
废弃资源和废旧材料回收加工业			
电力、燃气及水的生产和供应业	8	0	3503510
电力、热力的生产和供应业	4	0	1597130
燃气生产和供应业	4	0	1906380
水的生产和供应业			

表 5—8 续表 2

指 标	资产总计	流动资产年平均余额	固定资产原价	累计折旧	固定资产净值年平均余额	流动负债年末合计数
总 计	122481871	58333066	71128088	20778920	50538000	52682738
一、按轻重工业分组:						
轻工业	24717267	14457995	9925942	3333845	5724554	11541036
重工业	97764604	43875071	61202146	17445075	44813446	41141702
二、按企业规模分组:						
大型企业	19537315	8405972	14523182	5187828	9216241	9869229
中型企业	71508844	33016405	40174172	9571423	30855220	29776977
小型企业	31435712	16910689	16430734	6019669	10466539	13036532
三、按行业分组:						
采矿业						
煤炭开采和洗选业						
石油和天然气开采业						
黑色金属矿采选业						
有色金属矿采选业						
非金属矿采选业						
其他采矿业						
制造业	117037825	57362841	65615373	19161487	46678344	51164060
农副食品加工业	1496423	1187361	159698	72210	74191	565357
食品制造业	3835726	2433986	945662	324018	612788	2063333
饮料制造业	1632124	873705	960188	409619	517854	890628
烟草制品业						
纺织业	3091300	1086208	1954197	417239	833514	853525
纺织服装、鞋、帽制造业	1675854	1059308	664030	204312	468976	882902
皮革、毛皮、羽毛(绒)及其制品业	819964	583717	163323	54285	111112	421557
木材加工及木、竹、藤、棕、草制品业	85952	38224	57513	25744	31889	46810
家具制造业	130410	85483	49392	24001	28472	56216
造纸及纸制品业	479505	350103	204516	102334	100954	191240

表 5—8　续表 3

指　　标	资产总计	流动资产年平均余额	固定资产原价	累计折旧	固定资产净值年平均余额	流动负债年末合计数
印刷业和记录媒介的复制	536385	300538	370193	151646	221252	230259
文教体育用品制造业	834591	615483	187142	70933	113701	566832
石油加工、炼焦及核燃料加工业	295914	104647	264005	91637	175969	210486
化学原料及化学制品制造业	30905048	7584110	26149133	4970459	21868502	4488495
医药制造业	1026665	537290	456911	141718	281008	344836
化学纤维制造业						
橡胶制品业	2759538	960711	1776210	560743	1211530	1381424
＃ 轮胎制造	2679870	926230	1743550	556800	1187500	1348560
塑料制品业	1452146	931165	724587	308894	487062	472906
非金属矿物制品业	4626816	1696933	3718926	1358213	2434132	2288953
黑色金属冶炼及压延加工业	1487083	745537	553462	138791	417741	792767
有色金属冶炼及压延加工业	1615284	897776	367491	152299	194030	482783
金属制品业	1430287	880015	786753	324556	471796	768765
通用设备制造业	9394920	7081237	2695222	910405	1672218	5071160
专用设备制造业	2341503	1780669	965341	534306	700715	1286337
交通运输设备制造业	1870898	1217706	975106	455831	533457	947920
＃ 汽车制造	977977	659112	541957	309587	249145	460133
摩托车制造	476993	216988	346825	121944	225286	261935
电气机械及器材制造业	6266108	4067636	2403830	991696	1402381	3185160
通信设备、计算机及其他电子设备制造业	35694591	19653571	17470689	6151276	11308381	22258648
仪器仪表及文化、办公用机械制造业	1097437	575807	426058	144256	279584	381760
工艺品及其他制造业	155353	33915	165795	70066	125135	33002
废弃资源和废旧材料回收加工业						
电力、燃气及水的生产和供应业	5444046	970225	5512715	1617433	3859656	1518678
电力、热力的生产和供应业	3381632	671381	4021332	1426344	2625901	724039
燃气生产和供应业	2062414	298844	1491383	191089	1233755	794639
水的生产和供应业						

表 5—8　续表 4

指　　标	主营业务收　　入	主营业务税金及附加	利　税总　额	盈亏相抵后利润总额	从业人员平均人数（人）
总　　计	187217251	97066	13161288	9130610	182306
一、按轻重工业分组：					
轻工业	31001727	41573	2942205	1992608	66886
重工业	156215524	55493	10219083	7138002	115420
二、按企业规模分组：					
大型企业	56459829	5407	1312145	1098346	35742
中型企业	85894341	35421	7718742	5222054	73014
小型企业	44863081	56238	4130401	2810210	73550
三、按行业分组：					
采矿业					
煤炭开采和洗选业					
石油和天然气开采业					
黑色金属矿采选业					
有色金属矿采选业					
非金属矿采选业					
其他采矿业					
制造业	183668469	93274	12730149	8901257	178520
农副食品加工业	1506375	571	200898	150942	2000
食品制造业	2062080	2991	408021	280985	4502
饮料制造业	2429711	19363	225247	133082	2956
烟草制品业					
纺织业	1809930	3326	65341	32773	4511
纺织服装、鞋、帽制造业	4146505	5705	256522	127317	22514
皮革、毛皮、羽毛(绒)及其制品业	1560105	990	205076	105029	4108
木材加工及木、竹、藤、棕、草制品业	98600	120	3117	291	311
家具制造业	223962	50	24392	21104	829
造纸及纸制品业	390601	54	54766	38750	1100

（五）工业

表 5—8 续表 5

指 标	主营业务收入	主营业务税金及附加	利税总额	盈亏相抵后利润总额	从业人员平均人数（人）
印刷业和记录媒介的复制	598371	103	132385	121890	926
文教体育用品制造业	1432859	2405	103749	64138	6871
石油加工、炼焦及核燃料加工业	332033	0	－3285	－3285	87
化学原料及化学制品制造业	32244461	13039	4459251	3132795	11299
医药制造业	628820	117	221883	146457	1767
化学纤维制造业					
橡胶制品业	2691810	3449	96615	44906	2491
# 轮胎制造	2248590	3420	61180	18250	2200
塑料制品业	1179885	2445	105192	67314	2529
非金属矿物制品业	2476223	1916	69185	－18410	5786
黑色金属冶炼及压延加工业	2151005	3928	43765	14365	2321
有色金属冶炼及压延加工业	8699294	1216	781770	698403	1648
金属制品业	1728377	652	176637	107443	4741
通用设备制造业	8447406	15120	1109306	768319	18432
专用设备制造业	5487119	6277	148516	90862	4956
交通运输设备制造业	2357618	943	220527	168758	6159
# 汽车制造	1089936	228	59549	38800	2797
摩托车制造	402994	242	50331	32157	1700
电气机械及器材制造业	8390050	2681	680551	494503	11125
通信设备、计算机及其他电子设备制造业	89340886	5169	2768624	1968848	51618
仪器仪表及文化、办公用机械制造业	1143168	486	153701	131552	2275
工艺品及其他制造业	111215	158	18397	12126	658
废弃资源和废旧材料回收加工业					
电力、燃气及水的生产和供应业	3548782	3792	431139	229353	3786
电力、热力的生产和供应业	1597547	791	300132	140415	903
燃气生产和供应业	1951235	3001	131007	88938	2883
水的生产和供应业					

表 5—9 全部规模以上大中型工业企业主要经济指标（2006 年）

计量单位：千元

指标	企业单位数（个）	#亏损企业	工业总产值
总计	269	40	354320336
一、按登记注册类型分组			
内资企业	164	24	213310034
国有企业	33	4	33472154
集体企业	6	2	3120480
股份合作企业	3	1	464930
联营企业	2	0	203890
有限责任公司	63	8	74772080
股份有限公司	14	2	87992210
私营企业	43	7	13284290
港、澳、台商投资企业	32	2	14718690
外商投资企业	73	14	126291612
二、按轻重工业分组：			
轻工业	79	14	38524434
重工业	190	26	315795902
三、按企业规模分组：			
大型企业	35	3	219923740
中型企业	234	37	134396596
四、按行业分祖：			
采矿业	5	0	1923420
煤炭开采和洗选业			
石油和天然气开采业			
黑色金属矿采选业	2	0	1278790
有色金属矿采选业	1	0	570520
非金属矿采选业	2	0	74110
其他采矿业			
制造业	255	38	345383176
农副食品加工业	4	1	1632520
食品制造业	8	1	2278640
饮料制造业	3	1	1925182
烟草制品业	1	0	8141710
纺织业	10	2	2025950

表5—9　续表1

指　标	企业单位数（个）	#亏损企业	工业总产值
纺织服装、鞋、帽制造业	15	2	3641340
皮革、毛皮、羽毛(绒)及其制品业	3	0	822770
木材加工及木、竹、藤、棕、草制品业			
家具制造业	1	1	41490
造纸及纸制品业	3	1	510470
印刷业和记录媒介的复制	2	0	115090
文教体育用品制造业	3	0	438100
石油加工、炼焦及核燃料加工业	1	1	42259480
化学原料及化学制品制造业	22	2	80861170
医药制造业	5	1	2002920
化学纤维制造业	1	0	810640
橡胶制品业	3	0	2764310
# 轮胎制造	1	0	2455920
塑料制品业	6	1	1468170
非金属矿物制品业	15	4	5168190
黑色金属冶炼及压延加工业	11	2	38028570
有色金属冶炼及压延加工业	2	0	1443310
金属制品业	11	1	3141760
通用设备制造业	29	4	9653090
专用设备制造业	9	2	5788040
交通运输设备制造业	20	5	24182830
# 汽车制造	10	4	14456310
摩托车制造	1	0	308770
电气机械及器材制造业	16	0	12463374
通信设备、计算机及其他电子设备制造业	41	5	90903480
仪器仪表及文化、办公用机械制造业	7	1	1826640
工艺品及其他制造业	2	0	975370
废弃资源和废旧材料回收加工业	1	0	68570
电力、燃气及水的生产和供应业	9	2	7013740
电力、热力的生产和供应业	6	1	5726480
燃气生产和供应业	2	0	884410
水的生产和供应业	1	1	402850

表 5—9　续表 2

指　　标	资产总计	流动资产年平均余额	固定资产原价	累计折旧	固定资产净值年平均余额	流动负债年末合计数
总　　计	287031962	137013776	178398091	68769953	105171828	128710161
一、按登记注册类型分组						
内资企业	195985803	95591399	123700737	54010702	65100367	89063955
国有企业	38944480	23362815	24555981	10724992	13671112	15023243
集体企业	1590048	1217717	443443	192611	250108	1063637
股份合作企业	423391	220173	125347	52491	78935	238716
联营企业	234443	83259	133361	45284	87156	83513
有限责任公司	108891221	50009334	57267939	20241923	33656281	55672431
股份有限公司	35293025	14696637	37620045	21465945	14859240	10795446
私营企业	10609195	6001464	3554621	1287456	2497535	6186969
港、澳、台商投资企业	14161672	9734696	3356236	1162973	2001514	7852764
外商投资企业	76884487	31687681	51341118	13596278	38069947	31793442
二、按轻重工业分组：						
轻工业	34940382	23222512	15209794	5282411	9140278	15372036
重工业	252091580	113791264	163188297	63487542	96031550	113338125
三、按企业规模分组：						
大型企业	159981304	68342287	115477514	50560672	59612645	72021495
中型企业	127050658	68671489	62920577	18209281	45559183	56688666
四、按行业分组：						
采矿业	2273852	1357636	1588289	919201	701601	705315
煤炭开采和洗选业						
石油和天然气开采业						
黑色金属矿采选业	1776224	1019417	1260770	705463	580920	446021
有色金属矿采选业	337640	232956	193893	117776	74537	131952
非金属矿采选业	159988	105263	133626	95962	46144	127342
其他采矿业						
制造业	266304696	131996934	161399151	62780508	94102574	124017238
农副食品加工业	2442652	1688647	343075	170306	170300	1222776
食品制造业	3769156	2263776	908131	326578	774124	2224170
饮料制造业	917613	435694	765962	356565	411665	374420
烟草制品业	2459362	5836778	1676810	892737	836472	933668
纺织业	3547859	1632375	1709085	368788	619747	1216243

表5—9 续表3

指　　标	资产总计	流动资产年平均余额	固定资产原价	累计折旧	固定资产净值年平均余额	流动负债年末合计数
纺织服装、鞋、帽制造业	2432530	1546424	845641	221960	563172	1219445
皮革、毛皮、羽毛(绒)及其制品业	752761	366015	159041	58264	102499	297861
木材加工及木、竹、藤、棕、草制品业						
家具制造业	192000	21090	62310	38190	18790	108240
造纸及纸制品业	405600	296844	164188	85049	76034	125929
印刷业和记录媒介的复制	369018	80979	321717	138470	183977	193985
文教体育用品制造业	219781	130077	81188	30825	51415	86288
石油加工、炼焦及核燃料加工业	10122081	3264781	11362925	5556967	5884130	5024976
化学原料及化学制品制造业	63918325	21642483	58459510	22229476	32953981	16692380
医药制造业	3611927	2033030	1761906	504531	1204324	1239683
化学纤维制造业	1617330	628490	828620	285620	551290	739190
橡胶制品业	3081796	1148771	1953536	663188	1293816	1536048
# 轮胎制造	2679870	926230	1743550	556800	1187500	1348560
塑料制品业	1114314	630152	472233	133078	334763	607606
非金属矿物制品业	8161355	3154630	6287769	2421382	3943865	3150326
黑色金属冶炼及压延加工业	36800323	13452674	29168497	10071933	17268702	14918004
有色金属冶炼及压延加工业	637624	388745	225335	54040	185981	361245
金属制品业	3583314	2228762	1528593	668094	887069	2089838
通用设备制造业	12250134	8648202	3754169	1456784	2037987	7079691
专用设备制造业	2429888	1959731	1070725	659399	693833	1400055
交通运输设备制造业	31543133	16074486	14326745	6694942	8461531	18940582
# 汽车制造	19588144	8735921	10388705	4736657	6197534	11074317
摩托车制造	325268	147426	238531	75221	163871	235451
电气机械及器材制造业	14746947	10277705	2075336	749918	1417497	6363377
通信设备、计算机及其他电子设备制造业	50485571	29621660	19976023	7596447	12426770	33549273
仪器仪表及文化、办公用机械制造业	3645256	1994285	711827	229946	465307	1812093
工艺品及其他制造业	964746	526648	327904	105981	224233	509846
废弃资源和废旧材料回收加工业	82300	23000	70350	11050	59300	0
电力、燃气及水的生产和供应业	18453414	3659206	15410651	5070244	10367653	3987608
电力、热力的生产和供应业	13442275	2284268	11744837	4239007	7659860	2690035
燃气生产和供应业	1868189	212198	1419064	161387	1191573	729843
水的生产和供应业	3142950	1162740	2246750	669850	1516220	567730

表 5—9 续表 4

指　　标	主营业务收　　入	主营业务税金及附加	利　税总　额	盈亏相抵后利润总额	从业人员平均人数（人）
总　　计	361495715	6079066	31681491	16089940	332220
一、按登记注册类型分组					
内资企业	219141545	6038238	22650604	9769540	223464
国有企业	33218090	3834801	10726936	4415973	48625
集体企业	3264362	15327	232088	100168	3597
股份合作企业	469159	1342	40727	15045	1550
联营企业	181255	2230	21402	7762	1062
有限责任公司	76470113	527185	6856233	3597528	113031
股份有限公司	92267385	1608769	3820468	1176946	24368
私营企业	13271181	48584	952750	456118	31231
港、澳、台商投资企业	14675608	10171	1808312	1352706	32660
外商投资企业	127678562	30657	7222575	4967694	76096
二、按轻重工业分组：					
轻工业	39270842	3770577	9845116	3985062	73820
重工业	322224873	2308489	21836375	12104878	258400
三、按企业规模分组：					
大型企业	224147883	2100989	11982646	5883290	157946
中型企业	137347832	3978077	19698845	10206650	174274
四、按行业分组：					
采矿业	1696822	20870	351801	182079	7339
煤炭开采和洗选业					
石油和天然气开采业					
黑色金属矿采选业	1127958	14926	232119	103250	5562
有色金属矿采选业	492942	3532	107227	76395	853
非金属矿采选业	75922	2412	12455	2434	924
其他采矿业					
制造业	352712317	6006504	30118759	15324275	313083
农副食品加工业	1701820	3230	215014	141351	3112
食品制造业	2345396	7132	386630	244280	5806
饮料制造业	1635537	19285	144152	70884	2208
烟草制品业	8226236	3682248	7089631	2273097	1610
纺织业	2021047	2554	99054	50025	5759

表 5—9　续表 5

指　　标	主营业务收　入	主营业务税金及附加	利　税总　额	盈亏相抵后利润总额	从业人员平均人数（人）
纺织服装、鞋、帽制造业	3656693	5763	167267	77465	16318
皮革、毛皮、羽毛(绒)及其制品业	798916	1323	114450	82885	2920
木材加工及木、竹、藤、棕、草制品业					
家具制造业	39770	210	990	－20	700
造纸及纸制品业	505804	1280	68435	35364	1308
印刷业和记录媒介的复制	116837	1420	18169	4893	860
文教体育用品制造业	388273	260	49166	36369	1621
石油加工、炼焦及核燃料加工业	42656779	1036511	－264313	－1430984	4625
化学原料及化学制品制造业	87941825	589419	8179487	5414655	39738
医药制造业	2772883	14909	470724	293728	7424
化学纤维制造业	795900	2850	58730	20580	2473
橡胶制品业	2581677	5362	85765	25709	3894
＃ 轮胎制造	2248590	3420	61180	18250	2200
塑料制品业	1570090	4704	116162	64068	3428
非金属矿物制品业	4835083	39194	381977	101270	12391
黑色金属冶炼及压延加工业	38552426	213476	4472974	2511563	23398
有色金属冶炼及压延加工业	1437252	2372	100824	61086	1210
金属制品业	3244644	14117	471312	338661	7547
通用设备制造业	9776320	17657	1228452	833663	25950
专用设备制造业	5478431	8886	174746	106376	5245
交通运输设备制造业	22448882	252553	1117707	292222	44638
＃ 汽车制造	13751766	211575	578264	－69796	24018
摩托车制造	302733	147	40072	25686	1420
电气机械及器材制造业	12572670	38325	2147091	1622723	12265
通信设备、计算机及其他电子设备制造业	91743447	23298	2593449	1751356	67535
仪器仪表及文化、办公用机械制造业	1838194	7315	334727	255563	5360
工艺品及其他制造业	961605	8841	78087	40753	3395
废弃资源和废旧材料回收加工业	67880	2010	17900	4690	345
电力、燃气及水的生产和供应业	7086576	51692	1210931	583586	11798
电力、热力的生产和供应业	5840464	49261	1094608	531789	6427
燃气生产和供应业	884752	41	106233	71337	2607
水的生产和供应业	361360	2390	10090	－19540	2764

表 5—10　主要年份工业总产值

计量单位:万元

年　份	全部工业总产值（不变价）	#国有工业	全部工业总产值（现行价）	#国有工业
1949	4545	1407		
1952	28887	14678		
1957	84484	69886		
1962	120146	102393		
1965	221733	188043		
1970	420409	359978		
1975	604664	475537		
1978	845115	649434		
1979	942842	717360		
1980	1050111	747636		
1985	1773545	1187474		
1990	3089759	1990637		
1995	8798479	4137823	10381596	5307304
1996	10855673	4657145	12247400	5551053
1997	12756605	4931719	13831951	5762074
1998	13147188	5996638	14112659	6437752
1999	13697772	5845505	15455462	6928660
2000	16869869	8317084	18430481	9036654
2002	20155183	9049588	22874525	10554140
2003	23362236	10358582	27401816	13011294
2004	—	—	34285905	12080749
2005	—	—	43828843	16767938
2006	—	—	51628106	18956614

注:1995 年以后的产值数按新规定计算;1998 年以后国有工业产值数为国有控股数。

（五）工业

表 5—11　主要年份规模以上工业企业职工人数、主营业务收入和利税总额

年　份	职工人数 （万人）	主营业务收入 （万元）	利税总额 （万元）
1978	—	479852	124043
1979	55.26	567621	136507
1980	58.66	616995	93441
1981	62.90	610863	85509
1982	65.58	668852	87733
1983	70.87	752944	127087
1984	71.41	876503	165675
1985	78.50	1120919	260540
1986	81.32	1151405	241801
1987	85.18	1508476	254047
1988	86.52	1845851	284969
1989	85.66	2202471	324272
1990	86.26	2477840	310481
1991	89.19	3125279	332103
1992	89.50	4081394	451528
1993	87.95	5642341	495640
1994	90.74	6608363	681163
1995	92.17	8645998	723396
1996	86.92	9197414	693749
1997	81.97	10077056	851273
1998	75.04	11624513	975555
1999	68.13	12534665	1200216
2000	62.04	15402200	1423719
2002	60.02	18901939	1834099
2003	59.17	24529920	2422851
2004	55.24	30914407	3442973
2005	56.27	40273019	3650834
2006	55.86	47141295	4079848

主要统计指标解释

工业 指从事自然资源的开采，对采掘品和农产品进行加工和再加工的物质生产部门。具体包括：(1) 对自然资源的开采，如采矿、晒盐、森林采伐等（但不包括禽兽捕猎和水产捕捞）；(2) 对农副产品的加工、再加工，如粮油加工、食品加工、轧花、缫丝、纺织、制革等；(3) 对采掘品的加工、再加工，如炼铁、炼钢、化工生产、石油加工、机器制造、木材加工等，以及电力、自来水、煤气的生产和供应等；(4) 对工业品的修理、翻新，如机器设备的修理、交通运输工具（包括小卧车）的修理等。

1984 年以前农村的村及村以下办工业归属农业，1984 年以后划归工业。

国有及国有控股企业 指国有企业加上国有控股企业。国有企业是指企业全部资产归国家所有，并按《中华人民共和国企业法人登记管理条例》规定登记注册的非公司制的经济组织。1957 年以前的公私合营和私营工业，后均改造为国营工业，1992 年改为国有工业，这部分工业的资料不单独分列时，均包括在国有企业内。国有控股企业是对混合所有制经济的企业进行的“国有控股”分类。它是指这些企业的全部资产中国有资产（股份）相对其他所有者中的任何一个所有者占资（股）最多的企业。该分组反映了国有经济控股情况。

集体企业 指企业资产归集体所有，并按《中华人民共和国企业法人登记管理条例》规定登记注册的经济组织。是社会主义公有制经济的组成部分。包括城乡所有使用集体投资举办的企业，以及部分个人通过集资自愿放弃所有权并依法经工商行政管理机关认定为集体所有制的企业。

股份合作企业 指以合作制为基础，由企业职工共同出资入股，吸收一定比例的社会资产投资组建，实行自主经营，自负盈亏，共同劳动，民主管理，按劳分配与按股分红相结合的一种集体经济组织。

联营企业 指两个及两个以上相同或不同所有制性质的企业法人或事业单位法人，按自愿、平等、互利的原则，共同投资组成的经济组织。联营企业包括：国有联营企业指国有企业与国有企业间的联营；集体联营企业指集体企业与集体企业间的联营；国有与集体联营企业指国有企业与集体企业间的联营。

有限责任公司 指根据《中华人民共和国公司登记管理条例》规定登记注册，由两个以上，五十个以下的股东共同出资，每个股东以其所认缴的出资额对公司承担有限责任，公司以其全部资产对其债务承担责任的经济组织。

有限责任公司包括国有独资公司以及其他有限责任公司。

股份有限公司 指根据《中华人民共和国企业法人登记管理条例》规定登记注册，其全部注册资本由等额股份构成并通过发行股票筹集资本，股东以其认购的股份对公司承担有限责任，公司以其全部资产对其债务承担责任的经济组织。

（五）工业

私营企业 指由自然人投资设立或由自然人控股，以雇佣劳动为基础的营利性经济组织。包括按照《公司法》、《合伙企业法》、《私营企业暂行条例》规定登记注册的私营有限责任公司、私营股份有限公司、私营合伙企业和私营独资企业。

港、澳、台商投资企业 指企业注册登记类型中的港、澳、台资合资、合作、独资经营企业和股份有限公司之和。

外商投资企业 指企业注册登记类型中的中外合资、合作经营企业、外资企业和外商投资股份有限公司之和。

“三资”企业 系指港、澳、台商投资企业和外资企业的简称。

轻工业 指主要提供生活消费品和制作手工工具的工业。按其所使用的原料不同，可分为两大类：(1)以农产品为原料的轻工业，是指直接或间接以农产品为基本原料的轻工业。主要包括食品制造、饮料制造、烟草加工、纺织、缝纫、皮革和毛皮制作、造纸以及印刷等工业；(2)以非农产品为原料的轻工业，是指以工业品为原料的轻工业。主要包括文教体育用品、化学药品制造、合成纤维制造、日用化学制品、日用玻璃制品、日用金属制品、手工工具制造、医疗器械制造、文化和办公用机械制造等工业。

重工业 是指为国民经济各部门提供物质技术基础的主要生产资料的工业。按其生产性质和产品用途，可以分为下列三类：(1)采掘（伐）工业，是指对自然资源的开采，包括石油开采、煤炭开采、金属矿开采、非金属矿开采和木材采伐等工业；(2)原材料工业，指向国民经济各部门提供基本材料、动力和燃料的工业。包括金属冶炼及加工、炼焦及焦炭、化学、化工原料、水泥、人造板以及电力、石油和煤炭加工等工业；(3)加工工业，是指对工业原材料进行再加工制造的工业。包括装备国民经济各部门的机械设备制造工业、金属结构、水泥制品等工业，以及为农业提供的生产资料如化肥、农药等工业。

根据上述划分原则，修理业中以重工业产品为修理作业对象的划为重工业，反之划为轻工业。

工业总产值 是以货币表现的工业企业在一定时期内生产的已出售或可供出售工业产品总量，它反映一定时间内工业生产的总规模和总水平。它包括：在本企业内不再进行加工，经检验、包装入库（规定不需包装的产品除外）的成品价值，对外加工费收入，自制半成品、在产品期末初差额价值。工业总产值采用“工厂法”计算，即以工业企业作为一个整体，按企业工业生产活动的最终成果来计算，企业内部不允许重复计算，不能把企业内部各个车间（分厂）生产的成果相加。但在企业之间、行业之间、地区之间存在着重复计算。

轻重工业总产值的划分是按“工厂法”计算的，即一个工业企业生产的主要产品性质属于轻工业，则该企业的全部总产值作为轻工业总产值；如它的主要产品性质属于重工业，则该企业的全部总产值作为重工业总产值。

工业增加值 是指工业行业在报告期内以货币表现的工业生产活动的最终成果。

实收资本 指企业实际收到的投资人投入的资本。按投资主体可分为国家资本、集体资本、法人资本、个人资本、港澳台资本和外商资本等。

资产合计 指企业拥有或控制的能以货币计量的经济资源。包括各种财产、债权和其他权利。资产按其流动性划分为流动资产、长期投资、固定资产、无形及递延资产和其他资产。

(1) 流动资产 指企业可以在一年内或者超过一年的一个生产周期内变现或耗用的资产合计。包括现金及各种存款、短期投资、应收及预付款项、存货等。

(2) 固定资产 指企业固定资产净值、固定资产清理、在建工程、待处理固定资产损失所占用的资金合计。

(3) 无形资产 指企业长期使用而没有实物形态的资产。包括专利权、非专利技术、商标权、著作权、土地使用权、商誉等。

负债合计 指企业承担的能以货币计量，将以资产或劳务偿付的债务。负债一般按偿还期长短分为流动负债和长期负债、递延税项等。

(1) 流动负债 指企业在一年内或者超过一年的一个营业周期内需要偿还的债务合计，其中包括短期借款、应付及预收款项、应付工资、应交税金和应交利润等。

(2) 长期负债 指企业在一年以上或者超过一年的一个营业周期以上需要偿还的债务合计，其中包括长期借款、应付债务、长期应付款项等。

所有者权益 指企业投资人对企业净资产的所有权。企业净资产等于企业全部资产减去全部负债后的余额，其中包括投资者对企业的最初投入，以及资本公积金、盈余公积金和未分配利润，对股份制企业即为股东权益。

固定资产原价 指企业在建造、购置、安装、改建、扩建、技术改造某项固定资产时所支出的全部货币总额。它一般包括买价、包装费、运杂费和安装费等。

固定资产净值 是指固定资产原价减去历年已提折旧额后的净额。

流动资产 是指可以在一年或者超过一年的一个营业周期内变现或者耗用的资产，包括现金及各种存款、短期投资、应收及预付货款、存货等。

主营业务收入 指企业销售产品和提供劳务等主要经营业务取得的收入总额。

产品销售成本 指企业销售产品和提供劳务等主要经营业务的实际成本。

产品销售税金及附加 指企业销售产品和提供工业性劳务等主要经营业务应负担的城市维护建设税、消费税、资源税和教育费附加。

产品销售利润 指企业销售产品和提供工业性劳务等主要经营业务收入扣除其成本、费用、税金后的利润。

利润总额 指企业实现的利润。

应交增值税 指企业在报告期内应交纳的增值税额。

（五）工业

全员劳动生产率　指根据产品的价值量指标计算的平均每一个就业人员在单位时间内的产品生产量。是考核企业经济活动的重要指标，是企业生产技术水平、经营管理水平、职工技术熟练程度和劳动积极性的综合表现。目前我国的全员劳动生产率是将工业企业的工业增加值除以同一时期全部就业人员的平均人数来计算的。

计算公式为：全员劳动生产率（％）＝工业增加值/全部就业人员平均人数×100％

（六）交通运输和邮电通讯业

CHAPTER 6 TRANSPORTATION, POST AND TELECOMMUNICATION SERVICES

表 6—1　铁路运输基本情况（南京市辖范围）

指　　标	2006 年	2005 年
车站(个)	23	23
营业里程(公里)	134.5	134.5
货物发送量(万吨)	1015.0	1010.6
旅客发送量(万人次)	1496.96	1366.70

表 6—2　航空运输情况

指　　标	2006 年	2005 年
民用航空线条数(条)	135	88
＃国际航线	18	15
航站数(个)	1	1
飞机架数(架)	19	15
旅客吞吐量(万人)	626.9	510.5
＃旅客发出量	291.6	251.9
货邮吞吐量(吨)	152000.0	139368.5
＃货邮发出量	98000.0	88803.6
年末职工人数(人)	4096	3903

注:货邮吞吐量中不含行李重量。

表 6—3　全社会客货运输（吞吐）量（2006 年）

指　　标	客运量（万人）	旅客周转量（万人公里）	货运量（万吨）	货物周转量（万吨公里）	旅客离港量（万人）	货物吞吐量（万吨）	集装箱（万标箱）
全社会	22123	2715291	18402	17065636	2	10729	81
公路运输	19999	1799947	11249	668974			
独立核算运输企业	6048	546422	4500	267590			
交通部系统	1371	247782	428	36302			
个体及联户							
水上运输			6042	15146475			
独立核算运输企业			4599	10121900			
交通部系统			5144	13837310			
个体及联户							
港口					2	10729	81
独立核算内河港口					2	10729	81
铁路运输	1497	552846	1096	1243540			
国有铁路	1497	552846	1096	1243540			
民航运输	627	362498	15	6647			
直属	347		10				
地方	280	362498	5	6647			
管道运输							

表6—4 公路基本情况表

计量单位:公里

指　　标	2006 年	2005 年	2006 年为上年%
公路总里程	9688.9	8805.3	110.0
按等级分			
高速	390.5	308.8	126.5
一级	386.6	267.8	144.4
二级	1073.6	908.9	118.1
三级	578.0	444.7	130.0
四级	5657.6	4811.8	117.6
按行政等级分			
国道	314.9	314.9	100.0
省道	622.6	593.2	105.0
市道	1175.5	1156.9	101.6
镇道	6470.2	6219.2	104.0
按路面标准分			
高级	6608.6	5640.1	117.2
次高级	483.2	904.1	53.4
其他	2597.0	2261.0	114.9

表 6—5　独立核算内河（沿海）港主要设备及吞吐量

指　　标	2006 年	2005 年
码头长度(米)	19829	18338
泊位个数(个)	251	269
＃ 万吨级	37	32
仓库总面积(平方米)	100853	107893
容量(吨)	1067654	180904
堆场总面积(平方米)	1132874	1092575
容量(吨)	4537111	4372511
货物吞吐量(千吨)	107290	116102
出口量	51310	58606
＃ 外贸	4232	4262
进口量(千吨)	55980	57495
＃外贸	2858	3597
旅客吞吐量(千人)	40	28
集装箱吞吐量		
箱数(标箱)	800349	605023
＃ 40 英尺	260706	206449
重量(千吨)	7383	3879

表6—6 全市民用车辆拥有量（2006年）

计量单位:辆

指标	总计	#个人
一、汽车	375724	227112
1. 载客汽车	310838	210279
# 大型	11181	132
轿车	206984	150594
2. 载货汽车	45029	16430
# 重型	7319	2168
中型	17952	6239
# 普通载货	25046	8932
3. 其他汽车	19857	403
二、摩托车	353291	349885
1. 普通	258709	256272
2. 轻便	94582	93613
三、农用运输车		
1. 三轮		
2. 四轮		
四、拖拉机	15279	15279
1. 大型	4500	4500
2. 小型	10779	10779
五、挂车	3422	153
六、其他类型车	5	2

表6—7　民用运输船舶拥有量（2006年）

指　　标	总　计	# 交通部门	# 私　人
一、机动船(艘)	1654	1645	9
载客量(客位)	5651	5651	
净载重量(吨位)	4150315	4145723	4592
总功率(千瓦)	1354115	1352399	1716
(一) 客船(艘)	93	93	
载客量(客位)	5651	5651	
(二) 客货船(艘)			
载客量(客位)			
净载重量(吨位)			
(三) 货船(艘)	1492	1483	9
净载重量(吨位)	4149863	4145271	4592
(四) 拖船(艘)	69	69	
功率(千瓦)	73549	73549	
二、驳船(艘)	445	445	
载客量(客位)			
净载重量(吨位)	647414	647414	

表6—8 邮政电信基本情况（2006年）

指标	全市	市区	县
一、电信自办营业网点(所)	917	637	280
二、邮政支局、所总数(所)	214	176	38
信筒信箱(个)	715	571	144
邮运汽车(辆)	162	156	6
三、邮路总长度(单程)(公里)	49756	49310	446
农村投递线路(公里)	10192	7759	2433
四、城乡电话交换机总容量(门)	5025079	4769003	256076
五、邮电业务总量(万元)	935543.54	889975.54	45568
#邮政业务总量	79902	76216	3686
邮电业务收入(万元)	758538	744921	13617
#邮政业务收入	71165	71165	
1. 函件(万件)	14029.74	13564.81	464.93
# 国际函件	61.90	61.69	0.21
2. 汇票(万张)	143.24	137.31	5.93
# 国际汇票	0.61	0.61	
3. 包裹(万件)	134.52	130.49	4.03
# 国际包裹	1.69	1.67	0.02

表 6—8　续表

指　　标	全市	市区	县
4. 特快专递(万件)	337	325.22	11.78
＃国际特快专递	11.84	11.62	0.22
5. 订销报纸累计份数(万份)	18020.68	16856.37	1164.31
6. 订销杂志累计册数(万册)	1163.41	1122.21	41.20
7. 邮政储蓄平均余额(万元)	1156580.80	1070315.60	86265.17
8. 集邮业务(万枚)	2431.96	2355.37	76.59
六、本地电话到年末用户数(户)	3442308	3126308	316000
1. 市话住宅电话	2282584	2165584	117000
2. 农话住宅电话	153528		153528
3. 公用电话	278735	268735	10000
4. 政企电话	565000	546000	19000
七、计算机互联网用户(户)	674847	659847	15000
＃因特网注册用户	27000	27000	
八、数字数据用户(户)	4000	4000	
九、移动通信用户(户)	4883122	4588661	294461
十、电话普及率(含移动及农话)(部/千人)	1371.10	1470.60	739.10

表 6—9　主要年份旅客和货物运输量、邮电业务总量

年　　份	旅客运输量（万人）	#公路	货物运输量（万吨）	#公路		邮电业务总量（万元）
					#公路	
1978	2486	1800	4011	1041	1755	1349
1979	2811	2034	4878	1058	2105	1499
1980	3209	2358	4966	1033	2189	1686
1983	4284	3201	6189	1751	2553	2292
1984	4550	3279	8288	3193	2913	2704
1985	4863	3467	9315	3853	3120	3394
1986	4919	3487	10359	4790	3203	4095
1987	5230	3693	10455	4718	3366	5021
1988	5360	3680	10475	4253	3761	6521
1989	4943	3618	9552	3472	3733	7410
1990	4595	3211	9304	3756	3337	9339/19628
1991	4512	3099	9043	3406	3538	26633
1992	4625	3100	9555	3773	3696	37882
1992	4343	2823	9142	3366	3749	57924
1994	7918	6427	10365	4103	4287	89371
1995	10068	8765	12168	5666	4600	117843
1996	11098	9926	13632	7094	4644	155441
1997	13051	11795	12612	7249	3531	206193
1998	13784	12523	11941	6368	3703	271030
1999	14218	12838	12389	6285	4037	355474
2000	15294	13869	14102	7590	4275	515111
2001	16197	14778	15749	9156	4123	682007/307959
2002	16868	15355	16275	9255	4122	414972
2003	16800	15348	15147	9266	4657	460475
2004	19394	17641	16942	9741	6206	523906
2005	20537	18660	18083	10530	6483	717821
2006	22123	19999	18402	11249	6042	935544

注：邮电业务总量 1990 年以前为 1980 年不变价，1990 年以后为 1990 年不变价；1990 年当年有两个价格计算的数字。2000 年以前为 1990 年不变价，2001 年当年有 1990 年不变价和 2000 年不变价两个价格计算的数字，其中：682007 万元为按 1990 年不变价计算，307959 万元为 2000 年不变价计算。

主要统计指标解释

铁路营业里程 又称营业长度（包括正式营业和临时营业里程），指办理客货运输业务的铁路正线总长度。凡是全线或部分建成双线及以上的线路，以第一线的实际长度计算；复线、站线、段管线、岔线和特殊用途线以及不计算运费的联络线都不计算营业里程。铁路营业里程是反映铁路运输业基础设施发展水平的重要指标，也是计算客货周转量、运输密度和机车车辆运用效率等指标的基础资料。

公路里程 指在一定时期内实际达到《公路工程［WTBZ］技术标准JTJ01－88》规定的等级公路，并经公路主管部门正式验收交付使用的公路里程数。包括大中城市的郊区公路以及通过小城镇街道部分的公路里程和桥梁、渡口的长度，不包括大中城市的街道、厂矿、林区生产用道和农业生产用道的里程。两条或多条公路共同经由同一路段，只计算一次，不得重复计算里程长度。它是反映公路建设发展规模的重要指标，也是计算运输网密度等指标的基础资料。

内河航道里程 也称内河通航里程，指在一定时期内，能通航运输船舶及排筏的天然河流、湖泊水库、运河及通航渠道的长度。包括全年季节性通航累计三个月以上的航道，不包括仅供零散流放竹、木排的河道。它是反映内河水运网规模、水平和发展情况的主要指标。

输油（气）管道长度 也称输油（气）里程，指油品（或天然气）的实际输送距离，一般按输油（气）管道的单线长度计算。若包括复线和备用线长度则称为输油（气）管道延展长度，是指管道铺设的实际长度。我们通常使用的是不包括复线的"输油（气）管道里程"，它是反映管道运输发展规模和水平的主要指标。

货（客）运量 指在一定时期内，各种运输工具实际运送的货物（旅客）数量。它是反映运输业为国民经济和人民生活服务的数量指标，也是制定和检查运输生产计划、研究运输发展规模和速度的重要指标。货运按吨计算，客运按人计算。货物不论运输距离长短、货物类别，均按实际重量统计。旅客不论行程远近或票价多少，均按一人一次客运量统计；半价票、小孩票也按一人统计。

货物（旅客）周转量 指在一定时期内，由各种运输工具运送的货物（旅客）数量与其相应运输距离的乘积之总和。它是反映运输业生产总成果的重要指标，也是编制和检查运输生产计划，计算运输效率、劳动生产率以及核算运输单位成本的主要基础资料。计算货物周转量通常按发出站与到达站之间的最短距离，也就是计费距离计算。计算公式为：

货物（旅客）周转量＝∑货物（旅客）运输量×运输距离

沿海主要港口货物吞吐量 指经水运进出沿海主要港区范围，并经过装卸的货物数量，包括邮件及办理托运手续的行李、包裹以及补给运输船舶的燃、物料和淡水。货物吞吐量按货物流向分为进口、出口吞吐量，按货物交流性质分为外贸货物吞吐量和国内贸易货物吞吐量。货物吞吐量的货类构成及其流向，是衡量港口生产能力大小的重要指标。

邮电业务总量 指以价值量形式表现的邮电通信企业为社会提供各类邮电通信服务的总数量。邮电业务量按专业分类包括函件、包件、汇票、报刊发行、邮政快件、特快专递、邮政储蓄、集邮、公众电报、用户电报、传真、长途电话、出租电路、无线寻呼、移动电话、分组交换数据通信、出租代维等。计算方法为各类产品乘以相应的平均单价（不变价）之和，再加上出租电路和设备、代用户维护电话交换机和线路等的服务收入。它综合反映了一定时期邮电业务发展的总成果，是研究邮电业务量构成和发展趋势的重要指标。计算公式为：

邮电业务总量＝∑（各类邮电业务量×不变单价）＋ 出租代维及其他业务收入

无线寻呼用户 无线寻呼是指电话用户通过无线寻呼中心，在规定范围内向携带小型寻呼机的用户发出声音、数字或文字显示信息。在寻呼台办理登记手续携带小型寻呼机的用户，称为无线寻呼用户。

移动电话用户 是指通过移动电话交换机进入移动电话网、占用移动电话号码的电话用户。用户数量以报告期末在移动电话营业部门实际办理登记手续进入移动电话网的户数进行计算，一部移动电话统计为一户。

电话用户 指接入国家公众固定电话网，并按固定电话业务进行经营管理的电话用户。1997 年以前，电话用户分为市内电话用户和农村电话用户。“市内电话用户”是指接入县城及县以上城市的电话网上的电话用户；“农村电话用户”是指接入县邮电局农话台及县以下农村电话交换点，以县城为中心（除市话用户外）联通县、乡（镇）、行政村、村民小组的用户。从 1997 年起，电话用户数分组调整为以用户所在区域划分为“城市电话用户”和“乡村电话用户”，与过去的按市内电话和农村电话划分方法不同。而电话用户总数、电话机总部数统计范围不变。

城市电话用户 指直辖市、省辖市、地级市、县级市的市区、市郊区及县城（包括县人民政府所在地的县城关区或行政建制相当于县人民政府所在地的镇）范围内接入局用交换机的电话用户数，包括分布在农村地区的独立工矿区、林区、驻军等接入局用交换机的电话用户数。

乡村电话用户 指县城关区以下的集镇和农村接入局用交换机的电话用户数。

住宅电话用户 是指安装在居民住宅或农民家里并按照住宅电话用户登记注册和收费的电话用户。包括私人付费、单位付费和按规定免费安装的住宅电话用户。

局用交换机容量 是指安装在本地电信运营商内用于接续本地固定电话的电话交换机容量，有倍增设备按倍增后的数量计数。包括现用和备用的人工或自动交换机的全部容量。

（七）
固定资产投资和建筑业

CHAPTER 7
INVESTMENT IN FIXED ASSETS AND CONSTRUCTION

表 7—1 全社会固定资产投资

计量单位:亿元

指　标	2006 年	2005 年	2006 年为上年%
全市投资总额	1613.55	1402.72	115.0
按产业分			
第一产业	6.90	4.78	144.4
第二产业	738.12	586.43	125.9
#工业	732.63	582.04	125.9
第三产业	868.53	811.51	107.0
按报表种类分			
城镇项目投资	883.59	820.30	107.7
房地产开发投资	351.17	296.14	118.6
农村非农户投资	350.42	265.39	132.0
50 万元以下投资	28.37	20.89	135.8
按经济类型分			
国有经济	480.77	521.59	92.2
非国有经济	1132.78	881.13	128.6
# 外资	277.61	220.99	125.6
私营、个体经济	339.73	242.87	139.9
本年新增固定资产	979.14	1110.01	88.2

表 7—2　全社会房屋建筑面积（2006 年）

计量单位：万平方米

指　　标	施工面积	#住　宅	竣工面积	#住　宅
全　　市	6269.51	2951.92	2201.61	816.85
一、城镇项目投资	1686.79	187.11	628.63	87.79
二、房地产开发投资	3321.96	2626.67	807.46	671.43
三、农村非农户投资	1260.76	138.14	765.52	57.63

注：自 2006 年起，国家统计制度中取消城镇私人建房、农村私人建房统计，故本表取消 50 万元以下房屋建筑面积。

表 7—3　50 万元以上固定资产投资主要指标（2006 年）

计量单位:万元

指　　标	合　计	城镇项目投资	房地产开发投资	农村非农户投资
一、个数(个)				
填报单位个数	4872	1598	630	2644
本年施工项目个数	4103	1551	—	2552
＃新开工项目个数	3448	1137	—	2311
建成投产项目个数	2839	821	—	2018
二、投资额和新增固定资产				
计划总投资	48638092	25833249	17222796	5582047
累计完成投资	30873352	16714416	10246015	3912921
本年完成投资	15851881	8835946	3511742	3504193
＃住宅	2829634	168317	2536388	124929
按构成分:				
建筑工程	8474364	4070556	2396784	2007024
安装工程	741396	453043	153022	135331
设备工器具购置	3322312	2438592	45935	837785
＃购置旧设备	8042	4788		3254
其他费用	3313809	1873755	916001	524053
＃旧建筑物购置费	203028	156313	44731	1984
土地购置费	1208174	401900	598470	207804
三、固定资产投资资金来源				
(一) 本年资金来源合计	18985633	9043162	6395033	3547438

表 7—3　续表

指　　标	合　计	城镇项目投资	房地产开发投资	农村非农户投资
1. 上年末结余资金	1317687	296304	1011673	9710
2. 本年资金来源小计	17667946	8746858	5383360	3537728
国家预算内资金	177564	177564	—	—
国内贷款	2969325	1451878	1508022	9425
债券	—	—	—	—
利用外资	1066066	883495	96313	86258
#外商直接投资	950447	833453	49077	67917
自筹资金	10684002	6072068	1226976	3384958
企事业单位自筹	9203033	4909456	985878	3307699
其它资金来源	2770989	161853	2552049	57087
（二）本年各项应付款合计	1379893	399772	966389	13732
#工程款	640395	183253	448822	8320
设备、器材款				
四、本年新增固定资产	9791368	5549580	1534443	2707345

表 7—4 城乡固定资产投资（2006 年）

计量单位:万元

指标	施工项目个数(个)	#本年新开工	本年投产项目个数(个)	计划总投资	#本年新开工	累计完成投资
总计	4103	3448	2839	31415296	12086119	20627337
一、按登记注册类型						
内资	3691	3106	2587	24947357	9881997	15806032
国有	540	322	243	13804436	3439539	8034226
集体	507	458	413	927460	710299	755535
股份合作	19	17	11	196443	32143	70241
国有联营	1			29000		16417
集体联营	6	6	5	12330	12330	7830
国有与集体联营	3	1	2	17500	1000	16572
其他联营	5	4	4	17415	2062	15840
国有独资公司	10	5	7	209265	118268	125045
其他有限责任公司	661	542	424	4090067	1838754	2948214
股份有限公司	147	104	83	2096673	857401	1204631
私营	1712	1568	1329	3304689	2663222	2421069
其他	80	79	66	242079	206979	190412
港澳台商投资	147	118	74	1593464	1087600	767616
合资经营	63	54	34	739994	647510	292935
合作经营	3	3	1	95558	94530	40994
独资	73	57	35	620147	315510	376493
股份有限	8	4	4	137765	30050	57194
外商投资	183	144	100	4802869	1057052	3985509
合资经营	56	44	35	3094991	180355	2682502
合作经营	2	1	1	3221	1152	1721
独资	125	99	64	1704657	875545	1301286
股份有限						
个体经营	82	80	78	71606	59470	68180
个体户	71	70	68	63565	53929	61754
个人合伙	11	10	10	8041	5541	6426
二、按国民经济行业						
农、林、牧、渔业	85	78	74	84268	69888	73329
采矿业	43	42	33	99773	96323	50370

注:本表含城镇项目投资、农村非农户投资 50 万元以上项目。

表7—4 续表1

指　　标	施工项目个数(个)	#本年新开工	本年投产项目个数(个)	计　划总投资	#本年新开工	累计完成投　资
制造业	2666	2309	1867	15258520	7615560	10923807
电力、燃气及水的生产和供应业	45	33	23	1575015	306202	1162898
建筑业	47	44	41	72431	52350	59259
交通运输、仓储和邮政业	154	120	106	5273860	776452	2368500
信息传输、计算机服务和软件业	19	17	14	490019	205138	287476
批发和零售业	101	82	81	581459	368039	353551
住宿和餐饮业	70	62	49	235475	124955	158475
金融业	3	2	2	2000	1000	1900
房地产业	84	70	54	584159	441039	363746
租赁和商务服务业	57	44	35	388311	322981	243784
科学研究、技术服务和地质勘查业	28	19	17	112315	31884	91193
水利、环境和公共设施管理业	373	281	241	3925558	766863	2964039
居民服务和其他服务业	27	26	24	42170	39170	29065
教育	107	64	50	1428583	280188	770390
卫生、社会保障和社会福利业	32	20	18	440019	181102	221843
文化、体育和娱乐业	52	39	29	448906	150698	201851
公共管理和社会组织	110	96	81	372455	256287	301861
国际组织						
三、按隶属关系						
中央	107	32	38	6845782	779059	4561092
省	40	14	13	1156173	148312	731913
市	234	125	104	8997376	1887740	5971034
区、县	423	305	221	3928816	1966891	2783811
其他	3299	2972	2463	10487149	7304117	6579487
四、按建设性质						
新建	2122	1756	1349	18735443	7542958	11669528
扩建	1517	1281	1143	8735336	3744843	6492855
改建	422	377	314	1968440	698221	1618944

表 7—4 续表 2

指 标	施工项目个数(个)	#本年新开工	本年投产项目个数(个)	计 划总投资	#本年新开工	累计完成投 资
单纯建造生活设施	6	6	6	4511	4511	3811
迁建	36	28	27	189387	78737	109212
恢复						
单纯购置				1782179	16849	732987
五、按建设阶段						
筹建						
本年正式施工	4091	3436	2839	29599937	12036090	19888435
本年收尾						
全部停缓建	12	12		33180	33180	5915
单纯购置				1782179	16849	732987
六、按控股情况						
国有控股	689	395	308	19815377	4271155	12884813
集体控股	587	520	467	1565538	914508	1198442
私人控股	2536	2300	1911	6710370	5082376	4325245
港澳台商控股	114	90	59	938584	562383	527073
外商控股	177	143	94	2385427	1255697	1691764
七、按期末项目建设状态						
在建	1362	1028	128	20090943	8352278	10765944
全部投产	2729	2408	2711	11291173	3700661	9855478
全部停缓建	12	12		33180	33180	5915
八、按投资规模						
100 万元以下	121	121	117	11159	10248	11156
100—500 万元	961	939	907	342821	324145	344519
500—1000 万元	755	714	641	642014	581915	618446
1000—3000 万元	1177	1026	794	2246107	1882032	1951940
3000—5000 万元	361	266	180	1503934	1087288	1184790
5000—1 亿元	343	211	114	2448555	1542981	1751209
1 亿元—5 亿元	284	140	68	6220046	2928741	4114605
5 亿元—10 亿元	55	18	11	3954361	1207444	2530507
10 亿以上	46	13	7	14046299	2521325	8120165

表 7—4　续表 3

指　　标	本　　年 完成投资	#本年新开工	#住　宅	本年新增 固定资产
总　计	12340139	6957168	293246	8256925
一、按登记注册类型				
内资	10298590	5772971	289327	7207751
国有	4285977	1517221	69607	2650652
集体	683116	567966	79970	507309
股份合作	59081	29591		18476
国有联营	12782			
集体联营	7830	7830		5830
国有与集体联营	14722	1000		5722
其他联营	9453	2062		1935
国有独资公司	82730	46542		75681
其他有限责任公司	1841977	1112498	105832	1347580
股份有限公司	906234	444632	2200	674957
私营	2215276	1888317	22768	1761625
其他	179412	155312	8950	157984
港澳台商投资	610869	430332		205694
合资经营	250787	211063		66210
合作经营	40994	39966		2958
独资	265715	157403		117306
股份有限	53373	21900		19220
外商投资	1362650	697981	400	779183
合资经营	502414	135822		210029
合作经营	1721	1152		1152
独资	858515	561007	400	568002
股份有限				
个体经营	68030	55884	3519	64297
个体户	61754	51958	3519	58641
个人合伙	6276	3926		5656
二、按国民经济行业				
农、林、牧、渔业	69039	60633	300	60003
采矿业	49870	46420		39103

表 7—4 续表 4

指 标	本年完成投资	#本年新开工	#住 宅	本年新增固定资产
制造业	6767877	4562374	16905	4498958
电力、燃气及水的生产和供应业	508735	159933		222846
建筑业	54672	36491	6193	53738
交通运输、仓储和邮政业	1160816	237486	2200	1096978
信息传输、计算机服务和软件业	232788	108222		177811
批发和零售业	246721	165450	1400	202192
住宿和餐饮业	128417	89742		63976
金融业	1065	1000		1000
房地产业	347152	228681	174688	122994
租赁和商务服务业	229224	191605	9759	97879
科学研究、技术服务和地质勘查业	56015	18899	5600	43193
水利、环境和公共设施管理业	1573229	608097	6426	955516
居民服务和其他服务业	28215	26065	10920	16720
教育	421009	102637	45000	367283
卫生、社会保障和社会福利业	139839	83957		23966
文化、体育和娱乐业	94738	55807		81333
公共管理和社会组织	230718	173669	13855	131436
国际组织				
三、按隶属关系				
中央	1449882	331430	35084	928434
省	410581	122928	18923	294339
市	2892627	881166	8960	2567778
区、县	1931452	1172950	95650	810789
其他	5655597	4448694	134629	3655585
四、按建设性质				
新建	6641578	3963484	177169	3999123
扩建	4336145	2412314	114277	3197872
改建	876238	495073		748872

表 7—4　续表 5

指　　标	本　　年 完成投资	#本年新开工	#住　宅	本年新增 固定资产
单纯建造生活设施	3811	3811	1800	3811
迁建	93509	66463		68265
恢复				
单纯购置	388858	16023		238982
五、按建设阶段				
筹建				
本年正式施工	11945366	6935230	293246	8017043
本年收尾				
全部停缓建	5915	5915		900
单纯购置	388858	16023		238982
六、按控股情况				
国有控股	5897775	2043762	159717	3836181
集体控股	982381	725789	84670	720899
私人控股	3877387	3178145	46159	2858485
港澳台商控股	392437	247031	2300	167613
外商控股	1190159	762441	400	673747
七、按期末项目建设状态				
在建	6950511	3421371	201763	1319274
全部投产	5383713	3529882	91483	6936751
全部停缓建	5915	5915		900
八、按投资规模				
100 万元以下	11156	10245	11	11007
100—500 万元	339666	322395	1692	334504
500—1000 万元	605214	558595	11891	550176
1000—3000 万元	1822218	1603072	38705	1518655
3000—5000 万元	1016348	805616	22900	851430
5000—1 亿元	1437703	989029	59971	807207
1 亿元—5 亿元	2794908	1573096	68851	1503531
5 亿元—10 亿元	1489993	591948	86525	765948
10 亿以上	2822933	503172	2700	1914467

表 7—4 续表 6

指 标	资金来源合计	上年末结余资金	本年资金来源				
			小 计	国家预算内资金	国内贷款	利用外资	#外商直接投资
总 计	12590600	306014	12284586	177564	1461303	969753	901370
一、按登记注册类型							
内资	10487066	265714	10221352	177564	1317167	120489	101085
国有	4303201	170981	4132220	177564	998888	82970	75470
集体	694018		694018		2687	520	
股份合作	70773	100	70673		2750		
国有联营	12782		12782		3965		
集体联营	9330		9330				
国有与集体联营	17000		17000				
其他联营	14633		14633				
国有独资公司	83690	1551	82139		10765		
其他有限责任公司	1901570	25687	1875883		210682	17850	17850
股份有限公司	960375	59385	900990		54224	6884	
私营	2233358	8010	2225348		25256	12265	7765
其他	186336		186336		7950		
港澳台商投资	626350	31000	595350		56993	132197	116233
合资经营	258413	800	257613		8000	58242	54750
合作经营	47658	30000	17658		6500	1028	1028
独资	266906	200	266706		36493	72927	60455
股份有限	53373		53373		6000		
外商投资	1409154	9300	1399854		87137	717067	684052
合资经营	509278		509278		46292	54848	35648
合作经营	1721		1721		350		
独资	898155	9300	888855		40495	662219	648404
股份有限							
个体经营	68030		68030		6		
个体户	61754		61754		6		
个人合伙	6276		6276				
二、按国民经济行业							
农、林、牧、渔业	69139		69139			1201	1201
采矿业	49870	200	49670		400		

表7—4　续表7

指　　标	资金来源合　　计	上年末结余资金	本年资金来源				
			小　计	国家预算内资金	国内贷款	利用外资	#外　商直接投资
制造业	6949758	32015	6917743	740	544669	863988	809157
电力、燃气及水的生产和供应业	544227	4656	539571	54404	198312	9600	2100
建筑业	54422	1200	53222				
交通运输、仓储和邮政业	1023370	15723	1007647	30000	286977	20086	14034
信息传输、计算机服务和软件业	217338		217338		33000		
批发和零售业	252010		252010		5900		
住宿和餐饮业	140067	11400	128667		15500		
金融业	1065		1065				
房地产业	354252		354252		6000	600	600
租赁和商务服务业	235052		235052		22000		
科学研究、技术服务和地质勘查业	61014	2583	58431	27350	800		
水利、环境和公共设施管理业	1575584	119198	1456386	17100	192050	67970	67970
居民服务和其他服务业	28215		28215		10700		
教育	506889	70504	436385	14384	126300		
卫生、社会保障和社会福利业	184086	35425	148661	16114	12500		
文化、体育和娱乐业	108227	1772	106455	16472	6195	6308	6308
公共管理和社会组织	236015	11338	224677	1000			
三、按隶属关系							
中央	1531322	67685	1463637	31206	507583	7500	7500
省	466873	17774	449099	35280	58750		
市	2914045	156839	2757206	38810	581609	613809	602805
区、县	1893357	2046	1891311	72268	202215	37157	12137
其他	5785003	61670	5723333		111146	311287	278928
四、按建设性质							
新建	6775960	200141	6575819	78341	563148	625054	583285
扩建	4430343	101468	4328875	99223	568665	287117	271457
改建	895611	2495	893116		167807	21714	12650

表 7—4 续表 8

指 标	资金来源合 计	上年末结余资金	本年资金来源				
			小 计	国家预算内资金	国内贷款	利用外资	#外 商直接投资
单纯建造生活设施	3811	1200	2611				
迁建	95791	10	95781		500	8370	7850
单纯购置	389084	700	388384		161183	27498	26128
五、按建设阶段							
本年正式施工	12194586	305314	11889272	177564	1300120	942105	875092
全部停缓建	6930		6930			150	150
单纯购置	389084	700	388384		161183	27498	26128
六、按控股情况							
国有控股	5994610	248794	5745816	177564	1310625	107148	82648
集体控股	1008699	800	1007899		14437	520	
私人控股	3942932	16120	3926812		44753	33451	20867
港澳台商控股	396878	1000	395878		37493	121610	107646
外商控股	1247481	39300	1208181		53995	707024	690209
七、按期末项目建设状态							
在建	7195784	281777	6914007	171879	1045538	537511	481647
全部投产	5387886	24237	5363649	5685	415765	432092	419573
全部停缓建	6930		6930			150	150
八、按投资规模							
100 万元以下	11129		11129				
100—500 万元	338616	1090	337526	925	518	2162	2162
500—1000 万元	607893	2106	605787	1400	1392	11005	7143
1000—3000 万元	1840574	8066	1832508	4445	26601	44641	40572
3000—5000 万元	1033857	9173	1024684	7730	18600	53837	51427
5000—1 亿元	1473793	12402	1461391	1740	50822	140139	121819
1 亿元—5 亿元	2931341	124822	2806519	56638	222376	295588	274866
5 亿元—10 亿元	1594458	48350	1546108	20282	388198	376951	357951
10 亿以上	2758939	100005	2658934	84404	752796	45430	45430

表 7—4 续表 9

指标	本年资金来源		
	自筹资金		其他资金
	小计	#企事业单位自筹	
总计	9457026	8217155	218940
一、按登记注册类型			
内资	8395042	7161004	211090
国有	2728635	1624835	144163
集体	659191	630012	31620
股份合作	65923	65923	2000
国有联营	8817	8817	
集体联营	9330	8530	
国有与集体联营	17000	17000	
其他联营	14633	14633	
国有独资公司	71374	71374	
其他有限责任公司	1634241	1596821	13110
股份有限公司	835102	801226	4780
私营	2181410	2160062	6417
其他	169386	161771	9000
港澳台商投资	399160	393327	7000
合资经营	191371	190771	
合作经营	3130	3130	7000
独资	157286	156786	
股份有限	47373	42640	
外商投资	595650	595650	
合资经营	408138	408138	
合作经营	1371	1371	
独资	186141	186141	
股份有限			
个体经营	67174	67174	850
个体户	61748	61748	
个人合伙	5426	5426	850
二、按国民经济行业			
农、林、牧、渔业	66581	64100	1357
采矿业	49270	49270	

表 7—4　续表 10

指　标	本年资金来源		
	自筹资金		其他资金
	小计	#企事业单位自筹	
制造业	5470742	5404559	37604
电力、燃气及水的生产和供应业	277255	249449	
建筑业	48804	43700	4418
交通运输、仓储和邮政业	642053	335938	28531
信息传输、计算机服务和软件业	184338	157228	
批发和零售业	233110	215710	13000
住宿和餐饮业	113167	111457	
金融业	1065	1065	
房地产业	339262	315492	8390
租赁和商务服务业	198232	140579	14820
科学研究、技术服务和地质勘查业	24761	21396	5520
水利、环境和公共设施管理业	1116577	588853	62689
居民服务和其他服务业	12515	12465	5000
教育	281381	264101	14320
卫生、社会保障和社会福利业	106526	83626	13521
文化、体育和娱乐业	76460	60178	1020
公共管理和社会组织	214927	97989	8750
三、按隶属关系			
中央	881220	851382	36128
省	344418	295764	10651
市	1515298	841488	7680
区、县	1483267	1101641	96404
其他	5232823	5126880	68077
四、按建设性质			
新建	5180404	4483046	128872
扩建	3334871	2864603	38999
改建	656516	590144	47079

表 7—4　续表 11

指　标	本年资金来源		
	自筹资金		其他资金
	小计	#企事业单位自筹	
单纯建造生活设施	611	611	2000
迁建	86911	86911	
单纯购置	197713	191840	1990
五、按建设阶段			
本年正式施工	9252533	8018535	216950
全部停缓建	6780	6780	
单纯购置	197713	191840	1990
六、按控股情况			
国有控股	3990966	2841181	159513
集体控股	957332	912079	35610
私人控股	3831791	3790758	16817
港澳台商控股	236775	232975	
外商控股	440162	440162	7000
七、按期末项目建设状态			
在建	4995448	4187704	163631
全部投产	4454798	4022671	55309
全部停缓建	6780	6780	
八、按投资规模			
100 万元以下	11029	10450	100
100—500 万元	327924	306814	5997
500—1000 万元	585024	550652	6966
1000—3000 万元	1739003	1622757	17818
3000—5000 万元	919709	875037	24808
5000—1 亿元	1243791	1116424	24899
1 亿元—5 亿元	2194865	1856737	37052
5 亿元—10 亿元	694377	576927	66300
10 亿以上	1741304	1301357	35000

表7—5 城镇固定资产投资（2006年）

计量单位:万元

指　　标	施工项目个数(个)	#本年新开工	本年投产项目个数(个)	计　划总投资	#本年新开工	累计完成投　资
总　计	1551	1137	821	25833249	7925255	16714416
一、按登记注册类型						
内资	1336	971	733	20092720	6228452	12305201
国有	540	322	243	13804436	3439539	8034226
集体	100	89	76	227392	172518	184219
股份合作	8	7	3	180775	24775	57073
国有联营	1			29000		16417
集体联营	1	1		6000	6000	1500
国有与集体联营	2	1	2	8000	1000	7072
其他联营	3	2	2	16065	712	14490
国有独资公司	10	5	7	209265	118268	125045
其他有限责任公司	300	220	159	3038477	1098208	2250591
股份有限公司	76	42	45	1409029	351137	918617
私营	272	260	181	1005932	891946	583649
其他	23	22	15	158349	124349	112302
港澳台商投资	78	60	22	1137187	783716	565989
合资经营	30	25	7	478622	398238	189239
合作经营	2	2		94028	93000	39064
独资	41	30	13	530472	263228	312512
股份有限	5	3	2	34065	29250	25174
外商投资	126	95	56	4600839	910650	3840723
合资经营	33	23	16	3043515	140839	2642083
合作经营	1			2069		569
独资	92	72	40	1555255	769811	1198071
股份有限						
个体经营	11	11	10	2503	2437	2503
个体户	8	8	7	2122	2056	2122
二、按国民经济行业						
农、林、牧、渔业	10	10	10	2799	2799	2889
采矿业	8	8	6	69048	68098	19917

表 7—5 续表 1

指　　标	施工项目个数(个)	#本年新开工	本年投产项目个数(个)	计　划总投资	#本年新开工	累计完成投　资
制造业	839	649	446	11408831	4706147	8155845
电力、燃气及水的生产和供应业	31	19	9	1563270	294457	1151653
建筑业	10	10	8	30981	21910	26989
交通运输、仓储和邮政业	84	52	42	5152406	686668	2259430
信息传输、计算机服务和软件业	10	8	6	385939	101058	271006
批发和零售业	34	25	23	243783	100603	183147
住宿和餐饮业	28	24	15	158350	66330	95920
金融业	1			1000		900
房地产业	16	12	4	363989	266289	191227
租赁和商务服务业	26	20	13	285330	250280	158120
科学研究、技术服务和地质勘查业	17	9	8	100449	22018	79112
水利、环境和公共设施管理业	238	165	136	3574062	618077	2747949
居民服务和其他服务业	9	8	8	24990	21990	15690
教育	88	47	34	1376618	249223	722814
卫生、社会保障和社会福利业	21	11	7	433996	178399	216316
文化、体育和娱乐业	18	8	8	336254	46446	162125
公共管理和社会组织	63	52	38	321154	224463	253367
国际组织						
三、按隶属关系						
中央	107	32	38	6845782	779059	4561092
省	37	12	10	1151355	145994	727095
市	229	121	101	8971376	1865240	5951024
区、县	408	294	210	3884802	1936777	2743217
其他	770	678	462	4979934	3198185	2731988
四、按建设性质						
新建	748	538	343	14740129	4622837	9126054
扩建	542	380	314	7456456	2748660	5400472
改建	240	206	152	1750745	495278	1430218

表 7—5 续表 2

指 标	施工项目个数(个)	#本年新开工	本年投产项目个数(个)	计 划总投资	#本年新开工	累计完成投 资
单纯建造生活设施	2	2	2	2480	2480	1880
迁建	19	11	10	166650	56000	86599
恢复						
单纯购置				1716789		669193
五、按建设阶段						
筹建						
本年正式施工	1548	1134	821	24106300	7915095	16042063
本年收尾						
全部停缓建	3	3		10160	10160	3160
单纯购置				1716789		669193
六、按控股情况						
国有控股	675	381	297	19757427	4213205	12836363
集体控股	137	112	96	762669	302226	529345
私人控股	554	500	358	2313587	1814328	1373166
港澳台商控股	56	42	15	791116	467208	412828
外商控股	129	102	55	2208450	1128288	1562714
七、按期末项目建设状态						
在建	732	489	13	17091771	6235646	9323793
全部投产	816	645	808	8731318	1679449	7387463
全部停缓建	3	3		10160	10160	3160
八、按投资规模						
100 万元以下	38	38	38	3534	2973	3564
100—500 万元	218	210	198	75871	68579	78249
500—1000 万元	184	173	134	158860	135695	150637
1000—3000 万元	368	308	214	752367	600216	652130
3000—5000 万元	185	128	92	798865	538971	654362
5000—1 亿元	232	139	72	1677973	1059529	1204700
1 亿元—5 亿元	233	115	55	5299519	2459923	3559177
5 亿元—10 亿元	50	16	11	3528361	1046444	2405132
10 亿以上	43	10	7	13537899	2012925	8006465

表 7—5　续表 3

指　　标	本　　年 完成投资	#本年新开工	#住　宅	本年新增 固定资产
总　计	8835946	4043617	168317	5549580
一、按登记注册类型				
内资	7180299	3155440	168317	4717625
国有	4285977	1517221	69607	2650652
集体	165565	137312	1400	122834
股份合作	49073	23883		13808
国有联营	12782			
集体联营	1500	1500		
国有与集体联营	5722	1000		5722
其他联营	8103	712		585
国有独资公司	82730	46542		75681
其他有限责任公司	1227566	605106	87960	884898
股份有限公司	681370	251277	2200	542442
私营	558609	492585		336587
其他	101302	78302	7150	84416
港澳台商投资	420112	293138		120454
合资经营	149261	116217		21041
合作经营	39064	38036		1028
独资	207734	117785		80165
股份有限	24053	21100		18220
外商投资	1233032	592602		709448
合资经营	465595	106263		174146
合作经营	569			
独资	766868	486339		535302
股份有限				
个体经营	2503	2437		2053
个体户	2122	2056		1672
二、按国民经济行业				
农、林、牧、渔业	2889	2889	300	2889
采矿业	19917	18967		11500

表 7—5 续表 4

指标	本年完成投资	#本年新开工	#住宅	本年新增固定资产
制造业	4253591	2449425	14149	2550094
电力、燃气及水的生产和供应业	497490	148688		211601
建筑业	23632	14561	5618	20528
交通运输、仓储和邮政业	1064996	158986	2200	1006313
信息传输、计算机服务和软件业	216318	91752		173741
批发和零售业	105205	55604	1400	122626
住宿和餐饮业	73982	38832		26265
金融业	65			
房地产业	186417	96597	82300	17930
租赁和商务服务业	150120	134573		42015
科学研究、技术服务和地质勘查业	44514	8818	5600	35307
水利、环境和公共设施管理业	1417577	493517	200	837122
居民服务和其他服务业	14840	12690	10700	4140
教育	384938	73346	44000	345992
卫生、社会保障和社会福利业	134312	81250		19239
文化、体育和娱乐业	56362	19037		28735
公共管理和社会组织	188781	144085	1850	93543
国际组织				
三、按隶属关系				
中央	1449882	331430	35084	928434
省	407263	120610	18923	289521
市	2872717	864656	8960	2555878
区、县	1895918	1144136	95650	800255
其他	2210166	1582785	9700	975492
四、按建设性质				
新建	4403834	2104378	111574	2379702
扩建	3340670	1573354	54943	2336275
改建	692802	320155		606803

表 7—5　续表 5

指　　标	本　　年 完成投资	#本年新开工	#住　宅	本年新增 固定资产
单纯建造生活设施	1880	1880	1800	1880
迁建	70896	43850		40352
恢复				
单纯购置	325864			184568
五、按建设阶段				
筹建				
本年正式施工	8506922	4040457	168317	5365012
本年收尾				
全部停缓建	3160	3160		
单纯购置	325864			184568
六、按控股情况				
国有控股	5849325	1995312	159717	3818011
集体控股	376050	227454	1800	268613
私人控股	1246273	985314	6800	754767
港澳台商控股	288012	168799		89291
外商控股	1076277	666738		618898
七、按期末项目建设状态				
在建	5713200	2459776	144549	1003055
全部投产	3119586	1580681	23768	4546525
全部停缓建	3160	3160		
八、按投资规模				
100 万元以下	3564	3003		3544
100—500 万元	74876	67769	650	70465
500—1000 万元	145569	127299	816	128411
1000—3000 万元	595274	507489	7000	454899
3000—5000 万元	535292	406411	6018	415198
5000—1 亿元	986646	685193	13602	515647
1 亿元—5 亿元	2386219	1320433	51006	1282001
5 亿元—10 亿元	1399273	536548	86525	764948
10 亿以上	2709233	389472	2700	1914467

表 7—5　续表 6

指　标	资金来源						
	合　计	上年末结余资金	本年资金来源				
			小　计	国家预算内资金	国　内贷　款	利　用外　资	#外　商直接投资
总　计	9043162	296304	8746858	177564	1451878	883495	833453
一、按登记注册类型							
内资	7325676	256804	7068872	177564	1308287	109689	94785
国有	4303201	170981	4132220	177564	998888	82970	75470
集体	165355		165355		1687	520	
股份合作	60425	100	60325		2750		
国有联营	12782		12782		3965		
集体联营	3000		3000				
国有与集体联营	8000		8000				
其他联营	13283		13283				
国有独资公司	83690	1551	82139		10765		
其他有限责任公司	1270910	23587	1247323		208482	17250	17250
股份有限公司	728826	59385	669441		53724	6884	
私营	568178	1200	566978		21076	2065	2065
其他	108026		108026		6950		
港澳台商投资	435593	30200	405393		56993	118586	109874
合资经营	156887		156887		8000	53441	51441
合作经营	45728	30000	15728		6500	1028	1028
独资	208925	200	208725		36493	64117	57405
股份有限	24053		24053		6000		
外商投资	1279390	9300	1270090		86592	655220	628794
合资经营	472459		472459		46292	53648	35648
合作经营	569		569				
独资	806362	9300	797062		40300	601572	593146
股份有限							
个体经营	2503		2503		6		
个体户	2122		2122		6		
二、按国民经济行业							
农、林、牧、渔业	2889		2889				
采矿业	19917		19917		400		

表 7—5 续表 7

指标	资金来源						
	合计	上年末结余资金	本年资金来源				
			小计	国家预算内资金	国内贷款	利用外资	#外商直接投资
制造业	4402357	23405	4378952	740	537939	785839	749349
电力、燃气及水的生产和供应业	532982	4656	528326	54404	198312	9600	2100
建筑业	23382	1200	22182				
交通运输、仓储和邮政业	927550	15723	911827	30000	286977	20086	14034
信息传输、计算机服务和软件业	200868		200868		33000		
批发和零售业	108844		108844		4900		
住宿和餐饮业	85652	11000	74652		15000		
金融业	65		65				
房地产业	188717		188717		6000		
租赁和商务服务业	153048		153048		22000		
科学研究、技术服务和地质勘查业	49513	2583	46930	27350	800		
水利、环境和公共设施管理业	1419432	119198	1300234	17100	192050	67970	67970
居民服务和其他服务业	14840		14840		10700		
教育	470818	70504	400314	14384	125300		
卫生、社会保障和社会福利业	178559	34925	143634	16114	12500		
文化、体育和娱乐业	69851	1772	68079	16472	6000		
公共管理和社会组织	193878	11338	182540	1000			
三、按隶属关系							
中央	1531322	67685	1463637	31206	507583	7500	7500
省	463555	17774	445781	35280	58750		
市	2889145	156039	2733106	38810	581609	613809	602805
区、县	1857823	2046	1855777	72268	201865	37157	12137
其他	2301317	52760	2248557		102071	225029	211011
四、按建设性质							
新建	4505139	193561	4311578	78341	560853	559014	521776
扩建	3432848	98568	3334280	99223	564135	273277	267877
改建	704161	2265	701896		165707	18234	11350

表 7—5 续表 8

指标	资金来源						
	合计	上年末结余资金	本年资金来源				
			小计	国家预算内资金	国内贷款	利用外资	#外商直接投资
单纯建造生活设施	1880	1200	680				
迁建	73044	10	73034			8020	7500
单纯购置	326090	700	325390		161183	24950	24950
五、按建设阶段							
本年正式施工	8713912	295604	8418308	177564	1290695	858545	808503
全部停缓建	3160		3160				
单纯购置	326090	700	325390		161183	24950	24950
六、按控股情况							
国有控股	5946160	248794	5697366	177564	1310625	107148	82648
集体控股	390725	800	389925		12437	520	
私人控股	1283521	7210	1276311		37523	22051	15167
港澳台商控股	289303	200	289103		37493	107399	100687
外商控股	1133453	39300	1094153		53800	646377	634951
七、按期末项目建设状态							
在建	5924472	275497	5648975	171879	1042193	474776	426384
全部投产	3115530	20807	3094723	5685	409685	408719	407069
全部停缓建	3160		3160				
八、按投资规模							
100 万元以下	3537		3537				
100—500 万元	73821	490	73331	925	338	1756	1756
500—1000 万元	142153	1476	140677	1400	1392	3973	2973
1000—3000 万元	601467	6666	594801	4445	18656	33563	31913
3000—5000 万元	543227	7373	535854	7730	17300	48487	47677
5000—1 亿元	1018736	12402	1006334	1740	50822	126507	113887
1 亿元—5 亿元	2511244	119542	2391702	56638	222376	289828	274866
5 亿元—10 亿元	1503738	48350	1455388	20282	388198	333951	314951
10 亿以上	2645239	100005	2545234	84404	752796	45430	45430

表7—5 续表9

指标	本年资金来源		
	自筹资金		其他资金来源
	小计	#企事业单位自筹	
总计	6072068	4909456	161853
一、按登记注册类型			
内资	5318479	4160600	154853
国有	2728635	1624835	144163
集体	163148	163148	
股份合作	57575	57575	
国有联营	8817	8817	
集体联营	3000	3000	
国有与集体联营	8000	8000	
其他联营	13283	13283	
国有独资公司	71374	71374	
其他有限责任公司	1012301	988301	9290
股份有限公司	608833	580807	
私营	542787	540799	1050
其他	100726	100661	350
港澳台商投资	222814	218081	7000
合资经营	95446	95446	
合作经营	1200	1200	7000
独资	108115	108115	
股份有限	18053	13320	
外商投资	528278	528278	
合资经营	372519	372519	
合作经营	569	569	
独资	155190	155190	
股份有限			
个体经营	2497	2497	
个体户	2116	2116	
个人合伙	381	381	
二、按国民经济行业			
农、林、牧、渔业	2889	588	
采矿业	19517	19517	

表 7—5 续表 10

指 标	本年资金来源		
	自筹资金		其他资金来源
	小计	#企事业单位自筹	
制造业	3021190	2991927	33244
电力、燃气及水的生产和供应业	266010	238504	
建筑业	17764	15260	4418
交通运输、仓储和邮政业	548383	248118	26381
信息传输、计算机服务和软件业	167868	140758	
批发和零售业	91444	91444	12500
住宿和餐饮业	59652	59052	
金融业	65	65	
房地产业	182717	158947	
租赁和商务服务业	130238	82188	810
科学研究、技术服务和地质勘查业	13280	9915	5500
水利、环境和公共设施管理业	966725	441397	56389
居民服务和其他服务业	4140	4140	
教育	253590	236310	7040
卫生、社会保障和社会福利业	101499	79049	13521
文化、体育和娱乐业	45607	29325	
公共管理和社会组织	179490	62952	2050
三、按隶属关系			
中央	881220	851382	36128
省	341100	293546	10651
市	1491198	817388	7680
区、县	1452083	1070857	92404
其他	1906467	1876283	14990
四、按建设性质			
新建	3014015	2373342	99355
扩建	2373566	1917258	24079
改建	482126	420968	35829

表 7—5 续表 11

指 标	本年资金来源		
	自筹资金		其他资金来源
	小 计	#企事业单位自 筹	
单纯建造生活设施	80	80	600
迁建	65014	65014	
单纯购置	137267	132794	1990
五、按建设阶段			
本年正式施工	5931641	4773502	159863
全部停缓建	3160	3160	
单纯购置	137267	132794	1990
六、按控股情况			
国有控股	3950716	2801231	151313
集体控股	374978	364404	1990
私人控股	1215187	1213134	1550
港澳台商控股	144211	143711	
外商控股	386976	386976	7000
七、按期末项目建设状态			
在建	3823396	3016562	136731
全部投产	2245512	1889734	25122
全部停缓建	3160	3160	
八、按投资规模			
100 万元以下	3457	2988	80
100—500 万元	68922	58758	1390
500—1000 万元	133556	120274	356
1000—3000 万元	531339	447403	6798
3000—5000 万元	450279	405607	12058
5000—1 亿元	807166	692602	20099
1 亿元—5 亿元	1803088	1464960	19772
5 亿元—10 亿元	646657	529207	66300
10 亿以上	1627604	1187657	35000

表7—6 城镇投资新增主要生产能力或效益（2006年）

能 力 名 称	新增生产能力
焦炭(万吨/年)	170
石油加工：加氢精制设备能力(万吨/年)	300
铁矿石成品矿(万吨/年)	204
生铁(万吨/年)	200
粗钢(万吨/年)	165
其中:转炉钢	165
锻压、挤压、旋压钢材(万吨/年)	1.7
其他钢材(万吨/年)	1.7
火力发电(万千瓦)	66
输电线路长度(11万伏及以上)(公里)	334
水泥(万吨/年)	75
化学农药原药(吨/年)	20450
塑料树脂及共聚物(吨/年)	10000
中成药(吨/年)	570
化学纤维(吨/年)	25600
其中:合成纤维	25600
家用电冰箱(万台/年)	102
移动通信基站设备(指安装能力)(个/年)	300
新建公路(公里)	106.4
其中:高速公路	98.9
一级公路	2.2
二级公路	5.3

表 7—6　续表

能　力　名　称	新增生产能力
改建公路(公里)	174.9
其中:一级公路	45.7
二级公路	14.6
新建独立公路桥梁(延长米)	821
新建独立公路桥梁(座)	3
新(扩)建客、货运站(个)	1
新(扩)建客、货运站(平方米)	26400
造林面积(万亩)	1.17
有效灌溉面积(万亩)	5
高等院校:学生席位(个)	76907
建筑面积(平方米)	1713190
医院病床(张)	150
城市自来水供水能力(万吨/日)	30
城市公共交通车辆购置(辆)	697
城市道路扩建长度(公里)	1749.27
城市道路扩建面积(万平方米)	149.55
城市污水处理能力(万吨/日)	50

表7—7　农村非农户投资（2006年）

计量单位:万元

指　　标	施工项目个数(个)	#本年新开工	本年投产项目个数(个)	计　划总投资	#本年新开工	累计完成投　资
总　　计	2552	2311	2018	5582047	4160864	3912921
一、按登记注册类型						
内资	2355	2135	1854	4854637	3653545	3500831
国有						
集体	407	369	337	700068	537781	571316
股份合作	11	10	8	15668	7368	13168
国有联营						
集体联营	5	5	5	6330	6330	6330
国有与集体联营	1			9500		9500
其他联营	2	2	2	1350	1350	1350
国有独资公司						
其他有限责任公司	361	322	265	1051590	740546	697623
股份有限公司	71	62	38	687644	506264	286014
私营	1440	1308	1148	2298757	1771276	1837420
其他	57	57	51	83730	82630	78110
港澳台商投资	69	58	52	456277	303884	201627
合资经营	33	29	27	261372	249272	103696
合作经营	1	1	1	1530	1530	1930
独资	32	27	22	89675	52282	63981
股份有限	3	1	2	103700	800	32020
外商投资	57	49	44	202030	146402	144786
合资经营	23	21	19	51476	39516	40419
合作经营	1	1	1	1152	1152	1152
独资	33	27	24	149402	105734	103215
股份有限						
个体经营	71	69	68	69103	57033	65677
个体户	63	62	61	61443	51873	59632
个人合伙	8	7	7	7660	5160	6045
二、按国民经济行业						
农、林、牧、渔业	75	68	64	81469	67089	70440
采矿业	35	34	27	30725	28225	30453

表7—7　续表1

指　标	施工项目个数(个)	#本年新开工	本年投产项目个数(个)	计　划总投资	#本年新开工	累计完成投　资
制造业	1827	1660	1421	3849689	2909413	2767962
电力、燃气及水的生产和供应业	14	14	14	11745	11745	11245
建筑业	37	34	33	41450	30440	32270
交通运输、仓储和邮政业	70	68	64	121454	89784	109070
信息传输、计算机服务和软件业	9	9	8	104080	104080	16470
批发和零售业	67	57	58	337676	267436	170404
住宿和餐饮业	42	38	34	77125	58625	62555
金融业	2	2	2	1000	1000	1000
房地产业	68	58	50	220170	174750	172519
租赁和商务服务业	31	24	22	102981	72701	85664
科学研究、技术服务和地质勘查业	11	10	9	11866	9866	12081
水利、环境和公共设施管理业	135	116	105	351496	148786	216090
居民服务和其他服务业	18	18	16	17180	17180	13375
教育	19	17	16	51965	30965	47576
卫生、社会保障和社会福利业	11	9	11	6023	2703	5527
文化、体育和娱乐业	34	31	21	112652	104252	39726
公共管理和社会组织	47	44	43	51301	31824	48494
三、按隶属关系						
中央						
省						
市						
区、县						
其他	2552	2311	2018	5582047	4160864	3912921
四、按建设性质						
新建	1374	1218	1006	3995314	2920121	2543474
扩建	975	901	829	1278880	996183	1092383
改建	182	171	162	217695	202943	188726

表 7—7 续表 2

指 标	施工项目个数(个)	#本年新开工	本年投产项目个数(个)	计 划总投资	#本年新开工	累计完成投 资
单纯建造生活设施	4	4	4	2031	2031	1931
迁建	17	17	17	22737	22737	22613
单纯购置				65390	16849	63794
五、按建设阶段						
筹建						
本年正式施工	2543	2302	2018	5493637	4120995	3846372
本年收尾						
全部停缓建	9	9		23020	23020	2755
单纯购置				65390	16849	63794
六、按控股情况						
国有控股	14	14	11	57950	57950	48450
集体控股	450	408	371	802869	612282	669097
私人控股	1982	1800	1553	4396783	3268048	2952079
港澳台商控股	58	48	44	147468	95175	114245
外商控股	48	41	39	176977	127409	129050
七、按期末项目建设状态						
在建	630	539	115	2999172	2116632	1442151
全部投产	1913	1763	1903	2559855	2021212	2468015
全部停缓建	9	9		23020	23020	2755
八、按投资规模						
100 万元以下	83	83	79	7625	7275	7592
100－500 万元	743	729	709	266950	255566	266270
500－1000 万元	571	541	507	483154	446220	467809
1000－3000 万元	809	718	580	1493740	1281816	1299810
3000－5000 万元	176	138	88	705069	548317	530428
5000－1 亿元	111	72	42	770582	483452	546509
1 亿元－5 亿元	51	25	13	920527	468818	555428
5 亿元－10 亿元	5	2		426000	161000	125375
10 亿以上	3	3		508400	508400	113700

表7—7　续表3

指　　标	本　　年 完成投资	#本年新开工	#住　宅	本年新增 固定资产
总　　计	3504193	2913551	124929	2707345
一、按登记注册类型				
内资	3118291	2617531	121010	2490126
国有				
集体	517551	430654	78570	384475
股份合作	10008	5708		4668
国有联营				
集体联营	6330	6330		5830
国有与集体联营	9000			
其他联营	1350	1350		1350
国有独资公司				
其他有限责任公司	614411	507392	17872	462682
股份有限公司	224864	193355		132515
私营	1656667	1395732	22768	1425038
其他	78110	77010	1800	73568
港澳台商投资	190757	137194		85240
合资经营	101526	94846		45169
合作经营	1930	1930		1930
独资	57981	39618		37141
股份有限	29320	800		1000
外商投资	129618	105379	400	69735
合资经营	36819	29559		35883
合作经营	1152	1152		1152
独资	91647	74668	400	32700
股份有限				
个体经营	65527	53447	3519	62244
个体户	59632	49902	3519	56969
个人合伙	5895	3545		5275
二、按国民经济行业				
农、林、牧、渔业	66150	57744		57114
采矿业	29953	27453		27603

表 7—7 续表 4

指 标	本 年 完成投资	#本年新开工	#住 宅	本年新增 固定资产
制造业	2514286	2112949	2756	1948864
电力、燃气及水的生产和供应业	11245	11245		11245
建筑业	31040	21930	575	33210
交通运输、仓储和邮政业	95820	78500		90665
信息传输、计算机服务和软件业	16470	16470		4070
批发和零售业	141516	109846		79566
住宿和餐饮业	54435	50910		37711
金融业	1000	1000		1000
房地产业	160735	132084	92388	105064
租赁和商务服务业	79104	57032	9759	55864
科学研究、技术服务和地质勘查业	11501	10081		7886
水利、环境和公共设施管理业	155652	114580	6226	118394
居民服务和其他服务业	13375	13375	220	12580
教育	36071	29291	1000	21291
卫生、社会保障和社会福利业	5527	2707		4727
文化、体育和娱乐业	38376	36770		52598
公共管理和社会组织	41937	29584	12005	37893
三、按隶属关系				
中央				
省				
市				
区、县				
其他	3504193	2913551	124929	2707345
四、按建设性质				
新建	2237744	1859106	65595	1619421
扩建	995475	838960	59334	861597
改建	183436	174918		142069

表 7—7　续表 5

指　　标	本　　年 完成投资	#本年新开工	#住　宅	本年新增 固定资产
单纯建造生活设施	1931	1931		1931
迁建	22613	22613		27913
单纯购置	62994	16023		54414
五、按建设阶段				
筹建				
本年正式施工	3438444	2894773	124929	2652031
本年收尾				
全部停缓建	2755	2755		900
单纯购置	62994	16023		54414
六、按控股情况				
国有控股	48450	48450		18170
集体控股	606322	498335	82870	452286
私人控股	2631114	2192831	39359	2103718
港澳台商控股	104425	78232	2300	78322
外商控股	113882	95703	400	54849
七、按期末项目建设状态				
在建	1237311	961595	57214	316219
全部投产	2264127	1949201	67715	2390226
全部停缓建	2755	2755		900
八、按投资规模				
100 万元以下	7592	7242	11	7463
100—500 万元	264790	254626	1042	264039
500—1000 万元	459645	431296	11075	421765
1000—3000 万元	1226944	1095583	31705	1063756
3000—5000 万元	481056	399205	16882	436232
5000—1 亿元	451057	303836	46369	291560
1 亿元—5 亿元	408689	252663	17845	221530
5 亿元—10 亿元	90720	55400		1000
10 亿以上	113700	113700		

表 7—7 续表 6

指　　标	资金来源合　计	上年末结余资金	本年资金来源				
			小　计	国家预算内资金	国内贷款	利用外资	#外　商直接投资
总　计	3547438	9710	3537728		9425	86258	67917
一、按登记注册类型							
内资	3161390	8910	3152480		8880	10800	6300
国有	528663		528663		1000		
集体	10348		10348				
股份合作	6330		6330				
国有联营	9000		9000				
集体联营	1350		1350				
其他有限责任公司	630660	2100	628560		2200	600	600
股份有限公司	231549		231549		500		
私营	1665180	6810	1658370		4180	10200	5700
其他	78310		78310		1000		
港澳台商投资	190757	800	189957			13611	6359
合资经营	101526	800	100726			4801	3309
合作经营	1930		1930				
独资	57981		57981			8810	3050
股份有限	29320		29320				
外商投资	129764		129764		545	61847	55258
合资经营	36819		36819			1200	
合作经营	1152		1152		350		
独资	91793		91793		195	60647	55258
股份有限							
个体经营	65527		65527				
个体户	59632		59632				
个体合伙	5895		5895				
二、按国民经济行业							
农、林、牧、渔业	66250		66250			1201	1201
采矿业	29953	200	29753				

表 7—7　续表 7

指　　标	资金来源合　　计	上年末结余资金	本年资金来源 小　计	国家预算内资金	国内贷款	利用外资	#外　商直接投资
制造业	2547401	8610	2538791		6730	78149	59808
电力、燃气及水的生产和供应业	11245		11245				
建筑业	31040		31040				
交通运输、仓储和邮政业	95820		95820				
信息传输、计算机服务和软件业	16470		16470				
批发和零售业	143166		143166		1000		
住宿和餐饮业	54415	400	54015		500		
金融业	1000		1000				
房地产业	165535		165535			600	600
租赁和商务服务业	82004		82004				
科学研究、技术服务和地质勘查业	11501		11501				
水利、环境和公共设施管理业	156152		156152				
居民服务和其他服务业	13375		13375				
教育	36071		36071		1000		
卫生、社会保障和社会福利业	5527	500	5027				
文化、体育和娱乐业	38376		38376		195	6308	6308
公共管理和社会组织	42137		42137				
三、按隶属关系							
市							
区、县							
其他	3547438	9710	3537728		9425	86258	67917
四、按建设性质分							
新建	2270821	6580	2264241		2295	66040	61509
扩建	997495	2900	994595		4530	13840	3580
改建	191450	230	191220		2100	3480	1300

表 7—7　续表 8

指　　标	资金来源合　计	上年末结余资金	本年资金来源 小　计	国家预算内资金	国内贷款	利用外资	#外　商直接投资
单纯建造生活设施	1931		1931				
迁建	22747		22747		500	350	350
单纯购置	62994		62994			2548	1178
五、按建设阶段							
本年正式施工	3480674	9710	3470964		9425	83560	66589
全部停缓建	3770		3770			150	150
单纯购置	62994		62994			2548	1178
六、按投资规模							
国有控股	48450		48450				
集体控股	617974		617974		2000		
私人控股	2659411	8910	2650501		7230	11400	5700
港澳台商控股	107575	800	106775			14211	6959
外商控股	114028		114028		195	60647	55258
七、按期末项目建设状态							
在建	1271312	6280	1265032		3345	62735	55263
全部投产	2272356	3430	2268926		6080	23373	12504
全部停缓建	3770		3770			150	150
八、按投资规模							
100 万元以下	7592		7592				
100—500 万元	264795	600	264195		180	406	406
500—1000 万元	465740	630	465110			7032	4170
1000—3000 万元	1239107	1400	1237707		7945	11078	8659
3000—5000 万元	490630	1800	488830		1300	5350	3750
5000—1 亿元	455057		455057			13632	7932
1 亿元—5 亿元	420097	5280	414817			5760	
5 亿元—10 亿元	90720		90720			43000	43000
10 亿元以上	113700		113700				

表 7—7　续表 9

指　　标	本年资金来源		
	自筹资金		其他资金来源
	小　计	#企事业单位自筹	
总　计	3384958	3307699	57087
一、按登记注册类型			
内资	3076563	3000404	56237
国有			
集体	496043	466864	31620
股份合作	8348	8348	2000
国有联营			
集体联营	6330	5530	
国有与集体联营	9000	9000	
其他联营	1350	1350	
国有独资公司			
其他有限责任公司	621940	608520	3820
股份有限公司	226269	220419	4780
私营	1638623	1619263	5367
其他	68660	61110	8650
港澳台商投资	176346	175246	
合资经营	95925	95325	
合作经营	1930	1930	
独资	49171	48671	
股份有限	29320	29320	
外商投资	67372	67372	
合资经营	35619	35619	
合作经营	802	802	
独资	30951	30951	
股份有限			
个体经营	64677	64677	850
个体户	59632	59632	
个人合伙	5045	5045	850
二、按国民经济行业			
农、林、牧、渔业	63692	63512	1357
采矿业	29753	29753	

表 7—7 续表 10

指标	本年资金来源		
	自筹资金		其他资金来源
	小计	#企事业单位自筹	
制造业	2449552	2412632	4360
电力、燃气及水的生产和供应业	11245	10945	
建筑业	31040	28440	
交通运输、仓储和邮政业	93670	87820	2150
信息传输、计算机服务和软件业	16470	16470	
批发和零售业	141666	124266	500
住宿和餐饮业	53515	52405	
金融业	1000	1000	
房地产业	156545	156545	8390
租赁和商务服务业	67994	58391	14010
科学研究、技术服务和地质勘查业	11481	11481	20
水利、环境和公共设施管理业	149852	147456	6300
居民服务和其他服务业	8375	8325	5000
教育	27791	27791	7280
卫生、社会保障和社会福利业	5027	4577	
文化、体育和娱乐业	30853	30853	1020
公共管理和社会组织	35437	35037	6700
三、按隶属关系			
中央			
省			
市			
区、县			
其他	3384958	3307699	57087
四、按建设性质			
新建	2166389	2109704	29517
扩建	961305	947345	14920
改建	174390	169176	11250

表 7—7　续表 11

指　　标	本年资金来源		
	自筹资金		其他资金来源
	小计	#企事业单位自筹	
单纯建造生活设施	531	531	1400
迁建	21897	21897	
单纯购置	60446	59046	
五、按建设阶段			
本年正式施工	3320892	3245033	57087
全部停缓建	3620	3620	
单纯购置	60446	59046	
六、按控股情况			
国有控股	40250	39950	8200
集体控股	582354	547675	33620
私人控股	2616604	2577624	15267
港澳台商控股	92564	89264	
外商控股	53186	53186	
七、按期末项目建设状态			
在建	1172052	1171142	26900
全部投产	2209286	2132937	30187
全部停缓建	3620	3620	
八、按投资规模			
100 万元以下	7572	7462	20
100—500 万元	259002	248056	4607
500—1000 万元	451468	430378	6610
1000—3000 万元	1207664	1175354	11020
3000—5000 万元	469430	469430	12750
5000—1 亿元	436625	423822	4800
1 亿元—5 亿元	391777	391777	17280
5 亿元—10 亿元	47720	47720	
10 亿以上	113700	113700	

表 7—8 房地产开发投资完成额（2006 年）

计量单位：万元

指　　标	填报单位个数	计划总投资	自开始建设至本年底累计完成投资
全　　市	630	17222796	10246015
一、按登记注册类型分			
内资小计	510	12968155	7730890
国有	58	1162774	721879
集体	8	39691	16631
股份合作	5	48784	20348
国有联营			
国有与集体联营			
其他联营	2	100000	49000
国有独资公司	7	239843	239044
其他有限责任公司	190	7102534	4214430
股份有限公司	24	370505	244005
私营	213	3904024	2225553
其他内资	2		
港澳台商投资小计	78	2437446	1430626
合资	51	1603425	882713
合作	1	33500	7309
独资	26	800521	540604
股份有限公司			
外商投资小计	42	1817195	1084499
合资	21	770970	410706
合作	4	81219	37959
独资	14	815506	503537
股份有限公司	3	149500	132297
二、按隶属关系分			
中央	5		
省属	29	454213	304572
市属	45	2175634	1207477
区县属	118	3512002	1986674
其他	433	11080947	6747292

表 7—8　续表

指　　标	本年计划投资	本年完成投资	本年新增固定资产
全　　市	5022938	3511742	1534443
一、按登记注册类型分			
内资小计	3964291	2709201	1132086
国有	506614	390499	150587
集体	7150	4450	4236
股份合作	22000	11108	5493
国有联营			
国有与集体联营			
其他联营	20000	33000	
国有独资公司	36027	35754	7952
其他有限责任公司	1659237	1360955	482744
股份有限公司	112408	33893	23673
私营	1600855	839542	457401
其他内资			
港澳台商投资小计	654027	435407	202932
合资	468645	293889	138054
合作	15000	4757	91
独资	170382	136761	64787
股份有限公司			
外商投资小计	404620	367134	199425
合资	167005	120642	119605
合作	35024	11644	5819
独资	130591	195741	69451
股份有限公司	72000	39107	4550
二、按隶属关系分			
中央			
省属	137280	109991	13250
市属	540991	389084	179744
区县属	1019776	717800	399165
其他	3324891	2294867	942284

表7—9 房地产开发投资资金来源（2006年）

计量单位:万元

指　标	本年资金来源合计	上年末结余资金	本年资金来源小计
全　市	6395033	1011673	5383360
一、按登记注册类型分			
内资小计	4911578	829501	4082077
国有	455925	43806	412119
集体	4360	61	4299
股份合作	21498	2085	19413
国有联营			
国有与集体联营			
其他联营	77000		77000
国有独资公司	71461	13909	57552
其他有限责任公司	2513607	483678	2029929
股份有限公司	131836	34421	97415
私营	1635891	251541	1384350
其他内资			
港澳台商投资小计	818411	116520	701891
合资	549254	101830	447424
合作	6329	1386	4943
独资	262828	13304	249524
股份有限公司			
外商投资小计	665044	65652	599392
合资	260324	36198	224126
合作	29710	1554	28156
独资	331764	25269	306495
股份有限公司	43246	2631	40615
二、按隶属关系分			
中央			
省属	169410	18315	151095
市属	626337	179695	446642
区县属	1297297	147478	1149819
其他	4301989	666185	3635804

表 7—9　续表

指　　标	本年资金来源小计中			
	国内贷款	利用外资	自筹资金	其他资金
全　　市	1508022	96313	1226976	2552049
一、按登记注册类型分				
内资小计	1238811	1500	953964	1887802
国有	119195		136569	156355
集体			1000	3299
股份合作	300		10900	8213
国有联营				
国有与集体联营				
其他联营	42500		7500	27000
国有独资公司	4980		1000	51572
其他有限责任公司	719025		463853	847051
股份有限公司	28300		41394	27721
私营	324511	1500	291748	766591
其他内资				
港澳台商投资小计	167741	1800	193910	338440
合资	116332	1800	128907	200385
合作	1300			3643
独资	50109		65003	134412
股份有限公司				
外商投资小计	101470	93013	79102	325807
合资	26170	520	38945	158491
合作	5000	5800	530	16826
独资	60800	86693	23671	135331
股份有限公司	9500		15956	15159
二、按隶属关系分				
中央				
省属	73714		14100	63281
市属	181072	1800	69483	194287
区县属	295126	520	494695	359478
其他	958110	93993	648698	1935003

表7—10 房地产开发投资、面积按工程用途分组（2006年）

指　　标	合　计	按用途分			
		住　宅	办公楼	商业营业用房	其　他
房地产开发投资额(万元)	3511742	2536388	216789	282551	476014
施工、竣工房屋面积及竣工价值					
施工面积(平方米)	33219586	26266738	1674246	3260568	2018034
＃本年新开工	10610275	8969713	326767	651257	662538
竣工面积(平方米)	8074562	6714317	233567	664554	462124
竣工房屋价值(万元)	1251375	1025477	39269	109530	77099
房屋销售与出租					
销售额(万元)	4524130	4018382	180697	303192	21859
现房销售	1192832	1021690	45566	120216	5360
期房销售	3331298	2996692	135131	182976	16499
销售面积(平方米)	10105046	9409934	217512	437597	40003
现房销售	2761555	2464638	54810	230643	11464
期房销售	7343491	6945296	162702	206954	28539
出租面积(平方米)	146909	559	60326	84992	1032

表7—11　全市建筑业企业单位数、从业人数（2006年）

（总承包及专业承包）

指　　标	企业个数（个）	年末从业人数（人）
总　　计	1146	361289
按登记注册类型分组		
内资企业	1106	357190
国有企业	80	42982
集体企业	42	14676
股份合作企业	45	12743
联营企业	16	1478
国有联营企业	4	367
集体联营企业	3	419
国有与集体联营企业		
其他联营企业	9	692
有限责任公司	354	151101
国有独资公司	3	977
其他有限责任公司	351	150124
股份有限公司	49	11571
私营企业	517	122514
其他企业	3	125
港、澳、台商投资企业	16	1455
外商投资企业	24	2644
按隶属关系分组		
中　央		
地　方	1146	361289
省	124	79976
地	272	48237
县及县以下	750	233076

表7—12 全市建筑业企业生产情况

（总承包及专业承包）

指　　标	2006年	2005年	2006年为上年%
建筑业总产值（千元）	71617257	55674522	128.6
建筑工程产值	63600133	46217668	137.6
安装工程产值	7595218	9159320	82.9
其他产值	421906	297534	141.8
竣工产值（千元）	52729065	46852864	112.5
房屋建筑施工面积（万平方米）	5187.06	3997.85	129.8
#本年新开工面积	3214.18	2147.55	149.7
房屋建筑竣工面积（万平方米）	2056.20	1978.93	103.9
#住宅	1062.39	1172.98	90.6
年末自有施工机械设备净值（千元）	4215521	3468718	121.5
年末自有施工机械设备总功率（万千瓦）	181	153	118.3
年末自有施工机械设备总台数（台）	121207	96595	125.5
建筑业全员劳动生产率（元/人）	187397	162046	115.6

表 7—13　按行业分建筑业企业生产情况（2006 年）

（总承包及专业承包）

指　　标	房屋和土木工程建筑业	房屋工程建筑	土木工程建筑
企业个数(个)	471	211	260
建筑业总产值(千元)	58964706	33304835	25659871
建筑工程产值	57372674	32610778	24761896
安装工程产值	1266391	499021	767370
其他产值	325641	195036	130605
竣工产值(千元)	41887074	24459959	17427115
房屋建筑施工面积(万平方米)	5163.61	5101.18	62.43
#本年新开工面积	3201.70	3158.45	43.25
房屋建筑竣工面积(万平方米)	2053.17	2024.89	28.28
#住宅	1062.39	1055.53	6.86
净值(千元)	3411088	1494466	1916622
总台数(台)	85820	61708	24112
总功率(万千瓦)	150.46	75.48	74.98
全员劳动生产率(元/人)	190046	172860	218204

表 7—13　续表

指　　标	建筑安装业	建筑装饰业	其他建筑业
企业个数(个)	269	343	63
建筑业总产值(千元)	7183486	4551848	917217
建筑工程产值	800628	4528292	898539
安装工程产值	6327194	1080	553
其他产值	55664	22476	18125
竣工产值(千元)	6088187	3913854	839950
房屋建筑施工面积(万平方米)	23.42		0.03
#本年新开工面积	12.45		0.03
房屋建筑竣工面积(万平方米)	3.00	0	0.03
#住宅	0	0	0
净值(千元)	420585	108731	275117
总台数(台)	18140	14119	3128
总功率(万千瓦)	13.74	6.62	10.23
全员劳动生产率(元/人)	186540	163948	162916

表 7—14 按经济类型分建筑业企业生产情况（2006 年）

（总承包及专业承包）

指　标	总　计	国有经济	集体经济	其他经济
企业个数(个)	1146	80	42	1024
建筑业总产值(千元)	71617257	13632090	1584481	56400686
建筑工程产值	63600133	10344786	1519554	51735793
安装工程产值	7595218	3246887	44756	4303575
其他产值	421906	40417	20171	361318
竣工产值(千元)	52729065	9670656	1466448	41591961
房屋建筑施工面积(万平方米)	5187.06	345.13	377.09	4464.84
#本年新开工面积	3214.18	151.60	282.29	2780.29
房屋建筑竣工面积(万平方米)	2056.20	214.02	150.11	1692.07
#住宅	1062.39	55.59	70.13	936.67
净值(千元)	4215521	861938	88330	3265253
总台数(台)	121207	19469	4280	97458
总功率(万千瓦)	181	29	4	148
全员劳动生产率(元/人)	187397	224057	138698	181995

表7—15 全市建筑业企业财务情况（2006年）

（总承包及专业承包）

计量单位：千元

指　　标	总　　计	国有经济	集体经济	其他经济
流动资产合计	63129459	12691253	1180046	49258160
＃存货	13932650	3007652	514548	10410450
固定资产年末合计	11785235	1759140	220881	9805214
固定资产原价年末合计	16608982	2461015	343422	13804545
累计折旧	5992433	968485	143716	4880232
＃本年折旧	1046369	154791	25282	866296
流动负债年末合计	44671987	11903240	786814	31981933
长期负债年末合计	1498464	242120	1623	1254721
所有者权益年末合计	32843646	3195322	623537	29024787
工程结算收入	64577869	13980033	1319453	49278383
工程结算成本	56909478	12546114	1132516	43230848
工程结算税金及附加	2090001	405346	42638	1642017
工程结算利润	5291408	999683	136940	4154785
其他业务利润	395878	162895	1467	231516
管理费用	3269027	978160	72043	2218824
利润总额	1379959	129273	62634	1188052
应交所得税	611814	44168	14964	552682
应付利润	426748	26395	16798	383555
利税总额	3611850	554609	110262	2946979
本年应付工资	6691654	1260547	213899	5217208
本年应付福利费	653443	133903	25516	494024

表 7—16 主要年份全社会固定资产投资完成额

计量单位:亿元

年 份	全社会固定资产投资完成额	#城镇固定资产投资	#房地产开发投资
1949	0.02	0.02	
1952	0.26	0.26	
1957	1.18	1.18	
1962	0.76	0.76	
1965	1.44	1.44	
1970	1.53	1.53	
1975	2.96	2.96	
1978	6.63	6.35	
1979	7.01	6.86	
1980	7.82	7.56	
1985	27.65	24.28	
1990	42.65	36.80	
1991	49.71	40.91	2.58
1992	82.22	58.76	3.84
1995	233.86	133.63	59.45
1997	351.66	223.79	72.89
1998	376.60	217.96	101.06
1999	373.01	211.94	97.91
2000	412.20	241.95	99.34
2001	464.91	276.20	111.0
2002	602.95	369.28	137.63
2003	954.05	619.23	183.80
2004	1201.88	703.92	292.88
2005	1402.72	820.30	296.14
2006	1613.55	883.59	351.17

注:城镇固定资产投资包括以前年度基本建设、更新改造、城镇集体和其他投资,2005 年起不再细分。

主要统计指标解释

全社会固定资产投资　固定资产投资是社会固定资产再生产的主要手段。固定资产投资额是以货币表现的建造和购置固定资产活动的工作量，它是反映固定资产投资规模、速度、比例关系和使用方向的综合性指标。全社会固定资产投资包括城镇固定资产投资、房地产开发投资、农村非农户投资。

城镇固定资产投资　指城镇各种登记注册类型的企业、事业、行政单位及个体户进行的计划总投资50万元及50万元以上的建设项目，包括原来的城镇基本建设项目、更新改造项目、其他投资项目、集体和私营个体等投资项目。

农村非农户投资　指发生在农村区域范围内的非农户固定资产投资项目完成的投资。不包括县及县以上各级政府及主管部门直接领导、管理的建设项目和企事业单位的投资。

房地产开发投资　指房地产开发公司、商品房建设公司及其他房地产开发法人单位和附属于其他法人单位实际从事房地产开发或经营的活动单位统一开发的包括统代建、拆迁还建的住宅、厂房、仓库、饭店、宾馆、度假村、写字楼、办公楼等房屋建筑物和配套的服务设施，土地开发工程（如道路、给水、排水、供电、供热、通讯、平整场地等基础设施工程）的投资；不包括单纯的土地交易活动。

固定资产投资按国民经济行业分　建设项目归哪个行业，按其建成投产后的主要产品或主要用途及社会经济活动性质来确定。基本建设按建设项目划分国民经济行业，更新改造、国有单位其他固定资产投资及城镇集体投资根据整个企业、事业单位所属的行业来划分。一般情况下，一个建设项目或一个企业、事业单位只能属于一种国民经济行业。

固定资产投资按建设性质分　建设项目的性质一般分为新建、扩建、改建、迁建、恢复。基本建设按建设项目划分建设性质，更新改造、国有单位其他固定资产投资、城镇集体投资及农村投资等按整个企业、事业单位的建设情况确定建设性质。

(1) 新建：一般是指从无到有、“平地起家”新开始建设的单位。有的单位原有的基础很小，经过建设后其新增加的固定资产价值超过原有固定资产价值（原值）三倍以上的也算新建。

(2) 扩建：一般是指为扩大原有产品的生产能力，在厂内或其他地点增建主要生产车间（或主要工程）、独立的生产线或分厂的企业；事业单位和行政单位在原单位增建业务用房（如学校增建教学用房、医院增建门诊部或病床用房、行政机关增建办公楼等）也作为扩建。

(3) 改建：一般是指现有企业、事业单位为了技术进步，提高产品质量，增加花色品种，促进产品升级换代，降低消耗和成本，加强资源综合利用和三废治理、劳保安全等，采用新技术、新工艺、新设备、新材料等对现有设施、工艺条件进行技术改造或更新（包括相应配套的辅助性生产、生活福利设施）。有的企业为充分发挥现有生产能力，进行填平补齐而增建不增加本单位主要产品生产能力的车间等，也属于改建。

固定资产投资按构成分 固定资产投资活动按其工作内容和实现方式分为建筑安装工程，设备、工具、器具购置，其他费用三个部分。

(1) 建筑安装工程（建筑安装工作量）：指各种房屋、建筑物的建造工程和各种设备、装置的安装工程。包括各种房屋建造工程，各种用途设备基础和各种工业窑炉的砌筑工程；为施工而进行的各种准备工作和临时工程以及完工后的清理工作等；铁路、道路的铺设，矿井的开凿及石油管道的架设等；水利工程；防空地下建筑等特殊工程；以及各种机械设备的安装工程；为测定安装工程质量，对设备进行的试运工作。在安装工程中，不包括被安装设备本身的价值。

(2) 设备、工具、器具购置：指购置或自制达到固定资产标准的设备、工具、器具的价值，固定资产的标准按财务部门规定。新建单位、扩建单位的新建车间按照设计和计划要求购置或自制的全部设备、工具、器具，不论是否达到固定资产标准均计入“设备、工具、器具购置”中。

(3) 其他费用：指在固定资产建造和购置过程中发生的，除建筑安装工程和设备、工具、器具购置以外的各种应摊入固定资产的费用。

固定资产投资的资金来源 根据固定资产投资的资金来源不同，分为国家预算内资金、国内贷款、利用外资、自筹资金和其他资金来源。

(1) 国家预算内资金：指中央财政和地方财政中由国家统筹安排的基本建设拨款和更新改造拨款，以及中央财政安排的专项拨款中用于基本建设的资金和基本建设拨款改贷款的资金等。

(2) 国内贷款：指报告期内企、事业单位向银行及非银行金融机构借入的用于固定资产投资的各种国内借款。包括银行利用自有资金及吸收的存款发放的贷款、上级主管部门拨入的国内贷款、国家专项贷款（包括煤代油贷款、劳改煤矿专项贷款等）、地方财政专项资金安排的贷款、国内储备贷款、周转贷款等。

(3) 利用外资：指报告期内收到的用于固定资产投资的国外资金，包括统借统还、自借自还的国外贷款，中外合资项目中的外资，以及对外发行债券和股票等。国家统借统还的外资指由我国政府出面同外国政府、团体或金融组织签订贷款协议、并负责偿还本息的国外贷款。

(4) 自筹资金：指建设单位报告期内收到的，用于进行固定资产投资的上级主管部门、地方和企、事业单位自筹资金。

(5) 其他资金来源：指报告期内收到的除以上各种拨款、借款、自筹资金以外其他用于固定资产投资的资金。

施工项目 指报告期内曾进行建筑或安装工程施工活动的建设项目，包括报告期内新开工项目、报告期以前年度开工跨入报告期继续施工的项目以及报告期施过工并在报告期内全部建成投产或停缓建的项目。

全部建成投产项目 工业项目是指设计文件规定形成生产能力的主体工程及其相应配套的辅助设施全部建成，经负荷试运转，证明具备生产设计规定合格产品的条件，并经过验收鉴定合格或达到竣工验收标准，与生产性工程配套的生活福利设施可以满足近期正常生产的需要，正式移交生产的建设项目。非工业项目是指设计文件规定的主体工程和相应的配套工程全部建成，能够发挥设计规定的全部效益，经验收鉴定合格或达到竣工验收标准，正式移交使用的建设项目。

新增生产能力 指通过固定资产投资活动而增加的设计能力或工程效益，它是用实物形态表示的固定资产投资的成果。新增生产能力的计算，是以能独立发挥生产能力或工程效益的单项工程（或项目）为对象。当单项工程（或项目）建成，经有关部门鉴定合格，正式移交投入生产，即可计算新增生产能力。

新增生产能力或工程效益有以下几种表现形式：

(1) 以建设项目或单项工程建成后的年产能力表示，如煤炭开采、石油开采等。

(2) 以建设项目或单项工程建成后处理原料的能力表示，如选矿工程的年处理矿石能力、洗煤厂年洗原煤能力等。

(3) 以新增的主要设备数量或容量表示，如棉纺锭锭数、发电机组容量等。

(4) 以建筑物容积、容量、面积或长度表示，如水库容量、铁路公路里程等。

新增生产能力的数量一般按设计能力计算。设计能力是指设计文件中规定的在正常情况下能够达到的生产能力，而不论投产后的实际产量如何。以设备数量、建筑物容积、面积、长度等表示的新增生产能力或工程效益，则按建成的实际数量计算。

房屋建筑面积 指从房屋外墙线算起的各层平面面积的总和，包括可供使用的有效面积和房屋结构（如柱、墙）占用的面积。多层建筑按各层（包括地下室）面积总和计算。

住宅建筑面积 指施工和竣工房屋建筑面积中供居住用的施工和竣工房屋建筑面积。

施工面积 指报告期内施工的全部房屋建筑面积。包括本期新开工的面积、上期跨入本期继续施工的房屋面积、上期停缓建在本期恢复施工的房屋面积、本期竣工的房屋面积及本期施工后又停缓建的房屋面积。

竣工面积 指在报告期内房屋建筑按照设计要求已全部完工，达到住人和使用条件，经验收鉴定合格，正式移交使用单位的建筑面积。

房屋建筑面积竣工率 指一定时期内房屋竣工面积占同期房屋施工面积的比率。它是从房屋建筑施工速度的角度反映投资效果和建筑业经济效益的指标。

新增固定资产 指通过投资活动所形成的新的固定资产价值，包括已经建成投入生产或交付使用的工程价值和达到固定资产标准的设备、工具、器具的价值及有关应摊入的费用。它是以价值形式表示的固定资产投资成果的综合性指标，可以综合反映不同时期、不同部门、不同地区的固定资产投资成果。

建设项目投产率 指一定时期内全部建成投入生产项目个数与同期正式施工项目个数的比率。它是从项目建设速度的角度反映投资效果的指标。

建设周期 是指报告期（年）所有正式施工项目全部建成平均需要的时间。它是从宏观角度反映建设速度的指标。建设周期的计算方法有两种。

(1) 按建设项目计算：建设周期＝报告期正式施工项目个数/报告期全部建成投产项目个数。

(2) 按投资额计算：建设周期＝报告期正式施工项目计划总投资之和/报告期正式施工项目完成投资之和。

建筑业统计单位 指从事房屋、构筑物建造、装饰装修、设备安装活动和工程准备、提供施工设备服务等其他建筑活动的法人企业。建筑业法人企业应同时具备的条件是：① 依法成立，有自己的名称、组织机构和场所，能够承担民事责任；② 独立拥有和使用资产，承担负债，有权与其他单位签订合同；③ 独立核算盈亏，能够编制资产负债表。

建筑业总产值（即自行完成施工产值） 是以货币表现的建筑业企业在一定时期内生产的建筑业产品和服务的总和。建筑业总产值包括：

(1) 建筑工程产值：指列入建筑工程预算内的各种工程价值。

(2) 安装工程产值：指设备安装工程价值，不包括被安装设备本身价值。

(3) 其他产值：指建筑业总产值中除建筑工程、安装工程以外的产值。包括房屋、构筑物修理所完成的产值（不包括被修理的房屋、构筑物本身的价值）、非标准设备制造产值、总包企业向分包企业收取的管理费和不能明确划分的施工活动所完成的产值。

建筑业增加值 指建筑业企业在报告期内以货币表现的建筑业生产经营活动的最终成果。目前建筑业增加值采用分配法（收入法）计算，即从收入的角度出发，根据生产要素在生产过程中应得的收入份额计算。具体计算公式为：

建筑业增加值＝本年提取的固定资产折旧＋本年应付工资总额＋本年应付福利费总额＋管理费用中的劳动待业保险费、税金＋工程结算税金及附加＋营业利润

房屋建筑施工面积 指在报告期内施过工的全部房屋建筑面积，包括本期新开工的房屋面积、上期跨入本期继续施工的房屋面积、上期停缓建在本期恢复施工的房屋面积、本期竣工的房屋面积及本期施工后又停缓建的房屋面积。

房屋建筑竣工面积 指在报告期内房屋建筑按照设计要求全部完工，达到了住人和使用条件，经检查验收鉴定合格的房屋建筑面积。

自有机械设备年末总台数 指归本企业（或单位）所有，属于本企业（或单位）固定资产的生产性机械设备年末总台数。包括施工机械、生产设备、运输设备以及其他设备。

自有机械设备年末总功率 指本企业（或单位）自有施工机械、生产设备、运输设备以及其他设备等列为固定资产的生产性机械设备年末总功率，按设定能力或查定能力计算。包括机械本身的动力和为该机械服务的单独动力设备，如电动机等。计算单位用千瓦，动力换算可按 1 马力＝0. 735 千瓦折合成千瓦数。电焊机、变压器、锅炉不计算动力。

（七）固定资产投资和建筑业

工程结算收入 指企业承包工程实现的工程价款结算收入，以及向发包单位收取的除工程价款以外按规定列作营业收入的各种款项，如临时设施费、劳动保险费、施工机械调迁费等以及向发包单位收取的各种索赔款。

工程结算利润 指已结算工程实现的利润，如亏损以“—”号表示。

计算公式为：工程结算利润＝工程结算收入－工程结算成本－工程结算税金及附加

企业总收入 指与企业生产经营直接有关的各项收入，包括工程结算收入和其他业务收入。

计算公式为：企业总收入＝工程结算收入＋其他业务收入

计算建筑业劳动生产率的平均人数 指建筑业企业（或单位）报告期实际拥有的、与建筑施工活动有关的人员的平均人数，包括参加本企业（或单位）建筑施工活动的非本企业（或单位）人员，但不包括企业内部社会服务性机构的人员以及由本企业支付工资但所从事的工作与本企业生产基本无关的人员。

（八）批发和零售业、住宿和餐饮业

CHAPTER 8
WHOLESALE AND RETAIL TRADE, ACCOMMODATIONS AND CATERING

表 8—1　社会消费品零售总额（2006 年）

计量单位:万元

指　　标	社会消费品零售总额	2006 年为上年%
社会消费品零售总额	11668519	116.1
1. 按销售地区分		
市的零售额	10887752	115.4
县的零售额	437692	138.3
县以下的零售额	343075	116.3
2. 按行业分		
批发零售业	10266389	116.1
住宿餐饮业	1262830	116.7
其他	139300	113.3
3. 按登记注册类型分		
国有经济	520427	114.2
集体经济	235955	110.8
私营经济	2696665	117.3
个体经济	3829112	116.2
股份制经济	1548091	116.8
外商投资经济	910268	118.1
港澳台投资经济	93889	117.1
其他经济	1834112	113.8

表 8—2　限额以上批发和零售业、住宿和餐饮业基本情况（2006 年）

指　　标	法人企业（个）	所属全部批发和零售、住宿和餐饮活动单位（个）	非批发和零售、住宿和餐饮法人所属限上批发和零售、住宿和餐饮活动单位（个）
总　　计	959	2348	43
一、批发和零售业小计	615	1825	18
（一）批发业	361	575	3
＃国有及国有控股	101	142	3
1. 按登记注册类型分组			
内资企业	355	569	3
国有企业	42	74	1
集体企业	17	148	
股份合作企业	1	1	1
联营企业	2	2	
国有联营企业	1	1	
集体联营企业			
国有与集体联营企业	1	1	
其他联营企业			
有限责任公司	113	145	
国有独资公司	7	10	
其他有限责任公司	106	135	
股份有限公司	15	15	1
私营企业	163	180	
私营独资企业	3	3	
私营合伙企业	1	1	
私营有限责任公司	153	170	
私营股份有限公司	6	6	
其他企业	2	4	
港、澳、台商投资企业	4	3	
合资经营企业（港或澳、台资）	3	2	
合作经营企业（港或澳、台资）			
港、澳、台商独资经营企业	1	1	
港、澳、台商投资股份有限公司			
外商投资企业	2	3	
中外合资经营企业		1	
中外合作经营企业			
外资企业	1	1	
外商投资股份有限公司	1	1	
2. 按国民经济行业分组			
农畜产品批发	8	42	
食品、饮料及烟草制品批发	34	38	

表 8—2　续表 1

指　　标	法人企业（个）	所属全部批发和零售、住宿和餐饮活动单位（个）	非批发和零售、住宿和餐饮法人所属限上批发和零售、住宿和餐饮活动单位（个）
纺织、服装及日用品批发	40	42	1
文化、体育用品及器材批发	18	20	
医药及医疗器材批发	13	15	
矿产品、建材及化工产品批发	160	254	1
机械设备、五金交电及电子产品批发	81	84	1
贸易经纪与代理			
其他批发	7	80	
(二) 零售业	254	1250	15
#国有及国有控股	52	276	4
1. 按登记注册类型分组			
内资企业	233	744	9
国有企业	26	68	2
集体企业	11	118	
股份合作企业	1	1	
联营企业	2	2	
国有联营企业	2	2	
集体联营企业			
国有与集体联营企业			
其他联营企业			
有限责任公司	83	406	2
国有独资公司	2	11	
其他有限责任公司	81	395	2
股份有限公司	9	16	2
私营企业	99	123	3
私营独资企业	4	4	
私营合伙企业	1	1	
私营有限责任公司	87	110	3
私营股份有限公司	7	8	
其他企业	2	10	
港、澳、台商投资企业	7	7	2
合资经营企业(港或澳、台资)	2	2	2
合作经营企业(港或澳、台资)	1	1	
港、澳、台商独资经营企业	4	4	
港、澳、台商投资股份有限公司			
外商投资企业	14	499	4
中外合资经营企业	7	492	
中外合作经营企业	2	2	3

表 8—2　续表 2

指　　标	法人企业（个）	所属全部批发和零售、住宿和餐饮活动单位（个）	非批发和零售、住宿和餐饮法人所属限上批发和零售、住宿和餐饮活动单位（个）
外资企业	5	5	1
外商投资股份有限公司			
2. 按国民经济行业分组			
综合零售	61	649	6
百货零售	27	60	3
超级市场零售	33	544	3
其他综合零售	1	45	
食品、饮料及烟草制品专门零售	23	72	3
纺织、服装及日用品专门零售	13	47	
文化、体育用品及器材专门零售	25	33	2
医药及医疗器材专门零售	20	202	
汽车、摩托车、燃料及零配件专门零售	66	81	2
家用电器及电子产品专门零售	34	147	
五金、家具及室内装修材料专门零售	6	11	1
无店铺及其他零售	6	8	1
3. 按经营方式分组			
独立经营	211	343	8
连锁经营总店	25	25	
连锁经营分店	9	857	4
其他	9	25	3
4. 按零售业态分组			
百货商店	34	88	1
超级市场	39	557	3
专业店	102	386	4
专卖店	57	137	3
其他	22	82	4
二、住宿和餐饮业小计	344	523	25
(一)住宿业	131	139	8
＃国有及国有控股	68	69	3
1. 按登记注册类型分组			
内资企业	125	133	6
国有企业	44	45	3
集体企业	7	8	1
股份合作企业	2	2	
联营企业	3	3	
国有联营企业	3	3	
集体联营企业			

表8—2 续表3

指　　标	法人企业（个）	所属全部批发和零售、住宿和餐饮活动单位（个）	非批发和零售、住宿和餐饮法人所属限上批发和零售、住宿和餐饮活动单位（个）
国有与集体联营企业			
其他联营企业			
有限责任公司	39	45	1
国有独资公司	4	4	
其他有限责任公司	35	41	1
股份有限公司	1	1	
私营企业	27	27	1
私营独资企业	3	3	1
私营合伙企业			
私营有限责任公司	22	22	
私营股份有限公司	2	2	
其他企业	2	2	
港、澳、台商投资企业	2	2	1
合资经营企业(港或澳、台资)	1	1	1
合作经营企业(港或澳、台资)			
港、澳、台商独资经营企业	1	1	
港、澳、台商投资股份有限公司			
外商投资企业	4	4	1
中外合资经营企业	1	1	
中外合作经营企业	1	1	
外资企业	1	1	1
外商投资股份有限公司	1	1	
2. 按国民经济行业分组			
旅游饭店	107	111	7
一般旅馆	22	25	1
其他住宿服务	2	3	
3. 按星级等级分组			
五星	10	10	2
四星	17	17	
三星	60	61	1
二星	26	27	4
一星			
其他	18	24	1
(二)餐饮业	213	384	17
#国有及国有控股	13	16	2
1. 按登记注册类型分组			
内资企业	199	236	12

表8—2　续表4

指　　标	法人企业（个）	所属全部批发和零售、住宿和餐饮活动单位（个）	非批发和零售、住宿和餐饮法人所属限上批发和零售、住宿和餐饮活动单位（个）
国有企业	7	10	2
集体企业	4	4	
股份合作企业	3	3	
联营企业	1	1	
国有联营企业			
集体联营企业			
国有与集体联营企业	1	1	
其他联营企业			
有限责任公司	38	49	1
国有独资公司	5	5	
其他有限责任公司	33	44	1
股份有限公司		1	1
私营企业	142	164	7
私营独资企业	14	14	4
私营合伙企业	3	3	
私营有限责任公司	116	136	3
私营股份有限公司	9	11	
其他企业	4	4	1
港、澳、台商投资企业	9	10	1
合资经营企业(港或澳、台资)	3	4	
合作经营企业(港或澳、台资)	1	1	1
港、澳、台商独资经营企业	5	5	
港、澳、台商投资股份有限公司			
外商投资企业	5	138	4
中外合资经营企业			1
中外合作经营企业		2	
外资企业	5	136	3
外商投资股份有限公司			
2. 按国民经济行业分组			
正餐服务	197	215	13
快餐服务	13	154	3
饮料及冷饮服务	2	2	1
其他餐饮服务	1	13	
3. 按经营方式分组			
独立经营	193	206	12
连锁经营总店	8	6	
连锁经营分店	2	159	4
其他	10	13	1

表 8—2　续表 5

指　　标	经营网点（个）	零售或餐饮网点（个）	餐饮或零售营业面积（平方米）	年末从业人员（人）
总　　计	5256	3226	3852602	182356
一、批发和零售业小计	4649	2648	3168008	126513
(一)批发业	2545	590	761014	64023
♯国有及国有控股	1641	260	670828	45723
1. 按登记注册类型分组				
内资企业	2331	587	746014	59343
国有企业	82	10	5069	12650
集体企业	252	179	40056	745
股份合作企业	2			79
联营企业	2			50
国有联营企业	1			42
集体联营企业				
国有与集体联营企业	1			8
其他联营企业				
有限责任公司	1479	102	80427	10190
国有独资公司	7	1	53280	558
其他有限责任公司	1472	101	27147	9632
股份有限公司	262	229	599399	28809
私营企业	247	63	19263	6785
私营独资企业	3		404	188
私营合伙企业	1	1	200	40
私营有限责任公司	235	62	18139	5766
私营股份有限公司	8		520	791
其他企业	5	4	1800	35
港、澳、台商投资企业	183	3	15000	74
合资经营企业(港或澳、台资)	182	3	15000	61
合作经营企业(港或澳、台资)				
港、澳、台商独资经营企业	1			13
港、澳、台商投资股份有限公司				
外商投资企业	31			4606
中外合资经营企业				2680
中外合作经营企业				
外资企业	30			1920
外商投资股份有限公司	1			6
2. 按国民经济行业分组				
农畜产品批发	59	4	130	825

表 8—2　续表 6

指　　标	经营网点（个）	零售或餐饮网点（个）	餐饮或零售营业面积（平方米）	年末从业人员（人）
谷物、豆及薯类批发	43	4	50	416
种子、饲料批发	13		80	130
棉、麻批发	3			274
牲畜批发				
其他农畜产品批发				5
食品、饮料及烟草制品批发	155	108	12684	4951
米、面制品及食用油批发	7	1		363
糕点、糖果及糖批发	3		260	59
果品、蔬菜批发	2			62
肉、禽、蛋及水产品批发	50	41	824	584
盐及调味品批发	1			157
饮料及茶叶批发	6	1	400	290
烟草制品批发	3	1	4000	363
其他食品批发	83	64	7200	3073
纺织、服装及日用品批发	229	18	17221	12142
纺织品、针织品及原料批发	16	1	121	9262
服装批发	200	8	15400	2182
鞋帽批发				
厨房、卫生间用具及日用杂货批发	3	2	200	239
化妆品及卫生用品批发				
其他日用品批发	10	7	1500	459
文化、体育用品及器材批发	21	10	3973	1463
文具用品批发	2			201
体育用品批发	2			52
图书批发	6	4	227	559
报刊批发				
音像制品及电子出版物批发	1	1	1500	119
首饰、工艺品及收藏品批发	5	3	900	365
其他文化用品批发	5	2	1346	167
医药及医疗器材批发	30	13	8100	1743
西药批发	17	10	5000	639
中药材及中成药批发	9	2	2100	850
医疗用品及器材批发	4	1	1000	254
矿产品、建材及化工产品批发	1826	370	695647	33394
煤炭及制品批发	6	1	53280	246
石油及制品批发	275	250	611130	26626

表8—2 续表7

指 标	经营网点（个）	零售或餐饮网点（个）	餐饮或零售营业面积（平方米）	年末从业人员（人）
非金属矿及制品批发	1			20
金属及金属矿批发	92	5	584	2009
建材批发	56	13	4100	2184
化肥批发	1245			443
农药批发	10			404
农用薄膜批发				
其他化工产品批发	141	101	26553	1462
机械设备、五金交电及电子产品批发	168	61	20859	9253
农业机械批发	2	1		133
汽车、摩托车及零配件批发	37	15	12817	542
五金、交电批发	9		555	455
家用电器批发	43	4	2420	5349
计算机、软件及辅助设备批发	12	7	1683	506
通讯及广播电视设备批发	28	17	1180	1048
其他机械设备及电子产品批发	37	17	2204	1220
贸易经纪与代理				
其他批发	57	6	2400	252
再生物资回收与批发	53	5	2300	195
其他未列明的批发	4	1	100	57
(二)零售业	2104	2058	2406994	62490
#国有及国有控股	330	321	283531	8942
1. 按登记注册类型分组				
内资企业	1602	1562	1151678	40450
国有企业	134	125	73100	3186
集体企业	63	53	21315	2303
股份合作企业	1	1	300	60
联营企业	2	2	1971	267
国有联营企业	2	2	1971	267
集体联营企业				
国有与集体联营企业				
其他联营企业				
有限责任公司	770	769	552226	13725
国有独资公司	3	3	3000	176
其他有限责任公司	767	766	549226	13549
股份有限公司	41	35	236536	11553
私营企业	588	574	251730	7838

表8—2　续表8

指　　标	经营网点（个）	零售或餐饮网点（个）	餐饮或零售营业面积（平方米）	年末从业人员（人）
私营独资企业	8	7	4107	213
私营合伙企业	1	1	601	129
私营有限责任公司	473	460	228432	6854
私营股份有限公司	106	106	18590	642
其他企业	3	3	14500	1518
港、澳、台商投资企业	55	55	127919	2450
合资经营企业（港或澳、台资）	50	50	38479	1094
合作经营企业（港或澳、台资）	1	1	10300	371
港、澳、台商独资经营企业	4	4	79140	985
港、澳、台商投资股份有限公司				
外商投资企业	447	441	1127397	19590
中外合资经营企业	435	429	1037338	17712
中外合作经营企业	6	6	36532	475
外资企业	6	6	53527	1403
外商投资股份有限公司				
2. 按国民经济行业分组				
综合零售	677	663	1730340	33687
百货零售	49	46	469411	11786
超级市场零售	613	610	1258449	21667
其他综合零售	15	7	2480	234
食品、饮料及烟草制品专门零售	408	397	24766	2737
粮油零售	1	1	100	9
糕点、面包零售				4
果品、蔬菜零售	1	1	1000	509
肉、禽、蛋及水产品零售	83	82	12586	606
饮料及茶叶零售	1	1	200	33
烟草制品零售	262	262	8030	959
其他食品零售	60	50	2850	617
纺织、服装及日用品专门零售	250	250	57370	2575
纺织品及针织品零售				
服装零售	216	216	56910	2435
鞋帽零售				
钟表、眼镜零售	30	30	60	10
化妆品及卫生用品零售	1	1	100	10
其他日用品零售	3	3	300	120
文化、体育用品及器材专门零售	72	71	44246	2605

表 8—2 续表 9

指 标	经营网点（个）	零售或餐饮网点（个）	餐饮或零售营业面积（平方米）	年末从业人员（人）
文具用品零售	15	15	660	139
体育用品零售	1	1	120	18
图书零售	43	42	37645	1183
报刊零售	1	1	1000	335
音像制品及电子出版物零售				
珠宝首饰零售	8	8	1950	687
工艺美术品及收藏品零售	1	1	200	105
照相器材零售	2	2	358	70
其他文化用品零售	1	1	2313	68
医药及医疗器材专门零售	363	350	41626	2914
药品零售	341	331	37854	2897
医疗用品及器材零售	22	19	3772	17
汽车、摩托车、燃料及零配件专门零售	87	87	211927	3694
汽车零售	81	81	206799	3524
汽车零配件零售	2	2	1578	39
摩托车及零配件零售	2	2	1250	93
机动车燃料零售	2	2	2300	38
家用电器及电子产品专门零售	151	145	183425	11860
家用电器零售	75	71	161065	9821
计算机、软件及辅助设备零售	42	40	17824	1366
通信设备零售	28	28	2600	330
其他电子产品零售	6	6	1936	343
五金、家具及室内装修材料专门零售	7	7	103454	1162
五金零售	1	1	150	32
家具零售	3	3	55304	308
涂料零售				
其他室内装修材料零售	3	3	48000	822
无店铺及其他零售	89	88	9840	1256
流动货摊零售				6
邮购及电子销售				
生活用燃料零售	84	84	9411	1089
花卉零售				
旧货零售				
其他未列明的零售	5	4	429	161
3. 按经营方式分组				
独立经营	901	881	1030951	28284

表 8—2 续表 10

指　　标	经营网点（个）	零售或餐饮网点（个）	餐饮或零售营业面积（平方米）	年末从业人员（人）
连锁经营总店	999	990	1228378	8918
连锁经营分店	74	74	122006	23083
其他	130	113	25659	2205
4. 按零售业态分组				
百货商店	171	160	508070	13195
超级市场	620	617	1296375	22821
专业店	747	732	455514	17704
专卖店	401	401	121985	4847
其他	165	148	25050	3923
二、住宿和餐饮业小计	607	578	684594	55843
(一)住宿业	155	137	171626	23415
#国有及国有控股	76	69	97381	13259
1. 按登记注册类型分组				
内资企业	147	129	156107	20172
国有企业	50	46	55649	7231
集体企业	8	7	5110	684
股份合作企业	2	2	780	116
联营企业	5	3	2900	501
国有联营企业	5	3	2900	501
集体联营企业				
国有与集体联营企业				
其他联营企业				
有限责任公司	45	40	58665	8475
国有独资公司	4	4	4892	1114
其他有限责任公司	41	36	53773	7361
股份有限公司	1	1	2950	892
私营企业	34	28	29333	2071
私营独资企业	4	4	3100	199
私营合伙企业				
私营有限责任公司	22	21	22833	1602
私营股份有限公司	8	3	3400	270
其他企业	2	2	720	202
港、澳、台商投资企业	3	3	7069	1364
合资经营企业(港或澳、台资)	2	2	5421	1030
合作经营企业(港或澳、台资)				
港、澳、台商独资经营企业	1	1	1648	334

表 8—2 续表 11

指 标	经营网点（个）	零售或餐饮网点（个）	餐饮或零售营业面积（平方米）	年末从业人员（人）
港、澳、台商投资股份有限公司				
外商投资企业	5	5	8450	1879
中外合资经营企业	1	1	2148	706
中外合作经营企业	1	1	1500	402
外资企业	2	2	1976	348
外商投资股份有限公司	1	1	2826	423
2. 按国民经济行业分组				
旅游饭店	127	113	155599	21581
一般旅馆	26	22	14827	1720
其他住宿服务	2	2	1200	114
3. 按星级等级分组				
五星	14	13	25897	5514
四星	19	18	40948	5322
三星	68	59	76734	8594
二星	30	28	16412	2016
一星				
其他	24	19	11635	1969
(二)餐饮业	452	441	512968	32428
#国有及国有控股	22	22	21038	1771
1. 按登记注册类型分组				
内资企业	294	285	433520	20731
国有企业	14	14	17163	1000
集体企业	4	4	5481	339
股份合作企业	3	3	6300	253
联营企业	1	1	900	38
国有联营企业				
集体联营企业				
国有与集体联营企业	1	1	900	38
其他联营企业				
有限责任公司	65	58	71093	5642
国有独资公司	7	7	2100	414
其他有限责任公司	58	51	68993	5228
股份有限公司	1	1	5800	100
私营企业	201	199	317283	12887
私营独资企业	18	18	17480	774
私营合伙企业	3	3	2700	126

（八）批发和零售业、住宿和餐饮业

表8—2 续表12

指　标	经营网点（个）	零售或餐饮网点（个）	餐饮或零售营业面积（平方米）	年末从业人员（人）
私营有限责任公司	168	166	281903	11278
私营股份有限公司	12	12	15200	709
其他企业	5	5	9500	472
港、澳、台商投资企业	11	11	16717	957
合资经营企业（港或澳、台资）	4	4	1642	302
合作经营企业（港或澳、台资）	2	2	1360	142
港、澳、台商独资经营企业	5	5	13715	513
港、澳、台商投资股份有限公司				
外商投资企业	147	145	62731	10740
中外合资经营企业	60	60	4550	1200
中外合作经营企业				156
外资企业	87	85	58181	9384
外商投资股份有限公司				
2. 按国民经济行业分组				
正餐服务	307	298	427769	21445
快餐服务	139	137	82570	10501
饮料及冷饮服务	5	5	2349	137
其他餐饮服务	1	1	280	345
3. 按经营方式分组				
独立经营	307	298	426476	20857
连锁经营总店	127	125	66307	567
连锁经营分店	6	6	4492	9943
其他	12	12	15693	1061
补充资料				
批发和零售业现代技术应用情况				
应用销售时点管理系统(POS)的企业和单位个数	63			
应用营销信息管理系统(MIS)的企业和单位个数	40			
应用电子订货系统(EOS)的企业和单位个数	17			
应用条形码和扫描仪技术的企业和单位个数	50			
应用电子商务购物系统(Ec)的企业和单位个数	5			
应用客户关系管理系统(CRM)的企业和单位个数	22			
能上互联网的企业和单位个数	346			
年末在用计算机台数	27544			
年末拥有网站个数	111			

表 8—3 限额以上批发和零售业商品购进、库存总额（2006 年）

计量单位:万元

指标名称	购进总额	#进　口	年末库存总额
总　　计	26684371.5	1823007.2	1821872.8
一、批发业	21929352.9	1798875.8	1443660.6
其中:国有控股	14730171.2	1556815.6	816611.9
1. 按登记注册类型分组			
内资企业	21406936.8	1792869.6	1353568.9
国有企业	4075177.5	865232.6	352184.4
集体企业	174009.3		12706.6
股份合作企业	69817.4	7623	2236.1
联营企业	11135.8		312.9
国有联营企业	4250.4		271.9
国有与集体联营企业	6885.4		41
有限责任公司	3888392	53071.7	286457
国有独资公司	428155.8		29681.2
其他有限责任公司	3460236.2	53071.7	256775.8
股份有限公司	8407518.4	679581.9	287310.4
私营企业	4755807.4	187360.4	410776.3
私营独资企业	1741.8		5136.9
私营合伙企业	5778.4		936.2
私营有限责任公司	2391959.4	187360.4	161893.5
私营股份有限公司	2356327.8		242809.7
其他	25079		1585.2
港、澳、台商投资企业	201089	249.1	14626.3
与港澳台商合资经营企业	29632.5		83.9
港、澳、台商独资经营企业	171456.5	249.1	14542.4
外商投资企业	321327.1	5757.1	75465.4
外资企业	310990.4	5757.1	75344.9
外商投资股份有限公司	10336.7		120.5
2. 按国民经济行业分组			
农畜产品批发	123384.2	25169.8	40417.4
食品、饮料及烟草制品批发	1424468.6	86517.9	125528.8
纺织、服装及日用品批发	3222998.1	909930.2	262591.3
文化、体育用品及器材批发	582576.5	5685.7	39998.1
医药及医疗器材批发	297316.7	801.5	23153.5
矿产品、建材及化工产品批发	11977304.4	567559.4	471033.4
机械设备、五金交电及电子产品批发	4234772.5	203211.3	478767.7
其他批发	66531.9		2170.4

表 8—3 续表 1

指标名称	购进总额	#进 口	年末库存总额
二、零售业	4755018.6	24131.4	378212.2
其中:国有控股	726891.2		59494.1
1. 按登记注册类型分组			
内资企业	3390573.3	23111.8	264587
国有企业	150980.8		17356.5
集体企业	62046.8		6138.3
股份合作企业	4134.2		195.8
联营企业	21086.6		6541.7
国有联营企业	21086.6		6541.7
有限责任公司	1001915.4	12499.6	93582.3
国有独资公司	5319.9		967.3
其他有限责任公司	996595.5	12499.6	92615
股份有限公司	1312231.6	6743.6	61215.9
私营企业	824423.6	3868.6	78936.4
私营独资企业	30391.6	58.1	4419.7
私营合伙企业	582.9		6.2
私营有限责任公司	774920.4	3810.5	71567.8
私营股份有限公司	18528.7		2942.7
其他	13754.3		620.1
港、澳、台商投资企业	72369.2		5131.3
与港澳台商合资经营企业	20384.1		862.6
与港澳台商合作经营企业	20102		145.1
港、澳、台商独资经营企业	31883.1		4123.6
外商投资企业	1292076.1	1019.6	108493.9
中外合资经营企业	1040864.5		94883.8
中外合作经营企业	77468.5		3874.3
外资企业	173743.1	1019.6	9735.8
2. 按国民经济行业分组			
综合零售	1791596.1	5369.1	134726.5
百货零售	675521.7	5369.1	34196.3
超级市场零售	1109666.1		100477.1
其他综合零售	6408.3		53.1
食品、饮料及烟草制品专门零售	86469.2	1019.6	11844.8
纺织、服装及日用品专门零售	68892.9	15.5	9310.6
文化、体育用品及器材专门零售	75093.6		20344.4
医药及医疗器材专门零售	336169	1374.5	29874.5
汽车、摩托车、燃料及零配件专门零售	1199310.4	12510.1	85991.6

表 8—3 续表 2

指标名称	购进总额	#进 口	年末库存总额
家用电器及电子产品专门零售	1138014.9	3842.6	75773.2
五金、家具及室内装修材料专门零售	31054.4		9793.9
无店铺及其他零售	28418.1		552.7
3. 按经营方式分组			
独立商店	2380719.5	22756.9	195600.8
连锁商店总店	1912807.8		148634.1
连锁商店分店	198986.6		14364.7
其他	262504.7	1374.5	19612.6
4. 按零售业态分组			
百货商店	699861	5369.1	36346.2
超级市场	1152804.2		105688.5
专业店	1658103	3099.6	146036.6
专卖店	937681.6	13503.7	66537.1
其他	306568.8	2159	23603.8
补充资料			
购进总额中:电子商务购进额(万元)	132158.3		
批发业:其他有限责任公司	3460236.2	53071.7	256775.8
其中:1. 国有控股	1926245.7	12001.1	151970.6
2. 集体控股	572445.5	36367	58916.8
股份有限公司	8407518.4	679581.9	287310.4
其中:1. 国有控股	8294333.1	679581.9	282501.8
2. 集体控股	113185.3		4808.6
零售业:其他有限责任公司	996595.5	12499.6	92615
其中:1. 国有控股	319034.9		30070.4
2. 集体控股	95940		6813.9
股份有限公司	1312231.6	6743.6	61215.9
其中:1. 国有控股	230469		4558.2
2. 集体控股	340856.2	1374.5	19329.7

表 8—4　限额以上批发和零售业商品销售总额（2006 年）

计量单位：万元

指标名称	销售总额	批发	#出口	零售
总　计	25879608.7	20603467.1	4764588.3	5276141.6
一、批发业	20305949.7	19690774	4759694.9	615175.7
其中：国有控股	12506180	12086507.6	4099634.5	419672.4
1. 按登记注册类型分组				
内资企业	19551820.6	18938898.5	4726732.1	612922.1
国有企业	4379910.2	4374140.3	1530138.6	5769.9
集体企业	187618.1	163800.6		23817.5
股份合作企业	70860.9	70860.9	68838.4	
联营企业	12433.2	12433.2		
国有联营企业	4425.3	4425.3		
国有与集体联营企业	8007.9	8007.9		
有限责任公司	4438505.2	4285295.9	1032939.7	153209.3
国有独资公司	555763.8	555315.4	176973.4	448.4
其他有限责任公司	3882741.4	3729980.5	855966.3	152760.9
股份有限公司	5554916.3	5218831.1	1950447.4	336085.2
私营企业	4878667.2	4785304.1	144368	93363.1
私营独资企业	62767.5	62767.5		
私营合伙企业	6015.2	5534		481.2
私营有限责任公司	2813669.2	2720787.3	144368	92881.9
私营股份有限公司	1996215.3	1996215.3		
其他	28909.5	28232.4		677.1
港、澳、台商投资企业	202259.6	200006	32867.3	2253.6
与港澳台商合资经营企业	40694.5	38440.9	6991.6	2253.6
港、澳、台商独资经营企业	161565.1	161565.1	25875.7	
外商投资企业	551869.5	551869.5	95.5	
外资企业	539249.1	539249.1	95.5	
外商投资股份有限公司	12620.4	12620.4		
2. 按国民经济行业分组				
农畜产品批发	134234.9	134232.2		2.7
食品、饮料及烟草制品批发	1670319.9	1640572.4	152921.5	29747.5
纺织、服装及日用品批发	4067057.8	4060867.9	2898383.7	6189.9
文化、体育用品及器材批发	502133	484921.2	18105.4	17211.8
医药及医疗器材批发	426467.6	347724.3	79906.4	78743.3
矿产品、建材及化工产品批发	9050035	8678799.9	1110117.6	371235.1
机械设备、五金交电及电子产品批发	4382862.4	4271566	494466.9	111296.4
其他批发	72839.1	72090.1	5793.4	749

表8—4　续表1

指标名称	销售总额	批发	#出口	零售
二、零售业	5573659	912693.1	4893.4	4660965.9
其中:国有控股	884204.2	156098.6		728105.6
1. 按登记注册类型分组				
内资企业	4027113.6	566479.6	4893.4	3460634
国有企业	167515.2	7707.8		159807.4
集体企业	99425.9	16734.3		82691.6
股份合作企业	3664	1784.2		1879.8
联营企业	17769.4	3060.4		14709
国有联营企业	17769.4	3060.4		14709
有限责任公司	1258804.3	135524.7		1123279.6
国有独资公司	9229.9	427.3		8802.6
其他有限责任公司	1249574.4	135097.4		1114477
股份有限公司	1501161.5	323042.4	4893.4	1178119.1
私营企业	960613.2	77821.1		882792.1
私营独资企业	34561.8	82.5		34479.3
私营合伙企业	1124			1124
私营有限责任公司	904562.1	77689.6		826872.5
私营股份有限公司	20365.3	49		20316.3
其他	18160.1	804.7		17355.4
港、澳、台商投资企业	94835.4	5217.5		89617.9
与港澳台商合资经营企业	31503.6			31503.6
与港澳台商合作经营企业	25561.9			25561.9
港、澳、台商独资经营企业	37769.9	5217.5		32552.4
外商投资企业	1451710	340996		1110714
中外合资经营企业	1139283.7	340437.2		798846.5
中外合作经营企业	98166.4			98166.4
外资企业	214259.9	558.8		213701.1
2. 按国民经济行业分组				
综合零售	2144413.8	274225.9	3090.9	1870187.9
百货零售	834800.9	8062.6	3090.9	826738.3
超级市场零售	1302975.7	264160.6		1038815.1
其他综合零售	6637.2	2002.7		4634.5
食品、饮料及烟草制品专门零售	119410.1	6911.4		112498.7
纺织、服装及日用品专门零售	86777.6	2056		84721.6
文化、体育用品及器材专门零售	113467.3	17592.5		95874.8
医药及医疗器材专门零售	366633.8	110236.2	1802.5	256397.6
汽车、摩托车、燃料及零配件专门零售	1333452.4	171840.9		1161611.5

表 8—4　续表 2

指标名称	销售总额	批发	#出口	零售
家用电器及电子产品专门零售	1316860.7	329215.5		987645.2
五金、家具及室内装修材料专门零售	55708.8			55708.8
无店铺及其他零售	36934.5	614.7		36319.8
3. 按经营方式分组				
独立商店	2855260.9	253913.7	3090.9	2601347.2
连锁商店总店	2191656.4	556820.4		1634836
连锁商店分店	238391.5	20420.7		217970.8
其他	288350.2	81538.3	1802.5	206811.9
4. 按零售业态分组				
百货商店	863926.4	10870	3090.9	853056.4
超级市场	1351659.9	264160.6		1087499.3
专业店	2017182.5	456924.2		1560258.3
专卖店	1016351.5	96976.2		919375.3
其他	324538.7	83762.1	1802.5	240776.6
补充资料				
销售总额中:电子商务销售额（万元）	83832			
邮购销售额(万元)	2372			
批发业:其他有限责任公司	3882741.4	3729980.5	855966.3	152760.9
其中:1. 国有控股	2164161.7	2086792.8	590153.5	77368.9
2. 集体控股	638974.6	636883.2	201814.8	2091.4
股份有限公司	5554916.3	5218831.1	1950447.4	336085.2
其中:1. 国有控股	5399896.5	5063811.3	1802369	336085.2
2. 集体控股	155019.8	155019.8	148078.4	
零售业:其他有限责任公司	1249574.4	135097.4		1114477
其中:1. 国有控股	456914.7	86802.8		370111.9
2. 集体控股	109265.7	9501.2		99764.5
股份有限公司	1501161.5	323042.4	4893.4	1178119.1
其中:1. 国有控股	232775	58100.3		174674.7
2. 集体控股	377392.6	82252.6	1802.5	295140

表 8—5 限额以上批发和零售业法人企业主要财务状况（2006 年）

计量单位：万元

指 标	资产总计	负债合计	所有者权益	
				#实收资本
总 计	10342992.9	7219501.8	3123491.1	1461553.3
一、批发业	7410562.2	5297216.1	2113346.1	844174.1
其中：国有控股	5402547.8	3589915.8	1812632	627437.5
1. 按登记注册类型分组				
内资企业	7193911.7	5098344.8	2095566.9	836264.1
国有企业	2153425.5	1378435.1	774990.4	130271.5
集体企业	82186.6	60738.6	21448	9246.1
股份合作企业	14930.4	10330.1	4600.3	1208
联营企业	4498.3	2008.4	2489.9	1160
国有联营企业	3546.4	1434.4	2112	1000
国有与集体联营企业	951.9	574	377.9	160
有限责任公司	1610173.1	1271837.9	338335.2	157544.5
国有独资公司	166144.2	92391.2	73753	12141
其他有限责任公司	1444028.9	1179446.7	264582.2	145403.5
股份有限公司	2239786.1	1437507.2	802278.9	400398.3
私营企业	1063694	914281.7	149412.3	134549.2
私营独资企业	11736.5	10744.1	992.4	1420
私营合伙企业	3262.4	2737.3	525.1	300
私营有限责任公司	759544.4	620502.1	139042.3	129529.1
私营股份有限公司	289150.7	280298.2	8852.5	3300.1
其他	25217.7	23205.8	2011.9	1886.5
港、澳、台商投资企业	75826	63424.4	12401.6	5510
与港澳台商合资经营企业	11293.3	9565	1728.3	1172.3
港、澳、台商独资经营企业	64532.7	53859.4	10673.3	4337.7
外商投资企业	140824.5	135446.9	5377.6	2400
外资企业	140678.3	135500.7	5177.6	2200
外商投资股份有限公司	146.2	−53.8	200	200
2. 按国民经济行业分组				
农畜产品批发	275220.4	257176.9	18043.5	15074.5
食品、饮料及烟草制品批发	805752.3	384607.5	421144.8	49578.2
纺织、服装及日用品批发	1840714.4	1301459	539255.4	205554.6
文化、体育用品及器材批发	235847.9	141389.8	94458.1	25044.9
医药及医疗器材批发	138772	116795	21977	9221.1
矿产品、建材及化工产品批发	2957563.7	2073602	883961.7	472622.2
机械设备、五金交电及电子产品批发	1125728.6	995285.6	130443	63520.5
其他批发	30962.9	26900.3	4062.6	3558.1

表 8—5　续表 1

指　　标	资产总计	负债合计	所有者权益	
				＃实收资本
二、零售业	2932430.7	1922285.7	1010145	617379.2
其中:国有控股	333483.1	260258	73225.1	75228.3
1. 按登记注册类型分类				
内资企业	2068953.4	1353599.8	715353.6	378375.5
国有企业	98663	92247.6	6415.4	7766.6
集体企业	24952.4	20438.5	4513.9	2639.2
股份合作企业	901.2	682.7	218.5	116
联营企业	16838.7	15913.2	925.5	1598
国有联营企业	16838.7	15913.2	925.5	1598
有限责任公司	491855.4	365443.6	126411.8	138274.8
国有独资公司	2758.8	1802.4	956.4	3200
其他有限责任公司	489096.6	363641.2	125455.4	135074.8
股份有限公司	1044287.3	526334.8	517952.5	154159
私营企业	351462.6	290196	61266.6	70918.4
私营独资企业	14148.6	10699	3449.6	4508
私营合伙企业	182.6	697.1	−514.5	50
私营有限责任公司	324461.2	269655.4	54805.8	64441
私营股份有限公司	12670.2	9144.5	3525.7	1919.4
其他	39992.8	42343.4	−2350.6	2903.5
港、澳、台商投资企业	33026.2	33686.8	−660.6	11476.4
与港澳台商合资经营企业	2378.8	2680.4	−301.6	603.4
与港澳台商合作经营企业	4975	6233.3	−1258.3	3512.5
港、澳、台商独资经营企业	25672.4	24773.1	899.3	7360.5
外商投资企业	830451.1	534999.1	295452	227527.3
中外合资经营企业	660177.8	474135.3	186042.5	142344.7
中外合作经营企业	8647.9	14025.5	−5377.6	757.9
外资企业	161625.4	46838.3	114787.1	84424.7
2. 按国民经济行业分组				
综合零售	1157014.7	764726	392288.7	239332.3
百货零售	699588.3	380922.4	318665.9	158148.1
超级市场零售	454620.9	382365.3	72255.6	80933.8
其他综合零售	2805.5	1438.3	1367.2	250.4

表 8—5 续表 2

指　　标	资产总计	负债合计	所有者权益	
				#实收资本
食品、饮料及烟草制品专门零售	69256.7	55304.2	13952.5	8259.4
纺织、服装及日用品专门零售	96056.2	71220	24836.2	30043.7
文化、体育用品及器材专门零售	57116.7	46383.4	10733.3	5877.9
医药及医疗器材专门零售	224575	167870.7	56704.3	36387.7
汽车、摩托车、燃料及零配件专门零售	413848.1	317801.6	96046.5	90008
家用电器及电子产品专门零售	874918.1	471115.1	403803	196356.6
五金、家具及室内装修材料专门零售	33540	24795.2	8744.8	9019.8
无店铺及其他零售	6105.2	3069.5	3035.7	2093.8
3. 按经营方式分组				
独立经营	1448629.7	959279.5	489350.2	330501
连锁经营总店	1258367	794687.8	463679.2	238807.1
连锁经营分店	41441.4	38448.9	2992.5	15406.7
其他	183992.6	129869.5	54123.1	32664.4
4. 按零售业态分组				
百货商店	785544.6	438488.8	347055.8	189177.9
超级市场	485745.4	406491.9	79253.5	87922.4
专业店	1181667.7	710452.1	471215.6	253428.4
专卖店	286870.4	230866.4	56004	53162.8
其他	192602.6	135986.5	56616.1	33687.7
补充资料:				
批发业:其他有限责任公司	1444028.9	1179446.7	264582.2	145403.5
其中:1. 国有控股	885285.2	714081.7	171203.5	90300.2
2. 集体控股	271516.4	242947.9	28568.5	16956.6
股份有限公司	2239786.1	1437507.2	802278.9	400398.3
其中:1. 国有控股	2194146.5	1403573.4	790573.1	393724.8
2. 集体控股	45639.6	33933.8	11705.8	6673.5
零售业:其他有限责任公司	489096.6	363641.2	125455.4	135074.8
其中:1. 国有控股	178738.4	120749.5	57988.9	56649
2. 集体控股	65117.8	31288.1	33829.7	28615.4
股份有限公司	1044287.3	526334.8	517952.5	154159
其中:1. 国有控股	36484.2	29545.3	6938.9	6014.7
2. 集体控股	303404.2	190676.9	112727.3	39431.2

表 8—5　续表 3

指　　标	主营业务收入	主营业务成本	营业费用	管理费用
总　　计	27089807.4	25016085	1023493.9	477532.2
一、批发业	22186117.4	20683390.6	683495.5	322893.8
其中:国有控股	15509224.2	14399776.4	414220	249030.6
1. 按登记注册类型分组				
内资企业	21547624.3	20207799.3	542873.5	313208.8
国有企业	4414372.2	4030272.9	130044.4	102684.4
集体企业	179862.7	170210.7	2419	2778.9
股份合作企业	68838.4	64091.5	1963.2	1055.7
联营企业	11564.2	10790.6	445.8	258.6
国有联营企业	4719.8	4164.8	276.9	240
国有与集体联营企业	6844.4	6625.8	168.9	18.6
有限责任公司	3993860.9	3748336.8	117744.7	75418.2
国有独资公司	438885.9	395838.6	7928.1	15447.3
其他有限责任公司	3554975	3352498.2	109816.6	59970.9
股份有限公司	8763004.9	8187213.5	223676.6	98117.6
私营企业	4090304.3	3973562.6	65183.2	31827.1
私营独资企业	53647.4	51344.8	1375.7	615.7
私营合伙企业	6015.3	5567.6	136.6	155.6
私营有限责任公司	2482776.8	2385543.9	60170.5	26428.7
私营股份有限公司	1547864.8	1531106.3	3500.4	4627.1
其他	25816.7	23320.7	1396.6	1068.3
港、澳、台商投资企业	169571.9	152494.8	6647.4	3401.9
与港澳台商合资经营企业	40992	32768	6581	1212.3
港、澳、台商独资经营企业	128579.9	119726.8	66.4	2189.6
外商投资企业	468921.2	323096.5	133974.6	6283.1
外资企业	458134.5	312759.8	133835.1	6275.1
外商投资股份有限公司	10786.7	10336.7	139.5	8
2. 按国民经济行业分组				
农畜产品批发	122212.7	113765.3	4301.8	3463.7
食品、饮料及烟草制品批发	1447364.1	1262575.6	31049.1	39189.5
纺织、服装及日用品批发	3980877.3	3725604.9	116373.3	92629
文化、体育用品及器材批发	439776.4	388628.9	21653.6	17240.9
医药及医疗器材批发	377150.6	349433.5	11701.8	9581.8
矿产品、建材及化工产品批发	12112119.9	11422339.8	294053	118175.8
机械设备、五金交电及电子产品批发	3638782.2	3355981.8	203418	41052.6
其他批发	67834.2	65060.8	944.9	1560.5

表 8—5　续表 4

指　标	主营业务收入	主营业务成本	营业费用	管理费用
二、零售业	4903690	4332694.4	339998.4	154638.4
其中:国有控股	641774.2	578492.9	33041.9	29845.1
1. 按登记注册类型分类				
内资企业	3417512.6	3010944	177729.7	116543.6
国有企业	139038.2	112804.4	9790	11153.1
集体企业	89123.9	81711.1	2923.6	3199.4
股份合作企业	3131.5	3103.8	69.5	58.9
联营企业	15358.6	14728.2	192	536.3
国有联营企业	15358.6	14728.2	192	536.3
有限责任公司	1114928.3	1016017.7	77338.6	35943
国有独资公司	9025.1	8572.6	1398.7	311.8
其他有限责任公司	1105903.2	1007445.1	75939.9	35631.2
股份有限公司	1201930.5	993802	51242.2	40807.1
私营企业	838939.8	777527.1	34421.9	21175.3
私营独资企业	29539.8	27179.5	1375.2	853.3
私营合伙企业	960.7	576.7	620.6	78
私营有限责任公司	790569.8	733846.6	31079.1	19314.9
私营股份有限公司	17869.5	15924.3	1347	929.1
其他	15061.8	11249.7	1751.9	3670.5
港、澳、台商投资企业	61845.2	54749.5	8658	5909.4
与港澳台商合资经营企业	6651.1	5651.2	1135.4	457.5
与港澳台商合作经营企业	22195.5	20228.1		3258.6
港、澳、台商独资经营企业	32998.6	28870.2	7522.6	2193.3
外商投资企业	1424332.2	1267000.9	153610.7	32185.4
中外合资经营企业	1239142.1	1119959.4	135390.8	24125.8
中外合作经营企业	22748.1	18968.8	10638.5	267
外资企业	162442	128072.7	7581.4	7792.6
2. 按国民经济行业分组				
综合零售	1780973.7	1516405.2	187109.5	72659.6
百货零售	725918.4	571027.1	59253.5	47361.9
超级市场零售	1048552.4	938996.3	127856	25242.7

表 8—5　续表 5

指　　标	主营业务收入	主营业务成本	营业费用	管理费用
其他综合零售	6502.9	6381.8		55
食品、饮料及烟草制品专门零售	86488.5	71815.4	14494	4155.7
纺织、服装及日用品专门零售	74216.9	61031.5	6289.7	6902.7
文化、体育用品及器材专门零售	93588.9	72372.6	8374.8	7366.6
医药及医疗器材专门零售	315120.9	293056.6	10014.9	11116
汽车、摩托车、燃料及零配件专门零售	1044435.6	994768.9	21312.1	19038.4
家用电器及电子产品专门零售	1457901	1280354	85270.5	31580.6
五金、家具及室内装修材料专门零售	35931.8	30913.2	5205.9	1038
无店铺及其他零售	15032.7	11977	1927	780.8
3. 按经营方式分组				
独立经营	2353750	2077533.5	125624.8	97943.8
连锁经营总店	2207147.5	1933803.5	183305.4	48176
连锁经营分店	125965.4	117382.4	20139.7	2790.4
其他	216827.1	203975	10928.5	5728.2
4. 按零售业态分组				
百货商店	762170.8	600432.8	58960.7	53590.6
超级市场	1092517	979147.2	132746.2	25913.6
专业店	2069787.3	1836491.1	110709.3	52003.1
专卖店	732619.9	684298.3	33954.1	14539.7
其他	246595	232325	3628.1	8591.4
补充资料：				
批发业：其他有限责任公司	3554975	3352498.2	109816.6	59970.9
其中：1. 国有控股	2019033.1	1902774.7	57907.6	35278.4
2. 集体控股	576006.7	540138	22194.2	8703.5
股份有限公司	8763004.9	8187213.5	223676.6	98117.6
其中：1. 国有控股	8632213.2	8066725.4	218063	95380.5
2. 集体控股	130791.7	120488.1	5613.6	2737.1
零售业：其他有限责任公司	1105903.2	1007445.1	75939.9	35631.2
其中：1. 国有控股	420686	395321.4	16311.8	12915.6
2. 集体控股	95850	83768.7	7044.6	3429
股份有限公司	1201930.5	993802	51242.2	40807.1
其中：1. 国有控股	57666.3	47066.3	5349.4	4928.3
2. 集体控股	321792.9	285355	7102.9	15272.3

表 8—5 续表 6

指　　标	财务费用	营业利润	利润总额	本年应交增值税
总　　计	104287.1	656621.8	692094.4	292021.8
一、批发业	73169.2	475866.4	508785.1	222797.5
其中:国有控股	55526.7	422439.4	456775.7	187053.9
1. 按登记注册类型分组				
内资企业	69993.2	464641.7	497750.4	207746.8
国有企业	18497.8	158622.4	178816.7	29337.2
集体企业	1048.6	5552.4	2194.8	1225.2
股份合作企业	62.3	1784.3	1788.2	
联营企业	－23.9	89.4	97	－4.3
国有联营企业	－34.3	72.7	80.3	－40.6
国有与集体联营企业	10.4	16.7	16.7	36.3
有限责任公司	18896.7	48808.2	67339.5	49452.3
国有独资公司	1826.9	18664	26969.4	16549
其他有限责任公司	17069.8	30144.2	40370.1	32903.3
股份有限公司	23842.1	229743.9	227830	116432
私营企业	7659.6	19945.7	19586.8	11270
私营独资企业	44.6	244.3	154.5	514.8
私营合伙企业		151.1	51	40.2
私营有限责任公司	7527.1	9821.3	9786.2	11250
私营股份有限公司	87.9	9729	9595.1	－535
其他	10	95.4	97.4	34.4
港、澳、台商投资企业	77.8	6996.2	6897	2264.5
与港澳台商合资经营企业	77.8	341.7	242.5	1232.9
港、澳、台商独资经营企业		6654.5	6654.5	1031.6
外商投资企业	3098.2	4228.5	4137.7	12786.2
外资企业	3099.5	3925.3	4137.7	12722.8
外商投资股份有限公司	－1.3	303.2		63.4
2. 按国民经济行业分组				
农畜产品批发	4268.2	－814.3	1465.1	1708.7
食品、饮料及烟草制品批发	3851.2	117650.3	133974.9	34884.1
纺织、服装及日用品批发	18543.8	50217.1	69642.3	46641.8
文化、体育用品及器材批发	593.6	11705	11607.2	29620.9
医药及医疗器材批发	1406.1	4956.5	5111.5	3292.1
矿产品、建材及化工产品批发	34878.2	255138.6	250108.6	70985.7
机械设备、五金交电及电子产品批发	9498.6	36715.2	36713.3	35595.1
其他批发	129.5	298	162.2	69.1

表 8—5　续表 7

指　　标	财务费用	营业利润	利润总额	本年应交增值税
二、零售业	31117.9	180755.4	183309.3	69224.3
其中：国有控股	8864.1	773.7	－1.1	10890.3
1. 按登记注册类型分类				
内资企业	28525.2	143519.4	147934.1	46081.8
国有企业	3397.1	3204.6	3065.4	2526.6
集体企业	619.3	480.4	179.3	1108.9
股份合作企业	0.5	0.6	0.4	18.4
联营企业	23.1	－102.8	－114.4	－555.5
国有联营企业	23.1	－102.8	－114.4	－555.5
有限责任公司	9082.4	－832.5	10574.3	18177.4
国有独资公司	13.5	－526.2	－1660.6	147.9
其他有限责任公司	9068.9	－306.3	12234.9	18029.5
股份有限公司	9383.8	133895.4	131838.2	16430.5
私营企业	5995.7	7935.3	3465	7927.1
私营独资企业	177.1	－52	－93.3	318.8
私营合伙企业	4.9	－332	－354.6	113.5
私营有限责任公司	5554.4	8355.4	3931.1	7267.1
私营股份有限公司	259.3	－36.1	－18.2	227.7
其他	23.3	－1061.6	－1074.1	448.4
港、澳、台商投资企业	530.9	－2199.6	－5141.2	662
与港澳台商合资经营企业	8.8	33.8	27.8	195.3
与港澳台商合作经营企业	96.4	837.7	－2090.7	274.2
港、澳、台商独资经营企业	425.7	－3071.1	－3078.3	192.5
外商投资企业	2061.8	39435.6	40516.4	22480.5
中外合资经营企业	1786.3	15300.2	16491.6	16402.4
中外合作经营企业	55.1	－1721	－1720.6	668.5
外资企业	220.4	25856.4	25745.4	5409.6
2. 按国民经济行业分组				
综合零售	10101.7	64538.1	61958.1	45932.5
百货零售	8656.9	55366	54676	19858.8
超级市场零售	1386.8	9162.1	7272.1	26075.7
其他综合零售	58	10	10	－2

表 8—5 续表 8

指　　标	财务费用	营业利润	利润总额	本年应交增值税
食品、饮料及烟草制品专门零售	1228.8	1707.1	1341.9	2123.9
纺织、服装及日用品专门零售	288.1	672.2	667	2518
文化、体育用品及器材专门零售	2764.8	2883.3	2328.9	2326
医药及医疗器材专门零售	2652.1	－681.1	－505.6	3126.3
汽车、摩托车、燃料及零配件专门零售	7680.4	8480.6	3183.6	3740.6
家用电器及电子产品专门零售	5976.3	102987	113156.7	8845.9
五金、家具及室内装修材料专门零售	415.2	－312.7	713.9	475.4
无店铺及其他零售	10.5	480.9	464.8	135.7
3. 按经营方式分组				
独立经营	18189	69251.9	61105.2	40931.8
连锁经营总店	7636.8	119300.2	118581.6	26099.6
连锁经营分店	2772.4	－7457.1	2781.2	349
其他	2519.7	－339.6	841.3	1843.9
4. 按零售业态分组				
百货商店	8645.9	57119.5	56477.1	21385.9
超级市场	2033.5	7820	6886.7	26167.2
专业店	10808.9	110943.3	110288.7	14779.2
专卖店	7140.5	4040.4	8775	5110.9
其他	2489.1	832.2	881.8	1781.1
补充资料：				
批发业：其他有限责任公司	17069.8	30144.2	40370.1	32903.3
其中：1. 国有控股	11869.8	17018.1	25666.8	24466.5
2. 集体控股	2390.6	4072.6	5065.9	4249.9
股份有限公司	23842.1	229743.9	227830	116432
其中：1. 国有控股	23366.5	228062.2	225242.5	116741.8
2. 集体控股	475.6	1681.7	2587.5	－309.8
零售业：其他有限责任公司	9068.9	－306.3	12234.9	18029.5
其中：1. 国有控股	4372.8	－2453.6	－2132.9	7290.2
2. 集体控股	351.8	3719.4	3835.5	2016.4
股份有限公司	9383.8	133895.4	131838.2	16430.5
其中：1. 国有控股	1057.6	651.7	841.4	1481.1
2. 集体控股	4321.9	9683	8569.7	5508.5

表8—6 限额以上住宿和餐饮业经营情况（2006年）

计量单位：万元

指　标	营业额	#客房收入	#餐费收入	#商品销售收入
总　计	607278.7	129465.6	419552.3	30808.7
一、住宿业	286424.8	117691.5	123522.9	23646.9
其中：国有控股	179566.5	66069.8	76592.6	22381.3
1. 按登记注册类型分组				
内资企业	246024	97225.6	106940.5	23553
国有企业	64294.2	26381.2	31302.8	1965.1
集体企业	5317.7	2860.4	2102.7	85.7
股份合作企业	857.2	481.5	284.9	19.9
联营企业	7152.7	2976.3	3302.4	247.8
国有联营企业	7152.7	2976.3	3302.4	247.8
有限责任公司	112867	45585.6	53290.3	3536.5
国有独资公司	14106.8	5850.6	5608.4	738.8
其他有限责任公司	98760.2	39735	47681.9	2797.7
股份有限公司	38481.6	9806.9	10097.6	17452.7
私营企业	15698	8292.6	6101.9	192.5
私营独资企业	957.3	567.3	243.8	3
私营有限责任公司	12825.4	7158.8	4924.5	169.4
私营股份有限公司	1915.3	566.5	933.6	20.1
其他	1355.6	841.1	457.9	52.8
港、澳、台商投资企业	16794	9723.4	4641.8	
与港澳台商合资经营企业	11147.9	5661.6	3635	
港、澳、台商独资经营企业	5646.1	4061.8	1006.8	
外商投资企业	23606.8	10742.5	11940.6	93.9
中外合资经营企业	8553	3675.1	4649.4	
中外合作经营企业	6496.8	3238.4	2939.9	29.4
外资企业	436.4	429.5	5.1	1.8
外商投资股份有限公司	8120.6	3399.5	4346.2	62.7
2. 按国民经济行业分组				
旅游饭店	270883.2	109181	117556.9	23365.1
一般旅馆	14002.7	7523.5	5484	236.5
其他住宿服务	1538.9	987	482	45.3
3. 按星级登记分组				
五星	96292.3	36760.2	35620.7	18596.2
四星	75098	30614.5	34425.4	2619.1
三星	83889.1	33826.4	42042.6	1892.1
二星	13619.9	7739	4158.9	311.6
一星				
其他	17525.5	8751.4	7275.3	227.9

表 8—6 续表

指 标	营业额	#客房收入	#餐费收入	#商品销售收入
二、餐饮业	320853.9	11774.1	296029.4	7161.8
其中:国有控股	12448.4	2716.5	9177.9	167
1. 按登记注册类型分组				
内资企业	246288.3	11774.1	222134.3	6602.4
国有企业	7592.2	1849.8	5647.4	77.8
集体企业	4842.3	620.2	4170.2	19.9
股份合作企业	2354.9	48.3	2306.6	
联营企业	238.3		238.3	
国有与集体联营企业	238.3		238.3	
有限责任公司	57920.2	5890.4	45709.6	4109.1
国有独资公司	3606.2	498.3	2716.3	89.2
其他有限责任公司	54314	5392.1	42993.3	4019.9
私营企业	165408.2	3365.4	156412.6	2113
私营独资企业	9141.7	368.6	8673.4	58.6
私营合伙企业	927.4	137.5	781.4	8.5
私营有限责任公司	147084.4	2604.2	139529.6	1975.5
私营股份有限公司	8254.7	255.1	7428.2	70.4
其他	7932.2		7649.6	282.6
港、澳、台商投资企业	11626.1		10955.6	559.4
与港澳台商合资经营企业	2958.5		2955.5	
与港澳台商合作经营企业	1139.9		828.9	202.9
港、澳、台商独资经营企业	7527.7		7171.2	356.5
外商投资企业	62939.5		62939.5	
外资企业	62939.5		62939.5	
2. 按国民经济行业分组				
正餐服务	242892.4	11774.1	218213	7079.7
快餐服务	76697.1		76552	82.1
饮料及冷饮服务	1022.9		1022.9	
其他餐饮服务	241.5		241.5	
3. 按经营方式分组				
独立经营	234550.4	11605.9	210418.3	7091.4
连锁经营总店	73188		73188	
连锁经营分店	1803.1		1737.9	
其他	11312.4	168.2	10685.2	70.4
补充资料				
餐费和商品销售收入中:食品类（万元）	325787.9			
饮料烟酒类(万元)	90796.1			

表8—7　限额以上住宿和餐饮业法人企业主要财务状况（2006年）

计量单位：万元

指　　标	资产总计	负债合计	所有者权益	
				#实收资本
总　　计	975223.4	714921.1	260302.3	368995.5
一、住宿业	723572.4	510153.4	213419	290977.2
其中：国有控股	390506.4	190563.8	199942.6	166257.6
1. 按登记注册类型分组				
内资企业	542526.4	311217.4	231309	205786.1
国有企业	161436.7	89056.1	72380.6	78874.7
集体企业	20555	13213.9	7341.1	5490.8
股份合作企业	336.6	693.2	－356.6	483
联营企业	13384	4383.9	9000.1	8300.5
国有联营企业	13384	4383.9	9000.1	8300.5
有限责任公司	254338.2	158297.7	96040.5	83168
国有独资公司	28812.7	11382.6	17430.1	11452
其他有限责任公司	225525.5	146915.1	78610.4	71716
股份有限公司	54040	15639.4	38400.6	19000
私营企业	37043.2	28376.8	8666.4	10269.1
私营独资企业	3135	2393.2	741.8	954
私营有限责任公司	26791.9	22353.3	4438.6	8155.1
私营股份有限公司	7116.3	3630.3	3486	1160
其他	1392.7	1556.4	－163.7	200
港、澳、台商投资企业	86438	125340	－38902	31009
与港澳台商合资经营企业	67806.8	110845.8	－43039	26876.9
港、澳、台商独资经营企业	18631.2	14494.2	4137	4132.1
外商投资企业	94608	73596	21012	54182.1
中外合资经营企业	40296.6	37739.2	2557.4	22066.4
中外合作经营企业	21504.9	13904.6	7600.3	21340.3
外资企业	1528.9	567.2	961.7	992.4
外商投资股份有限公司	31277.6	21385	9892.6	9783
2. 按国民经济行业分组				
旅游饭店	681926.2	488577.5	193348.7	279960.4
一般旅馆	39281.3	20286	18995.3	9793.8
其他住宿服务	2364.9	1289.9	1075	1223
3. 按星级等级分组				
五星	270589.8	241689.5	28900.3	117180.3
四星	212813.4	119300.6	93512.8	86950.8
三星	175168.3	122812.5	52355.8	57439.4
二星	24157.6	11415.7	12741.9	11862.2
一星				
其他	40843.3	14935.1	25908.2	17544.5

表 8—7 续表 1

指 标	资产总计	负债合计	所有者权益	#实收资本
二、餐饮业	251651	204767.7	46883.3	78018.3
其中:国有控股	9900.4	7260.5	2639.9	2772.5
1. 按登记注册类型分组				
内资企业	190492.9	161609.5	28883.4	46514.3
国有企业	6725.3	4533.8	2191.5	1549.4
集体企业	5163.3	1284.6	3878.7	1522.4
股份合作企业	1254.2	1158.4	95.8	363
联营企业	511.3	371.3	140	30
国有与集体联营企业	511.3	371.3	140	30
有限责任公司	52283.5	46287.7	5995.8	10670.5
国有独资公司	1859.2	1435.2	424	1223
其他有限责任公司	50424.3	44852.5	5571.8	9447.5
私营企业	121906.8	105556.2	16350.6	32032.9
私营独资企业	4369.6	1690.8	2678.8	2471.8
私营合伙企业	496	333.2	162.8	701
私营有限责任公司	98061.7	88567.7	9494	20752.1
私营股份有限公司	18979.5	14964.5	4015	8108
其他	2648.5	2417.5	231	346.1
港、澳、台商投资企业	11845.4	3673.7	8171.7	13042.5
与港澳台商合资经营企业	1054.9	1031.9	23	546.1
与港澳台商合作经营企业	5959.5	515.9	5443.6	8318.2
港、澳、台商独资经营企业	4831	2125.9	2705.1	4178.2
外商投资企业	49312.7	39484.5	9828.2	18461.5
外资企业	49312.7	39484.5	9828.2	18461.5
2. 按国民经济行业分组				
正餐服务	198915.7	166013.2	32902.5	58444.6
快餐服务	52211.7	38694.4	13517.3	19462.7
饮料及冷饮服务	456.8	56.9	399.9	60
其他餐饮服务	66.8	3.2	63.6	51
3. 按经营方式				
独立经营	193816.1	158101	35715.1	58237.5
连锁经营总店	49864	37335.8	12528.2	18309.7
连锁经营分店	859.2	585.6	273.6	200
其他	7111.7	8745.3	-1633.6	1271.1

表 8—7 续表 2

指 标	主营业务收入	主营业务成本	营业费用
总 计	646683.5	270246.9	205666.2
一、住宿业	282525.7	94961.6	80029.4
其中:国有控股	177779	66731.4	45430.8
1. 按登记注册类型分组			
内资企业	242323.4	88630.7	68169.8
国有企业	62792.5	20807.8	22719
集体企业	5163.2	1783.5	1887.5
股份合作企业	786.4	407.9	560.4
联营企业	7149.1	2108.2	1695.5
国有联营企业	7149.1	2108.2	1695.5
有限责任公司	111446.6	37215.6	31069.9
国有独资公司	14106.8	4071.2	4002.8
其他有限责任公司	97339.8	33144.4	27067.1
股份有限公司	38481.6	20029.2	4915.5
私营企业	15148.4	5772.6	4858.4
私营独资企业	957.3	441.4	89.4
私营有限责任公司	12290.2	4143.3	4739.2
私营股份有限公司	1900.9	1187.9	29.8
其他	1355.6	505.9	463.6
港、澳、台商投资企业	16794	1794.7	4087.8
与港澳台商合资经营企业	11147.9	1270.3	3075.7
港、澳、台商独资经营企业	5646.1	524.4	1012.1
外商投资企业	23408.3	4536.2	7771.8
中外合资经营企业	8553	1426.7	4472.3
中外合作经营企业	6298.3	1170.4	1566.4
外资企业	436.4	91.8	254.5
外商投资股份有限公司	8120.6	1847.3	1478.6
2. 按国民经济行业分组			
旅游饭店	267305.1	89306.5	73063.3
一般旅馆	13681.7	5235	6284.4
其他住宿服务	1538.9	420.1	681.7
3. 按星级等级分组			
五星	96093.8	31450.2	23759.5
四星	74642.5	25262.5	16681.2
三星	81448	28703	27265.6
二星	12903.2	4796.6	5429.8
一星			
其他	17438.2	4749.3	6893.3

表 8—7　续表 3

指　　标	主营业务收入	主营业务成本	营业费用
二、餐饮业	364157.8	175285.3	125636.8
其中:国有控股	12115.2	5323.1	3976.5
1. 按登记注册类型分组			
内资企业	245196.7	132383.3	77441.4
国有企业	7388.6	3277.9	2116.6
集体企业	4688.7	1860.9	1310.8
股份合作企业	2354.9	1463.6	842.9
联营企业	238.3	161.3	263.1
国有与集体联营企业	238.3	161.3	263.1
有限责任公司	57620.6	28048	21734.3
国有独资公司	3476.6	1699.2	1551.4
其他有限责任公司	54144	26348.8	20182.9
私营企业	164973.4	92962	48774.2
私营独资企业	9141.5	5717.8	1964.8
私营合伙企业	927.4	510.6	215.9
私营有限责任公司	146649.8	81599.6	44096.4
私营股份有限公司	8254.7	5134	2497.1
其他	7932.2	4609.6	2399.5
港、澳、台商投资企业	11515	5262.2	4299.4
与港澳台商合资经营企业	2955.5	1495	1073
与港澳台商合作经营企业	1031.8	274.2	427.9
港、澳、台商独资经营企业	7527.7	3493	2798.5
外商投资企业	107446.1	37639.8	43896
外资企业	107446.1	37639.8	43896
2. 按国民经济行业分组			
正餐服务	241689.7	131199.7	75716.7
快餐服务	121203.7	43760.6	49377
饮料及冷饮服务	1022.9	231.5	432.6
其他餐饮服务	241.5	93.5	110.5
3. 按经营方式			
独立经营	233407.9	124041.5	74301.9
连锁经营总店	117694.6	42902.5	47429.8
连锁经营分店	1742.9	1148.6	457.7
其他	11312.4	7192.7	3447.4

表 8—7　续表 4

指　　标	财务费用	营业利润	利润总额
总　　计	16147.4	−1572.6	−3731.4
一、住宿业	12183.9	−7548.7	−7687.1
其中:国有控股	3433.9	2899.6	2604.6
1. 按登记注册类型分组			
内资企业	5712.5	591	415.4
国有企业	1627.9	−4550.3	−5479.2
集体企业	80.5	−22.2	−93
股份合作企业	22.4	−151.1	−147.7
联营企业	72.1	780.5	129.8
国有联营企业	72.1	780.5	129.8
有限责任公司	3090.4	391.6	667
国有独资公司	273.1	279.7	327.1
其他有限责任公司	2817.3	111.9	339.9
股份有限公司	137.2	5550.4	6437.5
私营企业	675.8	−1313.8	−1004.9
私营独资企业	76.3	−103.7	−103.7
私营有限责任公司	469.4	−1377	−1068.1
私营股份有限公司	130.1	166.9	166.9
其他	6.2	−94.1	−94.1
港、澳、台商投资企业	4023.4	−3802	−4324.5
与港澳台商合资经营企业	3790	−3734.4	−4313.9
港、澳、台商独资经营企业	233.4	−67.6	−10.6
外商投资企业	2448	−4337.7	−3778
中外合资经营企业	1169.3	−4101	−4184.9
中外合作经营企业	620	−385.4	247.6
外资企业	0.8	−17.9	−18
外商投资股份有限公司	657.9	166.6	177.3
2. 按国民经济行业分组			
旅游饭店	12002	−6869.6	−6779.2
一般旅馆	183	−212	−781.5
其他住宿服务	−1.1	−467.1	−126.4
3. 按星级等级分组			
五星	7585.7	−1893.1	−896.3
四星	2058.2	−226.9	−236
三星	2410.9	−4103.8	−4596.7
二星	82.8	−444.6	−383.3
一星			
其他	46.3	−880.3	−1574.8

表8—7　续表5

指　　标	财务费用	营业利润	利润总额
二、餐饮业	3963.5	5976.1	3955.7
其中:国有控股	32.5	-226	-106.7
1. 按登记注册类型分组			
内资企业	2849.8	-4120.8	-4142.3
国有企业	24.7	177.5	183
集体企业	144.7	702.2	701.5
股份合作企业	8.3	-105.8	-105.8
联营企业	0.8		-34.4
国有与集体联营企业	0.8		-34.4
有限责任公司	453.1	-2689.4	-2730
国有独资公司	3.5	-427.9	-314.1
其他有限责任公司	449.6	-2261.5	-2415.9
私营企业	2166.9	-2323.8	-2092.2
私营独资企业	25.9	261.6	383.1
私营合伙企业	15	95.7	95.7
私营有限责任公司	1578.1	-1704.9	-1996.7
私营股份有限公司	547.9	-976.2	-574.3
其他	51.3	118.5	-64.4
港、澳、台商投资企业	51.8	-421.8	-442.4
与港澳台商合资经营企业	11.5	-19.3	-26.9
与港澳台商合作经营企业	2.8	-546.5	-554.1
港、澳、台商独资经营企业	37.5	144	138.6
外商投资企业	1061.9	10518.7	8540.4
外资企业	1061.9	10518.7	8540.4
2. 按国民经济行业分组			
正餐服务	2906.7	-5579.3	-5599.7
快餐服务	1054.9	11369.9	9377.9
饮料及冷饮服务	1.8	161.6	161.6
其他餐饮服务	0.1	23.9	15.9
3. 按经营方式			
独立经营	2870.3	-4694.2	-5051.4
连锁经营总店	1055.7	11223.6	9305.3
连锁经营分店	0.2	35.1	70.2
其他	37.3	-588.4	-368.4

表 8—8　亿元以上商品交易市场基本情况（2006 年）

指　　标	市场个数（个）	年末摊位总量（个）	年末已出租摊位数（个）	#出租给个体
合　　计	58	34437	31378	29887
一、按经营环境分				
（一）露天式	1	138	132	132
（二）封闭式	49	30533	27610	26130
（三）其他	8	3766	3636	3625
二、按经营方式分				
（一）批发	23	14386	11833	11110
（二）零售	35	20051	19545	18777
三、按市场类别分				
（一）综合市场	21	14780	13904	13559
工业品综合市场	3	4509	4051	4011
农产品综合市场	18	10271	9853	9548
（二）专业市场	36	19497	17328	16182
纺织品服装鞋帽市场	3	4640	4542	4541
食品饮料烟酒市场				
药材药品及医疗器械市场				
家具市场	1	165	160	155
小商品市场	1	823	823	823
文化、音像、书报杂志市场	1	88	88	
旧货市场				
机动车市场				
金属材料市场	3	1121	1085	704
煤炭市场				
木材市场	1	138	132	132
建材装饰材料市场	10	8220	6391	6017
粮油市场	2	150	125	108
干鲜果品市场	2	190	190	190
水产品市场	2	485	347	347
蔬菜市场	3	561	561	561
肉食禽蛋市场	2	221	221	204
土畜产品市场				
农业生产资料市场				
计算机市场	3	656	654	391
通讯器材市场				
花卉市场				
五金电料市场	2	2039	2009	2009
（三）其他市场	1	160	146	146

表 8—8 续表 1

指 标	本年商品成交额（万元）	# 商品零售额（万元）	营业面积（平方米）
合 计	6842118.2	2207965.2	1842356
一、按经营环境分			
（一）露天式	47566.9		8800
（二）封闭式	6446527.2	2021031.9	1735070
（三）其他	348024.1	186933.3	98486
二、按经营方式分			
（一）批发	5260426	954245.3	1023862
（二）零售	1581692.2	1253719.9	818494
三、按市场类别分			
（一）综合市场	1198311.7	789806.8	310385
工业品综合市场	645320.5	392023.4	162409
农产品综合市场	552991.2	397783.4	147976
（二）专业市场	5633157.6	1407509.5	1524971
纺织品服装鞋帽市场	522900	486288.8	90401
食品饮料烟酒市场			
药材药品及医疗器械市场			
家具市场	10200	10200	31000
小商品市场	68780	68780	18500
文化、音像、书报杂志市场	29500	8850	5000
旧货市场			
机动车市场			
金属材料市场	2648500		27700
煤炭市场			
木材市场	47566.9		8800
建材装饰材料市场	967035.5	475166.7	991980
粮油市场	179115	22550	18200
干鲜果品市场	138028.2	1183	75029
水产品市场	233237.2	51030.2	80000
蔬菜市场	333196.3	35081.3	59286
肉食禽蛋市场	44195	2500	7400
土畜产品市场			
农业生产资料市场			
计算机市场	282829	138280	31756
通讯器材市场			
花卉市场			
五金电料市场	128074.5	107599.5	79919
（三）其他市场	10648.9	10648.9	7000

表 8—8 续表 2

指 标	年末已出租摊位数（个）	#出租给个体（个）	本年商品成交额(万元)	#消费品零售额
合 计	31378	29887	6842118.2	2207965.2
1. 食品、饮料、烟酒类	11110	10769	1482137.8	517454.8
(1) 食品类	10578	10265	1445300.2	484113.8
其中:粮油类	457	440	222204.6	57912.2
肉禽蛋类	2164	1995	236365.5	136952.3
水产品类	1732	1682	376838.5	135030.3
蔬菜类	4923	4748	449522.3	104612.1
干鲜果类	1060	1059	155155.4	28817
(2) 饮料类	289	276	12860.7	11335.3
(3) 烟酒类	243	228	23976.9	22005.7
2. 服装、鞋帽、针纺织品类	6022	6015	502084.8	430202.3
(1) 服装类	4053	4049	321878.5	269193.4
(2) 鞋帽类	1042	1040	84261.6	77131.9
(3) 针、纺织品类	927	926	95944.7	83877
3. 化妆品类	128	128	7422.2	7299.6
4. 金银珠宝类				
5. 日用品类	2298	2286	344659.4	173001.7
其中:洗涤用品类	387	387	25552.9	21874.1
儿童玩具类	100	100	12474.3	10129.4
6. 五金、电料类	1634	1628	228124.1	171402.1
7. 体育、娱乐用品类	80	80	6980.1	6977.7
8. 书报杂志类	11	11	560	560
9. 电子出版物和音像制品类	121	33	33429.7	12760.7
10. 家用电器和音像器材类	321	317	27564.3	20889.4
11. 中西药品类	1	1	266	266
其中:西 药	1	1	266	266
中草药及中成药				
12. 文化办公用品类	757	494	293465.2	148846.6
13. 家俱类	792	787	92664.7	83546.7
14. 通讯器材类	5	5	357.4	357.4
15. 煤炭及制品类				
16. 木材及制品类	775	772	190915.3	64199.6
17. 石油及制品类				
18. 化工材料及制品类	35	27	4226.4	3383.4
其中:化肥类				
19. 金属材料类	1104	718	2658188	7522
20. 建筑及装潢材料类	5615	5331	921040.8	511279.2
21. 机电产品及设备类	184	100	10461.3	10461.3
其中:农机类				
22. 汽车类				
23. 种子饲料类	1	1	7.2	7.2
24. 棉麻类				
25. 其他类	384	384	37563.5	37547.5

表 8—9 批发和零售业、住宿和餐饮业连锁总店经营情况（2006 年）

计量单位:万元

指　　标	连锁总店（个）	连锁门店（个）	# 直营店	# 加盟店	#省外门店
总　　计	37	7170	4560	2610	1064
一、批发和零售业	29	6989	4382	2607	1033
其中:外商及港、澳台投资	4	1526	517	1009	228
按零售业态分					
1. 百货商店	1	8	8		2
2. 超级市场	7	1652	643	1009	226
3. 专业店	13	2568	1036	1532	741
其中:加油站	2	2434	2434		
4. 专卖店	3	230	164	66	64
5. 便利店	1	12	12		
6. 仓储会员店					
7. 家居建材店	1	3	3		
8. 其他	1	82	82		
二、餐饮业	8	181	178	3	31
其中:外商及港、澳台投资	2	133	133		31
按行业分					
正餐	3	12	12		
快餐	5	169	166	3	31
其他					
其中:茶馆					
咖啡店					
酒吧					

表8—9 续表1

指 标	商品购进总额	#接受统一配送商品金额	接受自有配送中心商品金额	接受非自有配送中心商品金额
总 计	18592410.7	17169272.1	11075150.1	6094122
一、批发和零售业	18552083.8	17131202.3	11048831.7	6082370.6
其中:外商及港、澳台投资	2115102.1	1206853.8	881229.6	325624.2
按零售业态分				
1. 百货商店	288670.6	288670.6		288670.6
2. 超级市场	1858683.9	929024.3	885938.8	43085.5
3. 专业店	9095362.1	8604140.2	8221565.7	382574.5
其中:加油站	6392479.1	6392479.1	1025006.2	5367472.9
4. 专卖店	51941.2	51941.2	51941.2	
5. 便利店	2071.9	2071.9	1504.8	567.1
6. 仓储会员店				
7. 家居建材店	31255.4	31255.4	31255.4	
8. 其他	831619.6	831619.6	831619.6	
二、餐饮业	40326.9	38069.8	26318.4	11751.4
其中:外商及港、澳台投资	34588.7	34588.7	23393.3	11195.4
按行业分				
正餐	1410	1040	1038	2
快餐	38916.9	37029.8	25280.4	11749.4
其他				
其中:茶馆				
咖啡店				
酒吧				

表 8—9　续表 2

指　　标	商品销售总额	#商品零售额	营业额	# 餐费收入
总　　计	20055822.8	12028421.1	118683.1	118683.1
一、批发和零售业	20055822.8	12028421.1		
其中:外商及港、澳台投资	2631740.2	2375191.6		
按零售业态分				
1. 百货商店	355600.4	355600.4		
2. 超级市场	2313355.9	2055194.3		
3. 专业店	9606400.5	6052637.6		
其中:加油站	6869412.7	3117841.8		
4. 专卖店	72977.2	32932.6		
5. 便利店	2346	2227.3		
6. 仓储会员店				
7. 家居建材店	34552	34552		
8. 其他	801178.1	377435.1		
二、餐饮业			118683.1	118683.1
其中:外商及港、澳台投资			105803.6	105803.6
按行业分				
正餐			3767.1	3767.1
快餐			114916	114916
其他				
其中:茶馆				
咖啡店				
酒吧				

表 8—9　续表 3

指　　标	零售或餐饮营业面积（平方米）	餐位数（位）	从业人员（人）
总　　计	6832379	26719	206912
一、批发和零售业	6760579		196471
其中：外商及港、澳台投资	1694085		53824
按零售业态分			
1. 百货商店	156675		2606
2. 超级市场	1571908		53077
3. 专业店	2171448		108810
其中：加油站	2495899		23576
4. 专卖店	10300		1444
5. 便利店	2476		41
6. 仓储会员店			
7. 家居建材店	15000		440
8. 其他	336873		6477
二、餐饮业	71800	26719	10441
其中：外商及港、澳台投资	53562	20819	9329
按行业分			
正餐	8350	2300	310
快餐	63450	24419	10131
其他			
其中：茶馆			
咖啡店			
酒吧			

表8—9 续表4

指标	利润总额	资产总计	负债总计
总计	409943.8	3502401.1	2165828.3
一、批发和零售业	400797.2	3452531.6	2128481.4
其中:外商及港、澳台投资	42576.1	578043.3	356652.3
按零售业态分			
1. 百货商店	25935.1	216362.7	72711
2. 超级市场	10391.2	313693.1	254241.6
3. 专业店	140199	1515074.7	1042711.7
其中:加油站	196876	891460.8	442373.4
4. 专卖店	1572.7	22386.5	14993
5. 便利店	0.8	1839.1	1633.7
6. 仓储会员店			
7. 家居建材店	1617.6	60504.6	57439.4
8. 其他	24204.8	431210.1	242377.6
二、餐饮业	9146.6	49869.5	37346.9
其中:外商及港、澳台投资	8870.6	46630.4	35391
按行业分			
正餐	37.2	828.8	371.3
快餐	9109.4	49040.7	36975.6
其中:茶馆			
咖啡店			
酒吧			

表 8—9　续表 5

指　标	自有配送中心情况		
	个数(个)	面积(平方米)	运输车辆(辆)
总　计	300	1227246	878
一、批发和零售业	293	1216713	855
其中:外商及港、澳台投资	3	190400	110
按零售业态分			
1. 百货商店			
2. 超级市场	7	209089	128
3. 专业店	277	900783	661
其中:加油站	1	25	
4. 专卖店	5	6200	43
5. 便利店	1	216	1
6. 仓储会员店			
7. 家居建材店	1	400	10
8. 其他	1	100000	12
二、餐饮业	7	10533	23
其中:外商及港、澳台投资	1	6313	12
按行业分			
正餐	3	420	3
快餐	4	10113	20
其他			
其中:茶馆			
咖啡店			
酒吧			

表 8—10 批发和零售业、住宿和餐饮业连锁分店经营情况（2006 年）

计量单位:万元

指　　标	连锁门店数（个）	#直营店	#加盟店	商品购进总额	#接受总部统一配送商品金额
总　　计	11	9	2	180506.9	180506.9
一、批发和零售业	7	5	2	179373	179373
其中:外商及港、澳台投资	3	3		75181.8	75181.8
按零售业态分					
1. 百货商店	1	1		22479.9	22479.9
2. 超级市场	6	4	2	156893.1	156893.1
3. 专业店					
其中:加油站					
4. 专卖店					
5. 便利店					
6. 仓储会员店					
7. 家居建材店					
8. 其他					
二、住宿业					
三、餐饮业	4	4		1133.9	1133.9
其中:外商及港、澳台投资	4	4		1133.9	1133.9
按行业分					
正餐	1	1		141.3	141.3
快餐	2	2		809	809
其他	1	1		183.6	183.6
其中:茶馆	1	1		183.6	183.6
咖啡店					
酒吧					

表 8—10　续表 1

指　　标	商品销售总额	#商品零售额	营业额	#餐费收入	#商品销售收入
总　　计	196663.4	196663.4	3743.9	3668.5	75.4
一、批发和零售业	196663.4	196663.4			
其中:外商及港、澳台投资	81648	81648			
按零售业态分					
1. 百货商店	29897.7	29897.7			
2. 超级市场	166765.7	166765.7			
3. 专业店					
其中:加油站					
4. 专卖店					
5. 便利店					
6. 仓储会员店					
7. 家居建材店					
8. 其他					
二、住宿业					
三、餐饮业			3743.9	3668.5	75.4
其中:外商及港、澳台投资			3743.9	3668.5	75.4
按行业分					
正餐			290.4	290.4	
快餐			2864.9	2864.9	
其他			588.6	513.2	75.4
其中:茶馆			588.6	513.2	75.4
咖啡店					
酒吧					

表8—10 续表2

指 标	零售或餐饮营业面积(平方米)	餐位数(位)	从业人员(人)	总部全部商品销售总额(营业额)
总 计	101495	698	2996	1337104.2
一、批发和零售业	99743		2720	1330253
其中:外商及港、澳台投资	32043		888	1002586.7
按零售业态分				
1. 百货商店	15000		487	92435.3
2. 超级市场	84743		2233	1237817.7
3. 专业店				
其中:加油站				
4. 专卖店				
5. 便利店				
6. 仓储会员店				
7. 家居建材店				
8. 其他				
二、住宿业				
三、餐饮业	1752	698	276	6851.2
其中:外商及港、澳台投资	1752	698	276	6851.2
按行业分				
正餐	320	120	26	
快餐	983	402	185	
其他	449	176	65	6851.2
其中:茶馆	449	176	65	6851.2
咖啡店				
酒吧				

表8—11 主要年份社会消费品零售总额

计量单位：亿元

年份	社会消费品零售总额	批发和零售业	住宿和餐饮业	其他行业
1949	0.77			
1952	2.49			
1957	4.33			
1962	5.22			
1965	5.28			
1970	6.13			
1975	8.26			
1978	10.69			
1980	15.84			
1985	34.84			
1990	72.79			
1992	107.99			
1993	147.17			
1994	205.33			
1995	261.72			
1996	325.32			
1997	376.07			
1998	416.69	371.02		
1999	459.32	408.27		
2000	509.39	453.35		
2001	565.42	502.10		
2002	637.23	556.52		
2003	728.99	633.86		
2004	863.85	764.02	89.07	10.76
2005	1005.00	884.52	108.19	12.29
2006	1166.85	1026.64	126.28	13.93

注：国家统计局规定消费品零售总额数据按第一次全国经济普查口径调整到1992年。

主要统计指标解释

社会消费品零售总额 指各种经济类型的批发零售贸易业、餐饮业和其他行业对城乡居民和社会集团的消费品零售额总和。这个指标反映通过各种商品流通渠道向居民和社会集团供应的生活消费品来满足他们的生活需要，是研究人民生活、社会消费品购买力、货币流通等问题的重要指标。对居民的消费品零售额：指售给城乡居民用于生活消费的商品。对社会集团的消费品零售额：指售给机关、团体、部队、学校、企业、事业单位和城市街道居民委员会、农村村民委员会用公款购买的用作非生产、非经营使用的消费品。

批发和零售业、住宿和餐饮业（单位）统计限额以上标准 ① 批发业（包括外贸企业）同时具备以下两个条件：一是年商品销售总额在2000万元及以上，二是年末从业人员在20人及以上。② 零售业同时具备以下两条件：一是年商品销售总额在500万元及以上，二是年末从业人员在60人及以上。③ 住宿业是一星级及以上或为旅游饭店。④ 餐饮业同时具备以下两个条件：一是年营业总收入在200万元及以上，二是年末从业人员在40人及以上。

社会消费品零售额包括：（1）售给城乡居民作为生活用的商品及修建房屋用的建筑材料；（2）售给机关、团体、学校、部队、企业、事业单位的职工食堂和旅店（招待所）附设专门供本店旅客食用，不对外营业的食堂的各种食品、燃料；企业、单位和国营农场直接售给本单位职工和职工食堂的自己生产的产品；(3) 售给部队干部、战士生活用的粮食、副食品、衣着品、日用品、燃料；（4）售给来华的外国人、华侨、港澳台同胞的消费品（包括友谊商店、在海关前后设立的免税商店、外轮供应公司等）；（5）居民自费购买的中、西药品，中药材及医疗用品；（6）报社、出版社直接售给居民和社会集团的报纸、图书、杂志，集邮公司（包括邮局集邮专柜）出售的新、旧（盖销的）纪念邮票、特种邮票、首日封、集邮册、集邮工具等；(7) 旧货寄售商店（信托商店）自购、自销部分的商品；（8）煤气公司、液化石油气站售给居民和社会集团的的煤气灶具和灌装液化石油气；（9）售给社会集团的办公用品、纸张、帐册、文印用品、计算工具、书报杂志和奖品；公共用品和纺织品、针织品；学校用的教学用具；文体用品；非专用的劳动保护用品，如工作服、套袖、围裙、手套、毛巾、肥皂等；日用百货和杂品，包括职工食堂用的餐具、炊具、设备和清洁卫生工具等；家具、设备、日用电器、电讯设备、电影器材和照相器材等；取暖用的设备和燃料，防暑、降温的饮料；非生产经营用的交通工具如小轿车、面包车、工具车、卡车和油料；零星修理用的各种零配件、材料、工具、建筑材料等；举办各种招待会、茶话会、宴会用的烟酒茶和各种食品及馈赠的礼品；从公费医疗经费中开支的中、西药品、中药材和医疗器材以及其他非生产性设备和用品。

社会消费品零售额不包括：（1）农民之间相互买卖的商品；（2）城市居民通过市场或其他形式在城市居民中相互转让出售旧的生活用品；（3）售给农民或村办的生产单位各种生产工具、原材料和辅助材料；（4）

售给国有农场、国有拖拉机站、排灌站、农村集体、农业生产单位和农民的各种农业生产资料和燃料；（5）售给工业（包括科研单位附属的工厂、学校办工厂）、交通运输业、建筑安装企业和建筑单位用的各种生产资料和建筑材料；（6）售给饮食业加工用的粮食、副食品、调味品、燃料等；（7）售给批发零售贸易业、餐饮业、服务业（旅行社、理发店、旅馆、照相馆、日用品修理业等）、公共事业等单位直接用于业务经营活动方面的设备、工具、器材、原料、材料、燃料和印制各种票证用的纸张等；（8）售给各种经济类型的批发零售贸易业、餐饮业作为转卖或加工后专卖的商品；（9）旧货寄售商店（信托商店）受居民委托寄售卖出的商品；（10）公用事业的营业收入（如市内公共汽车、电车、轮渡的车船票收入、公园门票收入等）、服务业的营业收入（如旅店的房租收入、理发店的理发收入、日用品修理行业的修理费收入等）、文化艺术事业收入（如电影、戏剧票收入、博物馆门票收入等）；（11）邮电局出售邮票（包括普通邮票、纪念邮票、特种邮票）、汇款单、电报稿纸的收入；（12）自来水、电力、煤气热力生产（供应）单位的产品通过管道、输电线路供应给居民和社会集团的水、电、煤气、暖气的收入；（13）售给对外营业影剧院的设备和器材；（14）售给自然科学研究单位直接用于科学研究的各种仪器仪表、化学试剂、元器件、工具和其它有关设备；（15）售给消防队、清洁队、出租汽车公司等单位用于业务活动的设备、车辆和燃料；（16）售给企业单位生产上专用的劳动保护用品，包括绝缘、防毒、耐酸、耐油、防烧、隔热以及高空、水下作业用的专用防护设备和用品；（17）售给民政部门救灾用的商品，售给人防工程的设备和材料。

市的零售额　指设立在直辖市、省辖市的市区和郊区以及县级市的市区的各行业消费品零售额。不包括省辖市的市属县、县级市的市区以外的消费品零售额。

县的零售额　指设立在县城关区（镇）的各行业消费品零售额。

县以下的零售额　指设立在县城关区（镇）以及县级市的市区以外的集镇和农村的各行业消费品零售额。但不包括分布在农村的独立工矿、林区的消费品零售额。这部分零售额，按管辖这些工矿、林区的单位级别分别列入市或县的零售额。

批发零售贸易业商品购、销、存总额　指各种登记注册类型的批发零售贸易业企业、产业活动单位、个体经营者以本单位为总体的商品购进、销售、库存总额。

商品购进总额　指从本单位以外的单位和个人购进（包括从境外直接进口）作为转卖或加工后转卖的商品总额。

商品销售总额　指对本单位以外的单位和个人出售（包括对境外直接出口）本单位经营的商品总额（含增值税）。

商品批发额　指商品零售额以外的一切商品销售额。包括售给生产经营单位用于生产或经营用的商品销售额；售给批发零售贸易业、餐饮业用于转卖或加工后转卖的商品销售额；直接向国（境）外出口和委托外贸部门代理出口的商品销售额。

商品零售额　指售给城乡居民用于生活消费、售给社会集团用公款购买用作非生产、非经营使用的商品销售额。

商品库存总额 指报告期末各种登记注册类型的批发零售贸易企业、产业活动单位、个体经营者已取得所有权的商品。

商品交易市场 指有固定场所、设施，有若干经营者入场实行集中、公开交易各类实物商品的市场。

商品交易市场成交额 指商品交易市场内所有经营者所实现的商品销售金额。商品交易市场包括消费品市场和生产资料市场。

（九）
对外经济贸易和旅游业

CHAPTER 9
FOREIGN TRADE AND ECONOMIC COOPERATION, TOURISM

表 9—1　利用外资

指　　标	2006 年	2005 年	2006 年为上年%
新签外商投资项目(个)	604	728	83.0
合资经营	182	160	113.8
合作经营	16	17	94.1
外商独资	405	549	73.8
外商股份制	1	2	50.0
新签合同外资(万美元)	359145	542327	66.2
合资经营	65883	92946	70.9
合作经营	9858	9267	106.4
外商独资	283081	439491	64.4
外商股份制	323	623	51.8
注册合同外资(万美元)	308217	255800	120.5
实际使用外资(万美元)	170211	141778	120.1

注:本表数据由市外经贸局提供。

表 9—2　南京与国外结成的友好城市

国　　别	城　　市	缔结日期
日　　本	名古屋市	1978 年 12 月 21 日
美　　国	圣路易斯市	1979 年 11 月 2 日
意 大 利	佛罗伦萨市	1980 年 2 月 22 日
荷　　兰	艾因霍温市	1985 年 10 月 9 日
德　　国	莱比锡市	1988 年 5 月 21 日
墨 西 哥	墨西卡利市	1991 年 10 月 14 日
塞浦路斯	利马索尔市	1992 年 9 月 23 日
韩　　国	大田市	1994 年 11 月 14 日
加 拿 大	伦敦市	1997 年 5 月 7 日
澳大利亚	珀斯市	1998 年 5 月 18 日
南　　非	布隆方丹市	2000 年 3 月
哥伦比亚	巴兰基亚市	2001 年 6 月 3 日

注:本表资料由市外办提供。

表 9—3　旅游经济主要指标

指　　标	2006 年	2005 年	2006 年为上年%
全市接待国内外旅游者(万人次)	3900.92	3307.63	117.9
国内旅游者	3800	3220	118.0
海外旅游者	100.92	87.63	115.2
全市出境旅游者(万人次)	21.16	15.82	133.8
国际旅游创汇收入(亿美元)	6.77	5.76	117.5
全市旅游总收入(亿元)	462.8	379	122.1
全市拥有星级宾馆饭店(家)	127	123	103.3
全市拥有旅行社(家)	410	395	103.8
＃从事国际旅游业务	27	27	100.0
全市拥有旅游 A 级景区(个)	28	21	133.3
＃4A 级旅游景区(点)	7	5	140.0
年接待量超过 10 万人次的景点(景区)(个)	58	49	118.4

注:本表数据由市旅游局提供。

表9—4 接待海外旅游人数

计量单位:人次

指　　标	2006年	2005年	2006年为上年%
接待海外旅游人数	1009166	876279	115.2
(一)外国人	646623	514107	125.8
1. 亚洲合计	337520	279333	120.8
#日本	90389	72457	124.8
菲律宾	3062	2294	133.5
新加坡	43779	39866	109.8
泰国	7146	6622	107.9
印度尼西亚	9261	9579	96.7
马来西亚	110722	83443	132.7
韩国	57231	53129	107.7
2. 美洲合计	100875	87914	114.7
#美国	78141	69370	112.6
加拿大	17624	15839	111.3
3. 欧洲合计	169764	114435	148.3
#英国	35571	18903	188.2
法国	29661	18261	162.4
德国	51228	34710	147.6
意大利	18838	14332	131.4
西班牙	7060	5260	134.2
4. 大洋洲合计	22194	20748	107.0
#澳大利亚	18768	17200	109.1
新西兰	2531	2181	116.0
5. 非洲合计	7846	4999	157.0
6. 其他	8425	6678	126.2
(二)香港同胞	159655	150939	105.8
(三)澳门同胞	6028	4104	146.9
(四)台湾同胞	196860	207129	95.0
平均每天来宁人数	2765	2401	115.2

注:本表数据由市旅游局提供。

表 9—5　对外劳务和承包工程情况

指　　标	2006 年	2005 年	2006 年为上年%
一、新签合同数(个)	107	181	59.1
二、新签合同金额(万美元)	65065	52167	124.7
三、完成营业额(万美元)	60662	48326	125.5
四、期末在外人员(人)	7580	6313	120.1

注:本表数据由市外经贸局提供。

表 9—6　涉外税收

计量单位:万元

指　　标	2006 年	2005 年	2006 年为上年%
合　　计	1288854	1008591	127.8
流转税	756626	496004	152.5
企业所得税	193607	123743	156.5
个人所得税	47420	43366	109.3
车船使用牌照税	38	41	92.7
城市房地产税	13470	9855	136.7
其他各税	20789	17743	117.2
海关代征	256904	317839	80.8

注:本表数据由市国税局和地税局提供。

表9—7 海关统计进出口贸易（2006年）

计量单位:万美元

指　　标	贸易额	2006年为上年%
一、进出口总值(经营单位口径)	3153473	116.4
1. 出口	1736491	121.9
#省直单位	615576	112.7
南京市	1120915	127.6
#三资企业	772605	128.1
#高新技术产品	413215	142.5
2. 进口	1416982	110.3
#省直单位	233931	96.7
南京市	1183051	113.5
#三资企业	1005167	114.4
#高新技术产品	420945	132.9
二、进出口总值(境内目的地、货源地)	3008515	113.9
1. 出口(境内货源地)	1547344	117.0
#三资企业	769501	127.7
2. 进口(境内目的地)	1461172	110.8
#三资企业	1011272	114.1
三、进出口总值(口岸口径)	2218526	111.2
1. 出口	1061066	128.6
#新生圩	681693	126.1
2. 进口	1157460	98.9
#新生圩	480201	94.6

表 9—8 进出口商品贸易方式总值表（按经营单位）（2006 年）

计量单位：万美元

贸易方式	进出口		出口		进口	
	数值	增长%	数值	增长%	数值	增长%
总值	3153473	16.4	1736491	21.9	1416982	10.3
一般贸易	1509613	13.8	985584	20.3	524030	3.2
国家间、国际组织无偿援助和赠送的物资	545	－30.5	517	－33.8	28	717.6
华侨、港澳台同胞、外籍华人捐赠物资	37	8150.0			37	8150.0
补偿贸易						
来料加工装配贸易	428917	91.8	160262	86.6	268654	95.0
进料加工贸易	1090328	－0.8	563976	9.6	526352	－10.0
寄售代销贸易						
边境小额贸易						
来料加工装配进口的设备	157	700.0			157	700.0
对外承包工程出口货物	22873	1229.0	22873	1229.0		
租赁贸易	10		0		10	
外商投资企业作为投资进口的设备、物品	75982	117.5			75982	117.5
出料加工贸易	565	31.0	292	58.1	273	10.7
易货贸易						
免税外汇商品						
保税仓库进出境货物	17472	21.4	2663	47.0	14809	17.8
保税区仓储转口货物						
其他	2072	－34.7	325	－21.1	1747	－36.7

表9—9 进口商品贸易方式企业性质总值表（按经营单位）（2006年）

计量单位:万美元

贸易方式	合计		国有企业		外商投资企业		集体企业		其他	
	数值	增长%	数值	增长%	数值	增长%	数值	增长%	数值	增长%
总　值	1416982	10.3	367475	－1.5	1005167	14.4	583	－29.6	43757	36.3
一般贸易	524030	3.2	326283	0.9	161396	4.3	503	－12.5	35848	24.0
国家间、国际组织无偿援助和赠送的物资	28	717.6	28							
华侨、港澳台同胞、外籍华人捐赠物资	36		35						1	450.0
补偿贸易										
来料加工装配贸易	268654	95.0	8153	－38.4	259498	110.8	4	－98.3	1000	－14.3
进料加工贸易	526352	－10.0	28851	－5.5	494841	－10.4	75	10642.9	2584	32.6
寄售代销贸易										
边境小额贸易										
对外承包工程出口货物										
租赁贸易	10				10					
出料加工贸易	273	10.7			273	10.7				
易货贸易										
保税仓库进出境货物	14809	17.8	3680	－35.4	6895	0.9			4234	12576.6
保税区仓储转口货物										
其他	1746	－36.7	445	55.2	1217	－49.4	1	－64.7	83	24.8

表9—10 出口商品贸易方式企业性质总值表（按经营单位）（2006年）

计量单位：万美元

贸易方式	合计		国有企业		外商投资企业		集体企业		其他	
	数值	增长%	数值	增长%	数值	增长%	数值	增长%	数值	增长%
总　值	1736491	21.9	791716	10.0	772605	28.1	4975	86.6	167195	68.9
一般贸易	985583	20.3	676996	8.6	144315	42.3	4866	82.8	159406	73.7
国家间、国际组织无偿援助和赠送的物资	517	-33.8	517	-33.8						
华侨、港澳台同胞、外籍华人捐赠物资										
补偿贸易										
来料加工装配贸易	160262	86.6	8943	-46.2	149387	121.5	6	45.2	1926	6.2
进料加工贸易	563976	9.6	80620	5.4	477473	10.4	103		5780	9.6
寄售代销贸易										
边境小额贸易										
来料加工装配进口的设备										
租赁贸易										
外商投资企业作为投资进口的设备、物品										
出料加工贸易	292	58.1			292	58.1				
易货贸易										
保税仓库进出境货物	2663	47.0	1712	165.6	884	-13.9			67	-51.6
保税区仓储转口货物										
其他	325	-21.1	56	-64.2	254	1.1			15	410.7

表9—11 进出口商品国别（地区）总值表（按经营单位）（2006年）

计量单位:万美元

进口原产国(地区)或出口最终目的国(地区)	进出口		出口		进口	
	数值	增长%	数值	增长%	数值	增长%
总值	3153473	16.4	1736491	21.9	1416982	10.3
亚洲	1761508	14.3	705584	22.2	1055925	9.6
#香港	156818	-9.0	132197	-8.8	24620	-10.3
印度	61406	42.6	48438	118.9	12969	-38.1
印度尼西亚	30747	0.9	20344	8.8	10404	-11.6
日本	299194	29.1	123171	0.0	176023	62.1
澳门	395	-34.0	380	-35.3	15	45.1
马来西亚	61868	77.1	35955	120.1	25913	39.3
巴基斯坦	6800	24.6	6314	20.4	486	128.8
菲律宾	15479	17.4	9047	7.1	6432	213.4
新加坡	111284	93.3	82410	70.7	28874	211.2
韩国	504436	-12.3	67539	7.2	436897	-14.7
泰国	30062	42.0	11683	-4.0	18379	104.2
台湾省	349020	35.5	52672	55.7	296348	32.4
非洲	78733	19.8	62415	41.2	16317	-24.2
欧洲	685951	17.6	491697	16.7	194254	19.8
#比利时	25164	-2.0	22504	5.5	2659	-38.8
丹麦	6819	0.1	5351	-1.4	1468	6.1
英国	80662	24.0	58678	2.6	21984	180.6
德国	175266	36.7	100559	34.3	74708	40.0
法国	44664	26.5	34048	24.3	10616	34.3
意大利	58823	14.4	40945	4.0	17878	48.5
荷兰	57154	25.9	50766	30.7	6387	-2.6
西班牙	34837	38.4	32863	45.9	1974	-25.0
芬兰	29204	-32.7	26430	-37.0	2774	95.0
挪威	6425	24.7	4559	1.4	1865	183.7

表 9—11　续表

进口原产国(地区)或出口最终目的国(地区)	进出口		出　口		进　口	
	数值	增长%	数值	增长%	数值	增长%
瑞典	50591	－11.8	17088	37.5	33503	－25.4
瑞士	7641	21.9	4462	40.2	3179	3.0
白俄罗斯	671	24.6	354	28.2	317	20.8
捷克共和国	3212	19.0	2552	27.7	660	－5.8
俄罗斯联邦	19159	10.5	14600	46.8	4558	－38.4
乌克兰	7108	－6.6	6131	－0.3	977	－33.1
拉丁美洲	130670	23.4	98904	33.6	31767	－0.2
北美洲	419838	23.9	343974	25.4	75864	17.5
＃加拿大	58559	16.0	43591	18.0	14969	10.4
美国	361279	25.3	300383	26.6	60896	19.4
大洋洲	76769	3.8	33918	2.4	42851	4.9
＃澳大利亚	58619	1.7	25986	－1.4	32634	4.3
新西兰	9421	20.2	4528	13.3	4893	27.3
其他						
东南亚国家联盟	267598	59.0	174887	50.9	92710	76.7
欧洲联盟	639550	18.1	456304	16.1	183246	23.4
亚太经济合作组织	2111307	14.2	957514	19.3	1153794	10.2

注:1. 东南亚国家联盟包括:文莱、印度尼西亚、马来西亚、菲律宾、新加坡、泰国、越南、缅甸、老挝。

2. 欧洲联盟包括:比利时、丹麦、英国、德国、法国、爱尔兰、意大利、卢森堡、荷兰、希腊、葡萄牙、西班牙、奥地利、芬兰、瑞典、塞浦路斯、捷克、爱沙尼亚、匈牙利、拉脱维亚、立陶宛、马耳他、波兰、斯洛伐克、斯洛文尼亚。

3. 亚太经济合作组织包括:文莱、香港、印度尼西亚、日本、马来西亚、菲律宾、新加坡、韩国、泰国、中华人民共和国、台湾省、智利、墨西哥、加拿大、美国、澳大利亚、新西兰、巴布亚新几内亚。

表 9—12 部分年份对外经济主要指标

单位:万美元

指 标	1990 年	1995 年	2000 年	2002 年	2003 年	2004 年	2005 年	2006 年
进出口总额(经营单位)	36401	517373	910175	1009422	1471224	2063914	2708960	3153473
出口	15767	380598	536874	601097	766537	1046000	1424503	1736491
进口	20634	136775	373301	408325	704687	1017914	1284457	1416982
协议注册外资	3749	123665	207902	216964	400933	451544	255800	308217
三资企业投资总额			385454	467598	730233	771064	825250	697774
对外承包劳务实际完成营业额	1634	6484	13725	31653	41595	46009	48326	60662
接待海外旅游者(万人次)	26.33	23.17	41.90	56.13	51.51	71.97	87.63	100.92
外国人	7.29	12.77	22.69	32.02	31.12	47.17	51.41	64.66
香港同胞		0.20	8.26	9.38	9.44	11.26	15.09	15.97
澳门同胞		5.66	0.44	0.43	0.36	0.44	0.41	0.60
台湾同胞		4.54	10.51	14.3	10.59	13.10	20.72	19.69
旅游创汇收入	3144		22100	32300	31700	50773	57557	67700

注:市外经局对 2005 年度的协议注册外资口径进行调整。

主要统计指标解释

进出口总额 海关进出口总额指实际进出我国国境的货物总金额。包括对外贸易实际进出口货物，来料加工装配进出口货物，国家间、联合国及国际组织无偿援助物资和赠送品，华侨、港澳台同胞和外籍华人捐赠品，租赁期满归承租人所有的租赁货物，进料加工进出口货物，边境地方贸易及边境地区小额贸易进出口货物（边民互市贸易除外），中外合资企业、中外合作经营企业、外商独资经营企业进出口货物和公用物品，到、离岸价格在规定限额以上的进出口货样和广告品（无商业价值、无使用价值和免费提供出口的除外），从保税仓库提取在中国境内销售的进口货物，以及其他进出口货物。进出口总额用以观察一个国家在对外贸易方面的总规模。我国规定出口货物按离岸价格统计，进口货物按到岸价格统计。

商品经营单位所在地进、出口额 指所在地海关注册登记的有进出口经营权的企业实际进、出口额。

商品目的地进口额和商品货源地出口额 目的地进口额指进口货物的消费、使用或最终抵运地的实际进口额，货源地出口额是指出口货物的产地或原始发货地的实际出口额。

利用外资 指我国各级政府、部门、企业和其他经济组织通过对外借款、吸收外商直接投资以及用其他方式筹措的境外现汇、设备、技术等。

对外借款 是我国利用外资的重要部分。指通过对外正式签订借款协议，从境外筹措的资金，包括外国政府贷款、国际金融组织贷款、外国银行商业贷款、出口信贷以及对外发行债券等。1996 年及以前还包括对外发行股票。

外商直接投资 指外国企业和经济组织或个人（包括华侨、港澳台胞以及我国在境外注册的企业）按我国有关政策、法规，用现汇、实物、技术等在我国境内开办外商独资企业、与我国境内的企业或经济组织共同举办中外合资经营企业、合作经营企业或合作开发资源的投资（包括外商投资收益的再投资）。

外商其他投资 指除对外借款和外商直接投资以外的各种利用外资的形式。包括企业在境内外股票市场公开发行的以外币计价的股票（目前主要是在香港证券市场发行的 H 股和在境内证券市场发行的 B 股）发行价总额，国际租赁进口设备的应付款，补偿贸易中外商提供的进口设备、技术、物料的价款，加工装配贸易中外商提供的进口设备、物料的价款。

对外承包工程 指各对外承包公司以招标议标承包方式承揽的下列业务：(1) 承包国外工程建设项目，(2) 承包我国对外经援项目，(3) 承包我国驻外机构的工程建设项目，(4) 承包我国境内利用外资进行建设的工程项目，(5) 与外国承包公司合营或联合承包工程项目时我国公司分包部分，(6) 对外承包兼营的房屋开发业务。对外承包工程的营业额是以货币表现的本期内完成的对外承包工程的工作量，包括以前年度签订的合同和本年度新签订的合同在报告期内完成的工作量。

对外劳务合作　指以收取工资的形式向业主或承包商提供技术和劳动服务的活动。我国对外承包公司在境外开办的合营企业，中国公司同时又提供劳务的，其劳务部分也纳入劳务合作统计。劳务合作营业额按报告期内向雇主提交的结算数（包括工资、加班费和奖金等）统计。

旅游者人数　包括入境国际旅游者人数、出境居民人数和国内旅游者人数。

（1）入境国际旅游者人数：指来中国参观、访问、旅行、探亲、访友、休养、考察、参加会议和从事经济、科技、文化、教育、宗教等活动的外国人、华侨、港澳同胞和台湾同胞的人数。不包括外国在我国的常驻机构，如使领馆、通讯社、企业办事处的工作人员；来我国常住的外国专家、留学生以及在岸逗留不过夜人员。

（2）出境居民人数：指大陆居民因公务活动或私人事务短期出境的人数。公务活动出境居民人数包括在国际交通工具上的中国服务员工，因私出境居民人数不包括在国际交通工具上的中国服务员工。

（3）国内旅游者人数：指我国大陆居民和在我国常住 1 年以上的外国人、华侨、港澳台同胞离开常住地在境内其他地方的旅游设施内至少停留一夜，最长不超过 6 个月的人数。

国际旅游（外汇）收入　指入境旅游的外国人、华侨、港澳同胞和台湾同胞在中国大陆旅游过程中发生的一切旅游支出，对于国家来说就是国际旅游（外汇）收入。

（十）财政、金融和保险

CHAPTER 10
GOVERNMENT FINANCE, BANKING AND INSURANCE

表10—1 财政收入

计量单位:亿元

指　　标	2006年	2005年	2006年为上年%
全市财政收入	603.91	510.17	118.4
1. 地方一般预算收入	246.44	211.07	116.8
# 增值税25%	45.58	39.85	114.4
营业税	72.82	59.06	123.3
企业所得税40%	30.87	26.25	117.6
个人所得税40%	12.19	11.01	110.7
城市维护建设税	15.81	14.24	111.0
其他各项收入	69.17	60.66	114.0
2. 基金预算收入	109.23	84.84	128.7
3. 上划中央收入	248.24	214.26	115.9
#增值税75%	136.72	119.54	114.4
国内消费税	46.94	38.83	120.9
企业所得税60%	46.3	39.37	117.6
个人所得税60%	18.28	16.52	110.7
附:地方一般预算收入构成(%)	100	100	
#增值税25%	18.5	18.9	
营业税	29.6	28	
企业所得税40%	12.5	12.4	
个人所得税40%	4.9	5.2	
城市维护建设税	6.4	6.8	
其他各项收入	28.1	28.7	

注:本表由市财政局提供,各项相关指标发展速度为剔除出口货物退税等不可比因素后的同口径比较数。

表 10—2 财政支出

计量单位:亿元

指　　标	2006 年	2005 年	2006 年为上年%
全市财政支出	371.02	315.44	117.6
1. 地方一般预算支出	262.46	231.35	113.4
#基本建设支出	18.32	21.11	86.8
农业支出	6.72	6.36	105.7
林业支出	2.08	1.35	154.1
水利和气象支出	3.52	3.86	91.2
教育支出	28.55	24.4	117.0
科学支出	2.49	1.67	149.1
医疗卫生支出	12.2	9.98	122.2
社会保障补助支出	7.07	8.32	85.0
行政管理费	23.61	18.75	125.9
公检法司支出	21.52	18.1	118.9
其他各项支出	136.38	117.45	116.1
2. 基金支出	108.56	84.09	129.1

注:财政支出及部分分项指标发展速度为同口径比较数。

表 10—3 金融机构存、贷款余额

计量单位:亿元

指 标	2006 年	2005 年
一、金融机构存款余额	5960.83	5263.25
1. 企事业单位存款	2842.71	2458.4
活期存款	1631.17	1414.18
定期存款	1211.54	1044.22
2. 储蓄存款	1913.12	1677.49
活期存款	564.16	476.31
定期存款	1348.99	1201.18
3. 信托存款	0.4	1.25
4. 委托存款	35.02	74.57
5. 其他存款	1169.58	1051.54
二、金融机构贷款余额	5326.64	4659.81
1. 短期贷款	1918.66	1718.48
#工业贷款	465.2	400.24
2. 中长期贷款	2932.99	2370.04
3. 信托贷款		0.97
4. 委托贷款	17.59	73.57
5. 其他贷款	85.86	83.83
6. 票据融资	363.21	403.56
7. 各项垫款	8.33	9.36

注:本表由人行南京营业部提供;金融机构存款、贷款余额统计汇总范围为本外币(含外资)信贷收支;短期贷款中的工业贷款为人民币数据。

表 10—4 各项税收

计量单位：亿元

指　标	2002年		2003年		2004年		2005年		2006年	
	数值	增长%	数值	增长%	数值	增长%	数值	增长%	数值	增长%
合　计	312.63	14.3	382.06	22.2	484.17	26.7	569.54	17.6	649.66	14.1
一、产业税收	272.1	12.7	329.71	21.2	419.45	27.2	486.87	16.1	548.35	12.6
#农业	1.89	27.8	2.65	40.4	2.00	−24.6	1.67	−16.6	1.72	3.0
工业	156.47	12.9	186.89	19.4	228.9	22.5	268.62	17.4	250.19	−6.9
交通运输、仓储及邮政业	4.75	17.1	6.39	34.6	7.18	12.4	7.80	8.6	7.93	1.8
批发和零售业	34.1	−1.6	41.6	22.0	52.67	26.6	61.29	16.4	65.13	6.3
金融业	6.00	41.3	5.34	−10.9	6.86	28.3	8.79	28.2	12.40	41.1
信息传输、计算机服务和软件业	1.40	6.3	2.92	108.4	2.86	−2.0	3.13	9.3	5.70	82.1
房地产业	17.33	89.0	21.13	21.9	35.7	68.9	40.88	14.5	58.64	43.4
二、其他收入	40.53	26.4	52.36	29.2	64.73	23.6	82.67	27.7	101.31	22.5
#社会保险基金	34.82	28.0	46.81	34.4	56.62	21.0	71.66	26.6	87.94	22.7

表10—5 全市保险业务情况（2006年）

指 标	保费收入（万元）	2006年为上年%	赔款及给付（万元）	2006年为上年%
全 市	899638	119.5	283419	116.6
一、财产险小计	218845	116.9	138276	160.1
企财险	25718	90.1	8722	186.3
机动车辆险	130812	117.3	98568	158.4
船舶险	12478	108.2	4169	98.5
货运险	14614	106.4	6346	137.3
工程险	6102	57.5	3625	269.0
家财险	954	198.3	661	98.4
其他险	28167	178.8	16185	188.3
二、人身险小计	680793	120.4	145143	92.6
意外险	16680	103.7	4265	104.2
健康险	49543	122.5	17093	110.6
养老金险	169477	107.1	44841	108.1
子女教育婚嫁金险	2548	30.3	5049	102.4
其他	442545	129.3	73895	81.5
总计中:外币(万美元)	1960	147.3	470	241.9

表10—6　主要年份财政收支

计量单位：万元

年　份	财政总收入	#地方财政一般预算收入	财政支出
1949	732	—	165
1952	4073	—	3559
1957	5502	—	5878
1962	16503	—	3551
1965	23546	—	5247
1970	48300	—	10327
1975	69217	—	10584
1978	108538	—	17797
1979	176356	—	23414
1980	149578	—	22990
1985	247696	—	47576
1990	361775	—	98078
1995	651692	294266	362207
1997	966570	461800	534124
1998	1082397	507798	596533
1999	1284921	664299	732078
2000	1645808	925667	1012913
2001	2047652	1126419	1174027
2002	2649238	1440818	1614572
2003	3350330	1917830	2104688
2004	4036509	2378586	2589814
2005	5101688	2110746	3154413
2006	6039085	2464392	3710245

主要统计指标解释

财政收入 指国家财政参与社会产品分配所取得的收入，是实现国家职能的财力保证。财政收入所包括的内容几经变化，目前主要包括：

(1) 各项税收：包括增值税、营业税、消费税、土地增值税、城市维护建设税、资源税、城市土地使用税、印花税、个人所得税、企业所得税、关税、农牧业税和耕地占用税等。

(2) 专项收入：包括征收排污费收入、征收城市水资源费收入、教育费附加收入等。

(3) 其他收入：包括基本建设贷款归还收入、基本建设收入、捐赠收入等。

(4) 国有企业亏损补贴：这项为负收入，冲减财政收入。

财政支出 国家财政将筹集起来的资金进行分配使用，以满足经济建设和各项事业的需要，主要包括：基本建设支出、企业挖潜改造资金、地质勘探费用、科技三项费用、支援农村生产支出、农林水利气象等部门的事业费用、工业交通商业等部门的事业费、文教科学卫生事业费、抚恤和社会福利救济费、国防支出、行政管理费和价格补贴支出等。

中央财政收入和地方财政收入 指按财政体制划分的中央本级收入和地方本级收入。1994 年分税制财政体制以后，属于中央财政的收入包括关税、海关代征消费税和增值税，消费税，中央企业所得税，地方银行和外资银行及非银行金融企业所得税，铁道、银行总行、保险总公司等集中缴纳的营业税、所得税、利润和城市维护建设税，增值税的 75％部分，证券交易税（印花税）50％部分和海洋石油资源税。属于地方财政的收入包括营业税，地方企业所得税，个人所得税，城镇土地使用税，固定资产投资方向调节税，城镇维护建设税，房产税，车船使用税，印花税，屠宰税，农牧业税，农业特产税，耕地占用税，契税，增值税 25％部分，证券交易税（印花税）50％部分和除海洋石油资源税以外的其他资源税。

存款 指企业、机关、团体或居民根据资金必须收回的原则，把货币资金存入银行或其他信用机构保管并取得一定利息的一种信用活动形式。根据存款对象的不同可划分为企业存款、财政存款、机关团体存款、基本建设存款、城镇储蓄存款、农村存款等科目。它是银行信贷资金的主要来源。

贷款 指银行或其他信用机构根据资金必须归还的原则，按一定利率，为企业、个人等提供资金的一种信用活动形式。我国银行贷款分为流动资金贷款、固定资产贷款、城乡个体工商户贷款以及农业贷款等科目。

保险公司 在中国境内的、经过保险监督部门批准设立，并依法登记注册的各类商业保险公司。

保险金额 指保险人承担赔偿或者给付保险金责任的最高限额。

保费 指投保人为取得保险人在约定范围内所承担赔偿责任而支付给保险人的费用。

（十）财政、金融和保险

赔款 指保险人根据保险合同的规定，向被保险人支付的赔偿保险责任损失的金额。

给付 包括死伤医疗给付和满期给付。死伤医疗给付是指保险人根据人寿保险及长期健康保险合同的规定，因被保险人在保险期内发生保险责任范围内的保险事故支付给被保险人（或受益人）的金额。满期给付是指被保险人生存期满，保险人按人寿保险合同规定支付给被保险人的满期保险金额。

（十一）
能源购进、消费与库存

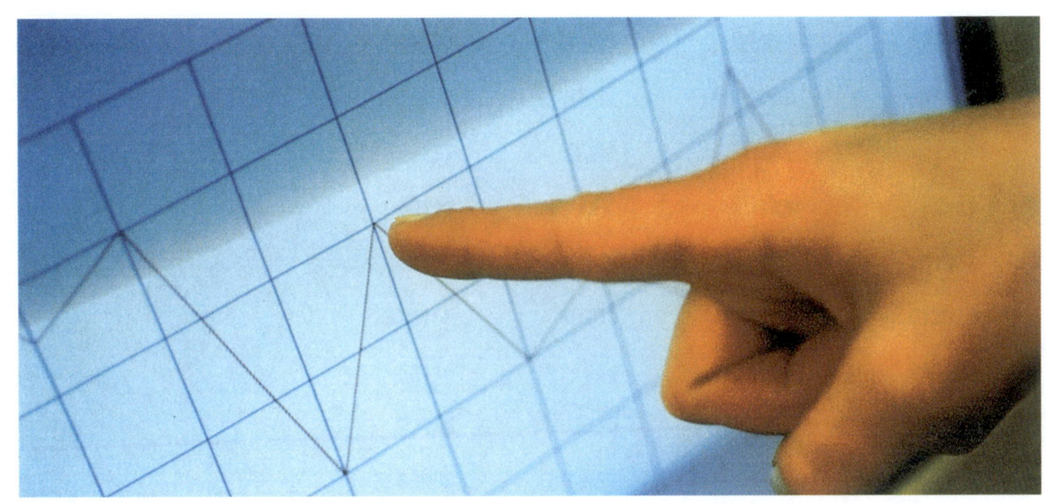

CHAPTER 11
ENERGY PURCHASING, CONSUMPTION AND INVENTORY

表 11—1 规模以上工业企业能源购进、消费及库存（2006 年）

项　　目	购进量		消费量合计	#工业生产消　费	年末库存
	实物量	金额(万元)			
原煤(吨)	15616787	741265	15800552	15757572	574156
洗精煤(吨)	5619003	421540	5744734	5744734	222833
其他洗煤(吨)	193384	10995	212185	211284	19357
焦炭(吨)	854376	91839	3821633	3821530	40641
焦炉煤气(万立方米)	474	644	121973	121972	0
高炉煤气(万立方米)	6	14	1271705	1271705	0
其他煤气(万立方米)	278	445	278	277	0
天然气(万立方米)	66138	88711	66138	66031	0
原油(吨)	18419719	7079367	18524073	18524073	446650
汽油(吨)	35015	16230	35562	29108	252
煤油(吨)	1395	604	1413	1403	36
柴油(吨)	111645	50828	112838	105941	5280
燃料油(吨)	222426	65682	477923	477923	17479
液化石油气(吨)	30755	16052	213405	213354	587
炼厂干气(吨)	21517	5651	588780	588780	0
其他石油制品(吨)	4771384	1653478	7867541	7867541	168660
热力(百万千焦)	20151650	95872	62178159	61882141	0
电力(万千瓦时)	1309582	913446	1746887	1722081	0

注:本表口径为年产品销售收入在 1000 万元以上独立核算工业企业。

表 11—2 用电量

计量单位:万千瓦小时

指　　标	2006 年	2005 年	2006 年为上年%
全社会用电量	2705710	2466661	109.7
#农业用电	14117	14507	97.3
工业用电	1870393	1735282	107.8
城乡居民生活用电	349677	302226	115.7
#乡村生活用电	66006	53728	122.9

注:农业用电量指农、林、牧、渔、水利用电量。

表 11—3　主要能源按工业行业分组消费量（2006 年）

行业分类	原煤（吨）	汽油（吨）	柴油（吨）	燃料油（吨）	电力（万千瓦时）
总　　计	15800552	35562	112838	477923	1746887
黑色金属矿采选业	11865	364	2116	0	21099
有色金属矿采选业	120	0	0	0	2243
非金属矿采选业	22942	570	6589	0	6189
农副食品加工业	22367	388	1407	0	5317
食品制造业	10344	660	1690	106	7143
饮料制造业	21028	189	709	0	5421
烟草制品业	0	0	875	0	2774
纺织业	14262	1498	976	5313	22577
纺织服装、鞋、帽制造业	20780	1270	1976	0	9779
皮革、毛皮、羽毛（绒）及其制品业	3474	221	45	0	1726
木材加工及木、竹、藤、棕、草制	7747	316	517	0	1889
家具制造业	1018	183	74	0	1123
造纸及纸制品业	41642	555	814	642	6446
印刷业和记录媒介的复制	8	406	285	0	2598
文教体育用品制造业	9282	443	447	0	2565
石油加工、炼焦及核燃料加工业	1797253	266	1733	35251	102780
化学原料及化学制品制造业	1603855	10885	22286	356479	573807
医药制造业	21394	483	1686	0	6831
化学纤维制造业	128017	2	0	0	11671
橡胶制品业	20721	178	110	4378	14707
塑料制品业	21406	826	1162	0	17530
非金属矿物制品业	1858395	1850	25018	49379	152742
黑色金属冶炼及压延加工业	619192	1290	7194	3356	383263
有色金属冶炼及压延加工业	12286	511	3868	8188	10539
金属制品业	22039	1496	2641	48	15856
通用设备制造业	46231	1906	5072	0	34239
专用设备制造业	11414	603	305	0	7835
交通运输设备制造业	76340	3377	12460	6590	47487
电气机械及器材制造业	8438	1778	1040	2971	17541
通信设备、计算机及其他电子设备	9278	1526	4111	2782	89949
仪器仪表及文化、办公用机械制造	110	512	255	15	4184
工艺品及其他制造业	709	403	351	516	4395
废弃资源和废旧材料回收加工业	23	62	1146	0	574
电力、热力的生产和供应业	9356572	38	3567	1909	133633
燃气生产和供应业	0	238	180	0	656
水的生产和供应业	0	269	134	0	17779

注：本表口径为年产品销售收入在 1000 万元以上独立核算工业企业。

表 11—4 规模以上工业企业能源购进、消费及库存按行业分类（2006 年）

计量单位:吨标准煤

项目	购进量		消费量合计	#工业生产消费	年末库存
	实物量	金额(万元)			
总计	53451325	11252662	66492553	66399594	1560294
黑色金属矿采选业	37995	30967	38025	34607	329
有色金属矿采选业	2842	1470	2842	2842	0
非金属矿采选业	32645	7858	34469	34288	297
农副食品加工业	25399	5974	25451	24743	434
食品制造业	34058	9352	34141	33584	292
饮料制造业	26430	6202	26660	26269	716
烟草制品业	12439	3772	12439	11324	0
纺织业	68512	24961	69007	68017	1213
纺织服装、鞋、帽制造业	36464	11493	36481	34967	252
皮革、毛皮、羽毛(绒)及其制品业	5088	1631	5214	5107	7
木材加工及木、竹、藤、棕、草制品业	9070	2117	9074	9066	423
家具制造业	2480	1034	2484	2459	25
造纸及纸制品业	43195	7699	42000	41426	1183
印刷业和记录媒介的复制	4760	2748	4749	4503	1
文教体育用品制造业	11718	2726	11689	11428	76
石油加工、炼焦及核燃料加工业	17431170	4220714	18804652	18797119	283959
化学原料及化学制品制造业	19666340	5145287	25254423	25234169	717256
医药制造业	41772	12018	42219	41491	495
化学纤维制造业	111944	10726	183157	182103	3724
橡胶制品业	54629	14293	54612	54485	624
塑料制品业	42065	15380	41472	40435	1358
非金属矿物制品业	1841817	229469	1858823	1827139	135243
黑色金属冶炼及压延加工业	6568749	725264	12227834	12224066	244828
有色金属冶炼及压延加工业	70198	20579	70293	70151	249
金属制品业	53958	15786	54585	53786	915
通用设备制造业	112284	34197	112441	110760	1047
专用设备制造业	26181	11513	25745	25349	788
交通运输设备制造业	168756	53499	183044	177850	8614
电气机械及器材制造业	49266	22215	48996	47239	542
通信设备、计算机及其他电子设备制造业	225621	129710	224829	221223	2612
仪器仪表及文化、办公用机械制造业	8232	4798	8247	7818	0
工艺品及其他制造业	7819	3373	7846	7441	14
废弃资源和废旧材料回收加工业	2483	1066	2483	2483	0
电力、热力的生产和供应业	6583834	449610	6901015	6899573	152759
燃气生产和供应业	8528	1467	8530	8304	19
水的生产和供应业	22584	11694	22582	21980	0

注:本表口径为年产品销售收入在 1000 万元以上独立核算工业企业。

表 11—5　规模以上工业企业取水总量按行业分类（2006 年）

行业分类	工业取水总量						重复用水总量（万立方米）
	合计（万立方米）	自来水		地下及地表水		其他水	
		数量	金额（万元）	数量	金额（万元）		
总　计	187856	16373	33061	171430	17957	27	400218
黑色金属矿采选业	2039	1	2	2038	750	0	96
有色金属矿采选业	10	10	24	0	0	0	133
非金属矿采选业	42	12	26	30	27	0	0
农副食品加工业	259	258	615	1	1	0	22
食品制造业	328	328	664	1	0	0	0
饮料制造业	304	304	763	0	0	0	499
烟草制品业	52	52	135	0	0	0	0
纺织业	358	347	850	11	4	0	3
纺织服装、鞋、帽制造业	284	254	586	27	8	3	1
皮革、毛皮、羽毛(绒)及其制品业	67	46	111	21	1	0	0
木材加工及木、竹、藤、棕、草制品业	7	3	6	4	8	0	0
家具制造业	33	33	39	0	0	0	0
造纸及纸制品业	193	41	107	153	37	0	62
印刷业和记录媒介的复制	41	40	98	1	1	0	0
文教体育用品制造业	40	38	87	1	1	0	0
石油加工、炼焦及核燃料加工业	4397	549	483	3847	699	1	33362
化学原料及化学制品制造业	17671	7711	13386	9952	1538	2	190298
医药制造业	397	397	962	0	0	0	185
化学纤维制造业	1372	2	4	1370	1302	0	754
橡胶制品业	99	99	257	0	0	0	70
塑料制品业	180	158	407	2	2	0	760
非金属矿物制品业	1863	545	1133	1299	408	21	805
黑色金属冶炼及压延加工业	13568	270	607	13298	3463	0	138114
有色金属冶炼及压延加工业	78	60	142	18	6	0	75
金属制品业	235	231	596	4	5	0	1
通用设备制造业	501	475	1234	25	10	0	30
专用设备制造业	135	135	328	0	0	0	0
交通运输设备制造业	1520	1315	3232	204	266	0	500
电气机械及器材制造业	397	395	936	2	2	0	0
通信设备、计算机及其他电子设备制造业	1576	1575	4024	0	0	0	298
仪器仪表及文化、办公用机械制造业	80	80	206	0	0	0	6
工艺品及其他制造业	39	39	105	0	0	0	0
废弃资源和废旧材料回收加工业	4	4	10	0	0	0	0
电力、热力的生产和供应业	88837	154	429	88683	2026	0	34144
燃气生产和供应业	40	40	98	0	0	0	0
水的生产和供应业	50810	372	369	50438	7392	0	0

注：本表口径为年产品销售收入在 1000 万元以上独立核算工业企业。

主要统计指标解释

能源购进量 根据企业生产、经营性质划分，购进量分两种情况，一种是能源经销企业（批发、零售企业）用于销售的能源购进数量，另一种是能源使用企业用于消费的能源购进数量，分别在不同表式中统计。

能源经销企业能源购进量，指能源经销企业在报告期内购入的、用于销售的各种一次能源和二次能源。能源经销企业能源购进量由能源经销企业（批发、零售企业）填报。

能源使用企业能源购进量，指能源使用单位在报告期内外购的、用于企业消费的各种一次能源和二次能源。能源使用企业能源购进量由能源使用企业填报。

购进量金额 指本单位在报告期实际购进的、已办理验收入库手续的各种一次能源和二次能源的金额。其金额以购货发票上的总金额（含增值税）计算，统计原则、范围与购进量相同。

能源消费量 指能源使用单位在报告期内实际消费的一次能源或二次能源的数量。

能源消费量统计的原则是：

（1）谁消费、谁统计。

（2）何时投入使用，何时计算消费量。

（3）消费量只能计算一次。

（4）耗能工质（如水、氧气、压缩空气等），不论是外购的还是自产自用的，均不统计在能源消费量中（计算单位产品能耗时除外）。

（5）企业自产的能源，凡作为企业生产另一种产品的原材料、燃料，又分别计算产量的，消费量要统计。

工业企业能源消费量 工业企业能源消费包括工业企业在生产过程中作为燃料、动力、原料、辅助材料使用的能源以及工艺用能、非生产用能；作为能源加工转换企业，还要包括能源加工转换的投入量。

工业生产能源消费 指工业企业为进行工业生产活动所使用的能源。

车辆用油 指在厂区内、外进行交通运输活动的车辆所消费的成品油。但是如果工业企业所属的车队是独立核算的企业，其消费的成品油既不能包括在“工业企业能源消费”中，亦不能包括在“车辆用油”中，它的消费应为交通运输业企业消费。

能源加工、转换消费 能源加工、转换是指为了特定的用途，将一种能源（一般为一次能源），经过一定的工艺，加工或转换成另外一种能源（二次能源）。

能源加工转换产出量 指各种能源经过加工转换后产出的各种二次能源产品（包括不作能源使用的其

他副产品和联产品），比如火力发电产出的电力，热电联产同时产出的电力、蒸汽、热水，洗煤产出的洗精煤、洗中煤、煤泥等；炼焦产出的焦炭、焦炉煤气和其他焦化产品；炼油产出的汽油、煤油、柴油、燃料油、液化石油气、炼厂干气和其他石油制品（石脑油、各种原料油、溶剂油、石蜡、润滑油、石油沥青等）；制气产出的是焦炉煤气、其他煤气、焦炭和其他焦化产品（煤焦油、粗苯等）。

能源加工转换损失量 指在能源加工、转换过程中产生的各种损失量，即能源加工、转换过程中投入的能源数量和产出的能源数量之差。

能源用作原材料 指能源产品不作能源使用，即不作燃料、动力使用，而作为生产另外一种产品（非能源产品）的原料或作为辅助材料使用，作原料使用时通常构成这种产品的实体。

综合能源消费量 指报告期内企业实际消费的各种能源的总和。计算综合能源消费量时，需要先将使用的各种能源折算成标准燃料后再进行计算。

能源库存量 本制度中所涉及的能源库存量是指企业能源库存量，它是企业在报告期的某时间点所拥有的各种能源数量。根据企业的生产经营活动性质，企业库存量分为生产企业产成品库存、经销企业（批发、零售企业）用于经营销售的库存、使用企业用于消费的库存。

库存量的核算原则：(1) 时点性原则；(2) 实际数量原则。

工业取水总量 指工业企业从各种水源提取的，并用于工业生产活动的水量总和，包括自来水、地下水、地表水、海水、苦咸水、经城市污水处理厂处理后回用于工业的水量，以及企业从市场购得的其他水或水的产品（如纯净水、矿泉水、蒸汽、热水、地热水等）。工业取水总量包括主要工业生产用水、辅助生产（包括机修、运输、空压站等）用水和附属生产（包括厂内绿化、职工食堂、非营业的浴室及保健站、厕所等）用水；不包括非工业生产单位的用水，如厂内居民家庭用水和企业附属幼儿园、学校、对外营业的浴室、游泳池等的用水量。

（十二）科技、教育

CHAPTER 12
SCIENCE AND TECHNOLOGY, EDUCATION

表 12—1 南京地区专业技术人员学历分类

计量单位:人

指　　标	2006 年	2005 年
全　　市	627838	565418
研究生及以上	33380	30552
本 科	175590	153520
大 专	220397	196738
大学专科以下	198471	184608

注:本表由市人事局提供。

表 12—2 高新技术产业基本情况 (2006 年)

计量单位:万元

指　　标	工业总产值	主营业务收入	出口交货值	利润总额
合　　计	19381257	20002593	6104458	991328
航天航空制造业	338917	335307	153540	16287
计算机及办公室设备制造	4871896	4808596	4178473	38460
电子及通信设备制造业	3736394	3866349	1080335	151835
医药制造业	381967	436531	22937	48834
专用科学仪器设备制造	778562	750283	389718	34353
电气机械及设备制造业	1021717	1020342	25470	119616
新材料产业	8251804	8785185	253985	581943

表 12—3 大中型工业企业科技活动

指 标	2006 年 大中型	2005 年 大中型
一、企业概况		
有科技活动企业数(个)	155	142
有科技活动企业所占比重(%)	57.84	53.58
年末生产经营用设备原值(千元)	117887172	97631835
＃微电子控制设备原值	39499312	22939950
企业办科技机构数(个)	175	174
二、科技活动人员		
科技活动人员总计(人)	36158	36740
总计中:具有高、中级职称人员和无高中级职称的大学本科及以上学历人员	22582	22914
总计中:研究与试验发展活动人员	20542	19877
总计中:企业办科技机构中科技人员	10728	10375
＃博士、硕士毕业以上学历人员	1278	1035
三、科技活动项目及经费		
本年科研项目数(项)	3177	2721
本年科技活动经费筹集总额(千元)	7340704	6488731
企业资金	6599084	5897354
金融机构贷款	254331	244986
来自政府部门的资金	436989	219493

注:本表根据科技年报数据编制。

表 12—3 续表

指　标	2006 年 大中型	2005 年 大中型
来自事业单位的资金		
来自国外的资金	15381	16120
其他资金	34919	110778
本年科技活动经费支出总额(千元)	7710231	6409882
1. 内部支出合计	7270382	6073532
其中:内部经常费支出	6807645	5705084
合计中:用于开发新产品经费支出	3851343	3395064
合计中:研究与试验发展活动经费支出	3988394	3060484
其中:研究与试验发展经常费支出	3967094	3040521
2. 外部支出合计	439849	336350
四、其他技术活动经费支出		
技术改造经费支出(千元)	5759804	8502474
技术引进经费支出(千元)	489066	945207
消化吸收经费支出(千元)	37010	78885
购买国内技术经费支出(千元)	74989	66416
五、科技活动产出		
专利申请数(件)	738	693
新产品销售收入合计(千元)	70457085	62938355
＃新产品出口销售收入	8404210	5837425
新产品产值(千元)	73277248	67226449

表 12—4　研究与开发机构概况

计量单位：个

指　　标	2006 年	2005 年
合　　计	544	550
县以上独立研究与开发机构	106	105
非独立研究与开发机构	438	445
大中型工业企业技术开发机构	175	174
高等院校研究与开发机构 *	263	271

注：高校研究与开发机构仅为经上级主管部门批准的；本表部分指标由市科技局提供。

表 12—5　科技活动人员及 R&D 人员按活动机构分类情况

计量单位：人

指　　标	2006 年	2005 年
科技活动人员数	66199	69068
独立研究与开发机构	13218	15448
高等院校	16823	16880
大中型工业企业 *	36158	36740
R&D 人员数	37877	35949
独立研究与开发机构	6016	4715
高等院校	11309	11357
大中型工业企业 *	20542	19877

注：研究与开发机构的统计数据不包括南京电子器件研究所、南京电子工程研究所和南京电子技术研究所；本表部分指标由市科技局提供。

表 12—6 独立研究与开发机构 R&D 活动情况

指 标	2006 年	2005 年
R&D 经费总支出(万元)	98972	79654
内部支出	98145	77514
基础研究	24399	23704
应用研究	48747	39296
试验发展	24999	14514
外部支出	827	2140
R&D 折合全时人员(人年)	4956	4560
#科学家和工程师	3973	3601

注:研究与开发机构的统计数据不包括南京电子器件研究所、南京电子工程研究所和南京电子技术研究所;本表由市科技局提供。

表 12—7 独立研究与开发机构经费情况

计量单位:万元

指 标	2006 年	2005 年
经费收入	595558	414693
科技活动收入	332929	222457
政府资金	156071	109937
#财政补助收入	25578	64212
非政府资金	176858	112520
#技术性收入	167399	89902
其它资金	9459	22618
生产经营收入	204767	157604
其他收入	57862	34632
出口创汇(千美元)	6836	4459
经费支出	576125	389646

注:研究与开发机构的统计数据不包括南京电子器件研究所、南京电子工程研究所和南京电子技术研究所;本表由市科技局提供。

表 12—8 专利申请量与授权量

计量单位：件

指　　标	2006 年	2005 年
申请量合计	6793	5228
发明	3360	2321
实用新型	2002	1676
外观设计	1431	1231
授权量合计	2847	2166
发明	731	593
实用新型	1347	1000
外观设计	769	573

注：本表由市科技局提供。

表 12—9 技术合同成交情况（2006 年）

指　　标	合同数（项）	合同金额（万元）	
			＃技术交易额
合　　计	7858	524833	509377
技术开发	3341	382376	368656
技术转让	631	42745	41788
技术咨询	1668	23580	23277
技术服务	2218	76132	75656

注：本表由市科技局提供。

表12—10 普通教育事业基本情况

一、学校数 计量单位:所

指　　标	2006年	2005年	2006年为上年%
全　　市	737	794	92.82
#普通高校	41	38	107.89
普通中等专业学校	75	90	83.33
#普通中专	29	29	100.00
职业中学	17	19	89.47
技工学校	29	42	69.05
#其他机构(教学点)	24	20	120.00
普通中学	223	234	95.30
小学	385	419	91.89
特殊教育	13	13	100.00

二、在校学生数 计量单位:人

指　　标	2006年	2005年	2006年为上年%
在校学生总数	1383209	1331579	103.88
#普通高校	620779	561102	110.64
普通中等专业学校	152158	140684	108.16
#普通中专	87550	87555	99.99
职业中学	12291	14693	83.65
技工学校	52317	38436	136.11
其他机构(教学点)	24023	26824	89.56
普通中学	305619	322613	94.73
小学	302471	305134	99.13
特殊教育	2182	2046	106.65

注:本表数据由市教育局提供,普通高校在校学生、毕业生、招生数均含研究生。

（十二）科技、教育

三、毕业生数 计量单位：人

指　　标	2006年	2005年	2006年为上年%
毕业生总数	328806	313026	105.04
＃普通高校	130824	117243	111.58
普通中等专业学校	26049	20739	125.60
＃普通中专	16658	14453	115.56
职业中学	3863	2126	181.70
技工学校	5528	4160	132.88
其他机构(教学点)	3106	5071	61.25
普通中学	112344	110943	101.26
＃初中	79323	83024	95.54
高中	33021	27919	118.27
小学	59287	63804	92.92
特殊教育	302	297	101.68
小学毕业生升学率(%)	101.96	98.5	
初中毕业生升学率(%)	97.27	95.2	

注：本表数据由市教育局提供，普通高校在校学生、毕业生、招生数均含研究生。

四、招生数 计量单位：人

指　　标	2006年	2005年	2006年为上年%
招生总数	356247	355555	100.19
＃普通高校	160511	164798	97.40
普通中等专业学校	51740	47725	108.41
＃普通中专	27562	28737	95.91
职业中学	3951	4826	81.87
技工学校	20227	14162	142.83
＃其他机构(教学点)	6271	7919	79.19
普通中学	96360	99429	96.91
＃初中	60447	62897	96.10
高中	35913	36557	98.24
小学	47326	43246	109.43
特殊教育	310	357	86.83

注：本表数据由市教育局提供，普通高校在校学生、毕业生、招生数均含研究生。

五、专任教师数

计量单位：人

指　　标	2006年	2005年	2006年为上年%
专任教师总数	82928	76860	107.89
#普通高校	34104	28961	117.76
普通中等专业学校	5386	5020	107.29
#普通中专	2663	2587	102.94
职业中学	1071	1021	104.90
技工学校	1652	1412	117.00
#其他机构(教学点)	55	102	53.92
普通中学	22671	22344	101.46
小学	20367	20153	101.06
特殊教育	400	382	104.71

六、幼儿园

计量单位：人

指　　标	2006年	2005年	2006年为上年%
园数（个）	494	481	102.70
在园幼儿数	113552	106640	106.48
教职工数	11359	10541	107.76
# 教师	7763	6514	119.17
平均每一教师负担幼儿	15	16	93.75

表12—11 高等学校基本情况（2006年）

计量单位：人

学校	招生数	在校学生数	毕业生数	教职员工数	#专任教师	正副教授	中级	初级和无职称
合计	138344	557108	115986	54219	34104	13646	11441	9017
#南京大学	3153	12403	2827	3556	2002	1329	371	302
东南大学	3961	17000	4231	4255	2060	1177	720	163
南京航空航天大学	3695	16058	4084	2481	1422	693	558	171
南京理工大学	3691	15831	3969	2360	1398	773	493	132
南京工业大学	3819	20043	5881	2376	1499	589	621	289
南京邮电大学	3745	14768	2701	1631	931	320	305	306
河海大学	4596	18448	4258	2477	1644	652	634	358
南京林业大学	3755	15505	3832	1736	1181	482	352	347
南京信息工程大学	3615	14502	3334	1146	851	287	279	285
南京农业大学	4170	15146	3259	2053	1369	636	455	278
南京医科大学	1473	8866	1378	1272	685	280	275	130
南京中医药大学	2140	12134	1825	980	677	264	211	202
中国药科大学	2691	8370	2086	1238	743	245	248	250
南京师范大学	3883	19524	6858	2793	1549	912	492	145
南京财经大学	3981	16476	4215	1617	1058	553	388	117
江苏警官学院	2073	6882	1375	673	369	124	197	48
南京体育学院	658	2296	463	312	165	53	54	58
南京艺术学院	2443	7294	1217	1197	669	251	181	237
南京工业职业技术学院	4284	13300	2411	838	659	201	251	207
三江学院	3949	13411	1560	749	544	270	113	161
南京工程学院	5949	21323	3379	1436	915	263	380	272
南京审计学院	2489	9015	1931	952	667	234	269	164
南京晓庄学院	2994	10929	2194	916	543	181	184	178
江苏经贸职业技术学院	3381	11163	2151	806	535	131	191	213
南京特殊教育职业技术学院	684	2802	869	251	160	38	58	64
南京森林公安高等专科学校	1452	4165	842	336	201	60	53	88
江苏联合职业技术学院	0	15741	3251	2077	1226	295	502	429
江苏海事职业技术学院	2108	8377	1343	646	451	81	139	231
应天职业技术学院	2050	5636	552	348	250	76	18	156
南京交通职业技术学院	2568	7851	1632	480	327	98	122	107
南京化工职业技术学院	3036	9464	1920	714	593	132	176	285
正德职业技术学院	1940	6255	1163	430	273	132	51	90
钟山职业技术学院	2239	7484	915	502	356	141	71	144
金肯职业技术学院	1216	6624	853	553	331	65	11	255
南京铁道职业技术学院	1178	4326	690	350	204	44	78	82
南京信息职业技术学院	3237	10784	2733	711	561	144	155	262
金陵科技学院	3524	14354	2991	1094	773	184	319	270
南京视觉艺术职业学院	457	713	0	141	107	30	48	29
江苏城市职业学院	5909	5909	0	1921	1216	184	452	580
南京城市职业学院	1506	1506	0	305	173	57	76	40
南京机电职业技术学院	1292	2757	384	355	259	51	103	105

注：全市高等学校招生数、在校学生数和毕业生数均不包括研究生，但包括成人教育院校、广播电视大学、教育学院对应届高中毕业生的招生数及相应的在校学生和毕业生。

表 12—12 普通高校及科研院所研究生人数（2006 年）

计量单位:人

学校	毕业生数	招生数	在学研究生数
合计	14838	22167	63671
南京大学	2597	3455	10508
东南大学	2623	3263	9996
南京航空航天大学	1248	2138	6275
南京理工大学	1856	1968	5071
南京工业大学	529	1145	2935
南京邮电大学	385	675	1838
河海大学	1091	2144	6289
南京林业大学	318	695	1935
南京信息工程大学	199	353	1060
南京农业大学	1158	1674	4597
南京医科大学	384	563	1761
南京中医药大学	344	513	1570
中国药科大学	400	675	1756
南京师范大学	1365	2156	6046
南京财经大学	0	205	460
南京体育学院	15	33	85
南京艺术学院	82	148	393
中科院南京天文光学技术研究所	8	18	48
中国科学院紫金山天文台	29	33	116
中科院南京地质古生物研究所	14	18	66
中科院南京地理与湖泊研究所	39	48	154
南京天文仪器研制中心	3	3	9
中国科学院南京土壤研究所	49	81	244
国网南京自动化研究院	14	22	62
南京水利科学研究院	17	29	98
南京电子技术研究所	28	60	149
江苏省植物研究所	10	16	44
中共江苏省委党校	33	36	106

注:本表数据由市教育局提供。

表 12—13　主要中等专业学校基本情况（2006 年）

计量单位：人

学　　校	毕业生数	招生数	在校学生数	教职员工数	#专任教师
南京高等职业技术学校	636	1708	4256	269	194
江苏省南京工程高等职业学校	955	1530	5106	271	174
南京钟山外国语中等专业学校	226	260	661	35	28
南京市中等专业(走读)学校	3527	4346	14324	35	19
兵工物资总公司南京职业中专校	76	38	114	35	23
南京市体育运动学校	69	91	275	97	55
江苏省戏剧学校	227	456	1183	249	163
南京市女子中等专业学校	230	51	334	117	72
金陵职业教育中心	643	1180	3002	258	216
南京市财经学校	445	391	1203	113	86
南京旅游·营养职教中心	382	346	1164	135	102
江苏广播电视中等专业学校	89	329	1802	0	0
南京艺术学院附属中等艺术学校	129	124	466	73	41
江苏省中医学校	193	353	1383	50	24
南京市鼓楼中等专业学校	1004	582	1189	164	131
江浦职业教育中心校	515	1062	3264	238	215
江苏省文化学校	90	90	153	53	31
南京卫生学校	113	606	1783	165	93
江苏省新闻出版学校	188	830	1955	63	28
江苏广播电视学校	50	272	916	57	31
南京中华职业教育中心	385	628	1829	104	73
南京市江宁职业技术教育中心	1591	1310	4115	229	187
江苏省六合职业教育中心校	1373	1125	4095	182	142
江苏省溧水职业教育中心校	2270	2522	6816	214	181
江苏省高淳职业教育中心校	363	1095	2922	197	167
南京幼儿高等师范学校	0	386	1172	108	73
南京市莫愁中等专业学校	608	957	2901	203	176
南京市下关区职业教育中心	454	350	1398	237	194
浦口职业学校	316	542	1423	72	53
南浦职业学校	302	272	971	37	21
六合区交通职业学校	71	76	173	30	17

注：本表数据由市教育局提供。

表 12—14 技工学校基本情况（2006 年）

计量单位：人

学校	毕业生数	招生数	在校学生数	教职员工数	#专任教师
全市招生学校(29 所)	5528	20227	52317	2770	1652
南京市高级技术学校	601	1874	5765	182	142
南京市交通高级技工学校	1127	1510	6445	672	370
南京工程高级技术学校	61	348	1279	140	55
南京铁道车辆技术学校	326	1327	2430	60	48
南京江宁技工学校	589	1094	3001	91	59
南京机电技术学校	287	421	1643	106	96
南京化工技工学校	135	666	2262	118	45
南京市商业技工学校	0	188	1088	45	25
南京市公用事业技工学校	435	432	1373	79	33
南京市绿洲机器厂技工学校	365	0	827	31	19
南京市轻纺技工学校	154	881	3624	105	60
南京市农垦技工学校	577	1544	4289	97	75
南京五洲制冷技工学校	113	182	626	42	21
南京机电工业技工学校	240	854	1986	132	89
南京电子技工学校	76	995	2813	133	88
江苏印刷技工学校	130	29	246	90	13
南京金陵船厂技工学校	56	120	390	24	16
金陵石化技工学校	60	308	464	45	40
南京市华东电子管厂技工学校	56	151	535	18	17
南京市晨光技工学校	0	0	82	19	17
南京电子信息技工学校	0	408	408	90	32
南京航空技工学校	0	67	67	23	15
南京工业技工学校	19	5652	9417	139	102
南京微分电机厂技工学校	38	0	81	6	5
南京钢铁集团公司技工学校	83	0	0	13	11
南京汽车集团有限公司技工学校	0	347	347	60	32
江苏省工会职业技术学校	0	236	236	111	42
南京市光电技术技工学校	0	328	328	65	52
南京金肯技工学校	0	265	265	34	33

注：本表数据由市劳动保障局提供。

表 12—15　普通中小学和其他学校基本情况（2006 年）

计量单位：人

学　　校	个数(所)	毕业生数	招生数	在校学生数	教职员工数	#专任教师
普通中学	223	112344	96360	305619	27564	22671
高中	75	33021	35913	108291	—	7737
初中	148	79323	60447	197328	—	14934
职业中学	17	3863	3951	12291	1344	1071
技工学校	29	5528	20227	52317	2770	1652
小学	385	59287	47326	302471	22536	20367
特殊教育	13	302	310	2182	480	400

注：本表数据由市教育局提供。

表 12—16　成人教育基本情况（2006 年）

计量单位：人

学　　校	毕业生数	招生数	在校学生数	教职员工数	#专任教师
成人高等教育	23791	55069	156175	8777	5851
职工高等学校	1050	1431	3553	479	297
管理干部学院	429	2161	3542	1063	701
教育学院	504	4093	14649	537	309
广播电视大学	181	1214	2508	6698	4544
其　　他	21627	46170	131923		
成人中等专业学校	5691	6574	17799	2841	1509

注：成人高等教育是全社会口径，本表数据由市教育局提供。

表 12—17　成人高等学校分类情况表（2006 年）

计量单位：人

	学校数（所）	本专科学生				教职员工数	
		毕业生数	招生数	在校学生数	毕业班学生数		#专任教师
总　　计	12	2164	8899	24252		8777	5851
一、按隶属关系分							
中央部委所属	1	23	116	212		62	43
地方所属	11	2141	8783	24040		8715	5808
二、按类型分							
职工高等学校	5	1050	1431	3553		479	297
管理干部学院	4	429	2161	3542		1063	701
教育学院	1	504	4093	14649		537	309
广播电视大学	2	181	1214	2508		6698	4544

表 12—18　成人高等教育一览表（2006 年）

计量单位：人

学　　校	毕业生数	招生数	在校学生数	教职员工数	#专任教师
一、广播电视大学	181	1214	2508	6698	4544
南京市广播电视大学	125	335	872	887	550
江苏广播电视大学	56	879	1636	5811	3994
二、教育学院	504	4093	14649	537	309
江苏教育学院	504	4093	14649	537	309
三、职工高等学校	1050	1431	3553	479	297
南京联合职工大学	44		263	72	52
江苏电力职工大学	436	176	562	93	43

注：本表数据由市教育局提供。

表 12—18　续表

学　校	毕业生数	招生数	在校学生数	教职员工数	#专任教师
江苏职工医科大学	497	788	1882	163	100
南京市职工大学	50	351	634	89	59
空军第一职工大学	23	116	212	62	43
四、管理干部学校	429	2161	3542	1063	701
南京人口管理干部学院	51	768	1126	470	303
江苏省省级机关管理干部学院	311	622	1073	241	164
江苏省青年管理干部学院	45	719	1291	208	164
南京金陵旅馆管理干部学院				144	70

表12—19 成人中专教育主要学校一览表（2006年）

计量单位：人

学校	毕业生数	招生数	在校学生数	教职员工数	#专任教师
南京城建中等专业学校	388	529	820	43	22
南京市外贸中等专业学校	154	201	957	44	38
南京市轻工中等专业学校	128	201	578	52	41
东南中等专业学校	205	316	957	66	57
南京中山中专学校	83	73	292	10	6
南京市职工中等专业学校	211	219	358	0	0
南京中华业余财会中等专业学校	36	0	75	21	10
江苏省妇女干部学校	168	37	122	30	16
南京市医药中等专业学校	264	353	1054	95	78
建邺区职工学校	21	213	589	24	18
南京市商业中专学校	69	177	654	22	13
江苏省农业广播电视学校	808	1653	4667	868	354
江苏省中华会计函授学校	1677	1445	3325	570	222
南京市机械中等专业学校	57	411	1067	0	0
南京市仪器仪表中等专业学校	257	128	401	50	33
南京市电子信息中等专业学校	311	452	1193	52	35
南京市经济贸易学校	293	346	932	69	32
江宁区成人中专校	124	242	603	46	32
六合区教师进修学校	132	208	626	74	47
六合区总工会职工学校	17	13	82	10	6

表12—20 主要年份学校在校学生数

计量单位:万人

年　份	高等学校	普通中学	小　学
1949	0.35	1.82	12.06
1952	0.84	3.68	23.34
1957	2.35	6.98	31.46
1962	3.52	8.92	35.63
1965	2.98	11.29	48.00
1970	2.43	18.26	54.10
1975	1.87	25.23	60.19
1978	2.72	23.14	39.17
1979	3.51	21.8	39.84
1980	4.02	27.41	50.5
1985	6.04	23.86	41.85
1990	7.51	23.01	42.08
1995	10.37	23.57	41.72
1997	12.05	22.04	46.75
1998	13.24	21.80	48.11
1999	16.28	22.29	47.88
2000	21.69	25.38	45.41
2002	34.78	32.38	38.88
2003	42.94	33.92	35.16
2004	49.15	33.93	32.38
2005	56.11	32.26	30.51
2006	62.08	30.56	30.25

注:高等学校在校学生数含高等学校、科研院所在学研究生。

主要统计指标解释

科技活动 指在自然科学、农业科学、医药科学、工程与技术科学、人文与社会科学领域（简称科学技术领域）中，与科技知识的产生、发展、传播和应用密切相关的有组织的活动。可分为研究与试验发展(R&D)、研究与试验发展成果应用及相关的科技服务三类活动。

企业办科技机构数 办科技机构是指企业自办、或与外单位合办，管理上同生产系统相对独立、或者单独核算的专门科技活动机构，如企业开办的技术中心、研究院所、开发中心、开发部、实验室、中试车间、试验基地等。企业办科技机构经过资源整合，被国家或省级有关部门认定为国家级或省级技术中心的，可按一个机构填报。企业科技管理职能科室（如科研处、技术科等）一般不统计在内；若科研处、技术科等同时挂有科技机构牌子，视其报告年度内主要工作任务而定，主要任务是从事科技活动的可以统计，否则不统计。本指标不含企业在中国境外设立的科技机构数。

科技活动人员 指直接从事或参与科技活动的人员，包括参加科技项目人员、从事科技活动管理和为科技活动提供直接服务的人员（包括工人）。科技活动人员不包括全年累计从事科技活动时间不足制度工作时间10%的人员，也不包括为科技活动提供间接服务的保卫、医疗保健、司机、食堂人员、茶炉工、水暖工、清洁工等人员。

研究与试验发展人员 指科技活动人员中从事基础研究、应用研究和试验发展三类活动的人员。包括直接参加上述三类项目活动的人员及这三类项目的管理和直接服务人员。上述三类项目的管理和直接服务人员，可按研究与试验发展（R&D）项目人员占全部科技项目人员的比重进行推算。

科技项目 指为系统地解决产品和工艺等方面的科学技术问题而确定的研究开发性工作。科技项目一般应按照企业制订的科技开发计划或签订的项目协议书确定，具体包括企业在报告年度当年立项并开展研制工作、以前年份立项仍继续进行研制的科技项目，以及当年完成和年内研制工作已告失败的科技项目，但不包括委托外单位进行研制的科技项目以及列入当年计划但未实施的项目。

科技活动经费筹集总额 指在报告年度从各种渠道筹集到的计划用于科技活动的经费，包括企业资金、金融机构贷款、政府资金、国外资金、其他资金等。

政府资金 指从各级政府部门获得的计划用于科技活动的经费，包括科学事业费、科技三项费、科研基建费、科学基金、教育等部门事业费中计划用于科技活动的经费以及政府部门预算外资金中计划用于科技活动的经费等。

企业资金 指从自有资金中提取或接受其他企业委托的、科研院所和高校等事业单位接受企业委托获得的，计划用于科研和技术开发的经费。不包括来自政府、金融机构及国外的计划用于科技活动的资金。

（十二）科技、教育

科技活动经费支出总额 指在报告年度实际支出的全部科技活动费用，包括列入技术开发的经费支出以及技措技改等资金实际用于科技活动的支出。不包括生产性支出和归还贷款支出。科技活动经费支出总额分为企业内部开展科技活动的经费支出和委托外单位开展科技活动的经费支出。

技术改造经费支出 企业在报告年度进行技术改造而发生的费用支出。技术改造指企业在坚持科技进步的前提下，将科技成果应用于生产的各个领域（产品、设备、工艺等），用先进技术改造落后技术，用先进工艺代替落后工艺、设备，实现以内涵为主的扩大再生产，从而提高产品质量、促进产品更新换代、节约能源、降低消耗，全面提高综合经济效益。

技术引进经费支出 指在报告年度用于购买国外技术的费用支出，包括产品设计、工艺流程、图纸、配方、专利等技术资料的费用支出，以及购买关键设备、仪器、样机和样件等的费用支出。

消化吸收经费支出 企业在报告年度对国外引进项目进行消化吸收所支付的经费。包括：人员培训费、测绘费、参加消化吸收人员的工资、工装、工艺开发费、必备的配套设备费、翻版费等。引进技术的消化吸收指对引进技术的掌握、应用、复制而开展的工作，以及在此基础上的创新。通过消化吸收国外技术，达到掌握引进技术，提高自我创新能力的目的。消化吸收经费支出中属于研究与试验发展的经费支出，除包含在本项外，还要计入企业研究与试验发展经费支出中。

购买国内技术经费支出 企业在报告年度购买国内其他单位科技成果的经费支出。包括购买产品设计、工艺流程、图纸、配方、专利、技术诀窍及关键设备的费用支出。

专利申请数 指在报告年度内向专利行政部门提出专利申请并被受理的件数。

新产品产值 指年度本企业生产的新产品的产值。新产品是指采用新技术原理、新设计构思研制、生产的全新产品，或在结构、材质、工艺等某一方面比原有产品有明显改进，从而显著提高了产品性能或扩大了使用功能的产品。若产品只在外观、颜色、图案、包装上有改变，或仅在技术上有较小的变化，不作为新产品进行统计。本报表中的新产品指标既包括经政府有关部门认定并在有效期内的新产品，也包括企业自行研制开发，未经政府有关部门认定，从投产之日起一年之内的新产品。

新产品销售收入 指年度本企业销售新产品实现的销售收入。

新产品出口收入 指年度本企业将新产品出售给外贸部门和直接出售给外商所实现的销售收入。

年末生产经营用设备原值 在年末拥有的直接服务于企业生产、经营过程的各种机器设备的原价。

微电子控制设备原价 年末拥有的、利用微电子技术（包括电子计算机、集成电路等）对生产过程进行控制、观察测量、测试等生产机器设备的原价。

普通高等学校 指按照国家规定的设置标准和审批程序批准举办，通过国家统一招生考试，招收高中毕业生为主要培养对象，实施高等学历教育的全日制大学、独立设置的学院和高等专科学校、高等职业学校和其他机构。

成人高等学校 指按照国家规定的设置标准和审批程序举办的，通过全国成人高等教育统一招生考试，招收具有高中毕业或同等学历的人员为主要培养对象，利用脱产、业余或函授等多种形式对其实施高等学历教育的学校。包括广播电视大学、职工高等学校、农民高等学校、管理干部学院、教育学院、独立函授学院、其他机构。

初中毕业生升学率 计算初中毕业生升学率所用分子数为高级中学招生数，包括：普通高中招生数、职业高中招生数、技工学校招生数、普通中专招收初中毕业生数、普通中专举办的成人中专招收应届初中毕业生数及成人中专招收应届初中毕业生数，分母是初中毕业生人数。

（十三）文化、卫生和体育

CHAPTER 13
CULTURE, PUBLIC HEALTH AND SPORTS

表 13—1 文化机构从业人员综合情况（2006 年）

指 标	总 计		文化部门		其他部门	
	机构数（个）	从业人员数（人）	机构数（个）	从业人员数（人）	机构数（个）	从业人员数（人）
总 计	2385	15637	313	5203	2072	10434
一、文化机构合计	2372	15235	300	4801	2072	10434
1. 艺术业	40	1775	40	1775		
2. 图书馆业	18	658	18	658		
3. 群众文化业	130	573	130	573		
4. 艺术教育类	3	338	3	338		
5. 文化市场经营单位	2110	10734	38	300	2072	10434
6. 文艺科研	1	34	1	34		
7. 文物业	31	839	31	839		
8. 其他文化业	39	284	39	284		
二、非文化机构合计	13	402	13	402		

注：本表数据由市文化局提供。

表 13—2 群众艺术馆、文化馆（站）（2006 年）

指 标	合 计	群众艺术馆	文化馆	文化站
个数(个)	130	1	15	114
举办展览个数(个)	919		130	789
组织文化活动次数(次)	2544		697	1847
举办训练班(班次)	1581	296	504	781
结业人次(人次)	54012	5413	20439	28160
藏书(千册)	1791		3	1788

注：本表数据由市文化局提供，不包括部、省在宁单位，文化站包括街道办站。

表13—3　艺术团体（2006年）

指　标	剧团数（个）	职工数（人）	国内演出（场次）	#在农村演出	国内观众人次（千人次）
全　市	21	1217	4270	852	2528
一、按隶属关系分					
省级文化部门	10	727	3442	463	1235
市级文化部门	6	443	656	224	988
区县级文化部门	5	47	172	165	305
二、按剧种分					
话剧	2	121	137	13	96
歌舞	2	257	154	10	263
乐团	3	139	248	8	257
戏曲：	11	573	1109	560	1570
京剧	2	169	357	224	647
扬剧	2	74	91	72	73
锡剧	5	123	232	204	539
越剧	1	82	135	60	255
昆剧	1	125	294		56
杂技	1	105	31		30
木偶	1	2	104	1	84
评弹	1	20	2487	260	228

注：本表数据由市文化局提供。

表13—4　文化娱乐业综合情况（2006年）

指　标	机构数（个）	从业人员（人）	经营活动情况（千元）			其他（千元）	
			营业收入	营业成本	利润	从业人员劳动报酬	税金
合　计	1356	9022	603440	307250	293309	75881	5981
歌舞娱乐场所	304	4016	259511	150714	149887	38259	2273
电子游戏厅	197	495	31666	10242	9078	3743	367
其他娱乐场所	17	202	7855	3003	2542	2070	52
网吧	837	4303	304228	143263	131802	31769	3289
其他	1	6	180	28		40	

注：本表数据由市文化局提供。

表 13—5 公共图书馆综合情况（2006 年）

指 标	合计	省级	市级	区县级
机构数(个)	18	1	1	16
从业人员(人)	658	384	99	175
总藏量(千册)	11868	8287	1348	2233
其中:图书	10745	7428	1263	2054
报刊	835	645	76	114
视听文献、微缩制品	177	149	9	19
其他	111	65		46
在藏品中:开架书刊	1434	44	180	1210
本年新购藏量(千册)	26	22	2	2
其中:图书	22	19	2	1
共用房屋建筑面积(平方米)	70547	31823	6849	31875
其中:书库	35335	26227	1896	7212
阅览室	14013	5223	1600	7190
阅览室座席数(个)	4967	747	400	3820
总流通人次(千人次)	3103	546	589	1968
其中:书刊文献外借人次	1594	297	283	1014
书刊文献外借册次(千册次)	2600	504	426	1670
累计发放有效借书证数(千个)	150	21	62	67
为读者举办各种活动				
次数(次)	1077	256	441	380
参加人次(千人次)	358798	28317	78739	251742
计算机(台)	923	298	139	486
其中:电子阅览室终端数	428	30	40	358
网站数(个)	8	2	1	5
因特网总带宽(mbps)	131	20	6	105
共享工程服务点(个)	18	1	1	16
年末固定资产原值(千元)	233083	173214	22471	37398

注:本表数据由市文化局提供。

表13—6 博物馆综合情况（2006年）

指 标	合计	艺术类	综合性	历史类
机构数(个)	14	2	5	7
省级	2	1	1	
市级	5		1	4
区县级	7	1	3	3
从业人员(人)	677	19	422	236
高级职称	72		53	19
中级职称	127	42	82	3
具有考古领队资质人员	17		17	
文物藏品(件)	537826	1000	531040	5786
#一级品	1263		1220	43
参观人次(人次)	2087963	102000	720458	1265505
#外宾	77385	120	53986	23279
青少年	936763	59000	300635	577128
本年收入(千元)	87495	1355	55877	30263
财政拨款	61575	1071	38178	22326
事业收入	16435	55	10508	5872
#门票收入	6453	55	805	5593
本年支出(千元)	82853	1355	52763	28735
基本支出	42033	1117	26080	14836
项目支出	39942	10	26683	13249
公用建筑面积(平方米)	145732	11211	114363	23811
展览用房	116039	7558	102304	11235
文物库房	8166	200	7436	530

注：本表数据由市文化局提供。

表 13—7　文物保护管理机构综合情况（2006 年）

指　标	机构数（个）	从业人员（人）	文物藏品（件）	#一级藏品	展览（个）	参观人次（千人次）
总　计	31	839	900238	1266	153	2258
文物保护管理机构	14	33	1794	3	29	170
博物馆	14	677	537826	1263	124	2088
艺术类	2	19	1000		8	102
综合性	5	422	531040	1220	78	720
历史类	7	236	5786	43	38	1266
自然科技类						
其他						
文物商店	2	123	360618			
文物科研、考古机构	1	6				

注:本表数据由市文化局提供。

表 13—8 艺术表演场所综合情况（2006 年）

指 标	合 计	＃剧场、影剧院	＃正在活动场所
机构数(个)	12	12	11
省级	3	3	3
市级	6	6	5
区县级	3	3	3
从业人员(人)	195	195	177
座席数(个)	9338	9338	9338
演(映)出场次(场)	1737	1737	1737
其中:艺术演出场次	1061	1061	1061
电影放映场次	675	675	675
观众人次(千人次)	644	644	644
其中:艺术演出观众人次	446	446	446
电影放映观众人次	198	198	198
事业收入(千元)	13600	13600	13600
其中:艺术演出分成收入	9196	9196	9196
电影放映分成收入	1355	1355	1355
年末固定资产原值(千元)	295510	295510	283890
建筑面积(平方米)	76669	76669	71129
其中:演(映)业务用房	26522	26522	26522

注:本表数据由市文化局提供。

表 13—9 广播、电视播出情况（2006 年）

指 标	节目套数(套)					全年公共节目播出时间(小时)	全年制作节目时间(小时)
	合计	公共节目	付费节目	互联网传输	卫星传输		
广播电台	22	22				122758	113878
省级广播电台	10	10				61294	61808
市级广播电台	5	5				39363	37781
区县级广播电台	7	7				22101	14289
电视台	25	24	1			139355	87373
省级电视台	10	9	1			63302	46003
市级电视台	8	8				55997	34050
区县级电视台	7	7				20056	7320

注:本表数据由市广电局提供。

表 13—10 广播、电视覆盖情况（2006 年）

指 标	广播综合覆盖		电视综合覆盖		有线电视节目交易		
	覆盖人口数(万人)	覆盖率(%)	覆盖人口数(万人)	覆盖率(%)	总用户数(户)	#数字电视	入户率(%)
全 市	689.8	100	689.8	100	1827945	701200	74.87
市级覆盖	335.29	100	335.29	100	720000	680000	98.61
区级覆盖	271.93	100	271.93	100	832120	21200	64.79
县级覆盖	82.58	100	82.58	100	275825		61.2

注:本表数据由市广电局提供。

表 13—11　新华书店图书销售数量

计量单位：万册

指　　标	2006 年	2005 年	2006 年为上年%
总　计	4235	4105	103.17
哲学、社会科学	310	256	121.09
文化、教育	1545	794	194.58
文学、艺术	230	173	132.95
自然科学、技术	304	247	123.08
少儿读物	160	157	101.91
大中专教材	83	68	122.06
课本	1523	1432	106.35
教辅	959	892	107.51
其他出版物	25	22	113.64
非图书商品	55	64	85.94

注：本表由新华书店集团提供。

表 13—12　图书、杂志、报纸出版情况（2006 年）

指标名称	图书	杂志	报纸
种数(种)	9392	228	52
＃新出版(种)	3761		
出版期数(期)		2744	9054
平均期印数(万册/份)		299.33	1066
总印数(万册/份)	46477	5530.8	304126
总印张数(万印张)	2899645	22685.25	1636530
定价总金额(万元)	337195	27751	194906
发行数量(万册/份)		4191	164832

注：本表数据由市新闻出版局提供。

表 13—13　举办县级以上运动会情况（2006 年）

指　标	体育系统	
	举办次数(次)	参加人数(人)
举办运动会次数	242	103213
综合运动会	8	50000
单项比赛	234	53213
举办全民健身活动次数	1054	1235300
其中:1000 人以上的活动	75	800000

注:本表由市体育局提供。

表 13—14　运动员、教练员、裁判员基本情况（2006 年）

计量单位:人

指　标	运动员	专职教练员	裁判员
合　计	86	186	247
国际级(健将)	4		
国家级(运动健将)	35	3	
一级(高级)	15	27	
二级(中级)	32	83	247
三级(初级)		73	

注:本表由市体育局提供,表中数据均为市属、不含省。

表13—15　社区健身设施建设情况（2006年）

指　标	2006年
建设数(个)	1150
器材数(件)	9200
面积(万平方米)	22.67
#室 外	10.37
室 内	11.30
投资金额(万元)	3450

注:本表由市体育局提供。

表 13—16　医疗卫生事业基本情况

指　　标	2006 年	2005 年	2006 年为上年%
全市卫生机构数(个)	2085	1612	129.34
#医院、卫生院	197	230	85.65
疾病控制中心、卫生防疫站	21	21	100
妇幼保健院(所、站)	14	14	100
全市实有床位数(张)	26980	26148	103.18
#医院、卫生院	21042	21269	98.93
全市市卫生机构从业人员数(人)	46579	43781	106.39
#卫生技术人员	36935	34000	108.63
#执业医师	13961	13214	105.65
执业助理医师	1208	1078	112.06
注册护士	12647	11903	106.25
药剂人员	2684	2609	102.87
检验人员	1925	1904	101.10
其他卫生技术人员	4510	3292	137.00
#医院、卫生院从业人员	30361	30642	99.08

注:本表数据由市卫生局提供,下同。

表 13—17　各类医院基本情况（2006 年）

指　标	机构数(个)	实有床位数(张)	人员数(人)	#卫生技术人员	#执业(助理)医师
全　市	159	20100	28946	22357	8462
综合医院	105	12653	16860	13337	5043
中医院	13	2206	4040	3093	1297
中西医结合医院	2	633	941	740	318
专科医院	38	4568	7054	5139	1792
护理院	1	40	51	48	12

表 13—18　医疗机构病床使用情况（2006 年）

指　标	平均开放床位数（张）	病床周转次数（次）	病床使用率（%）	出院者平均住院日（日）
全市	23848.39	20.49	75.59	13.07
卫生部门	16774.97	24.33	85.38	12.62
医院	13359.16	27.18	98.01	13.01
综合医院	7548.38	29.07	97.77	12.16
中医院	2055.9	25.52	100.52	14.24
中西结合医院	626.36	21.66	75.49	12.63
专科医院	3128.52	24.83	101.48	14.64
社区卫生服务中心(站)	2500.59	13.23	39.09	10.27
卫生院	905.22	13.04	27.53	7.49
专科疾病防治院(所、站)	10	14.4	27.4	6.94
其他部门	7073	11.4	52.4	15.4

注：本表数据由市卫生局提供。

表 13—19 主要年份卫生机构、卫生技术人员、医院床位数

年 份	卫生机构(个)	卫生技术人员数(人)	#医生	医院床位数(张)
1949	59	-		5300
1952	206	3900	1500	1616
1957	512	7300	2900	2961
1962	852	12400	4400	7360
1965	897	11300	4900	7431
1970	846	10500	4000	8996
1975	1132	17300	6900	10812
1978	1320	21300	7800	12231
1979	1424	23000	8200	12361
1980	1418	24000	9100	11989
1985	1486	30127	12556	13969
1990	1610	34476	15726	17407
1995	1501	36376	16384	19019
1997	1301	35957	15840	17599
1998	1285	35705	15543	17521
1999	1318	35773	16078	17789
2000	1269	35270	15239	18140
2002	1335	32035	13313	18945
2003	1329	32002	13599	19458
2004	1513	32857	13931	19104
2005	1612	34000	14292	19344
2006	2085	36935	15169	20100

注:本表数据来源于市卫生局,从 2002 年起"医生"即"执业医师、执业助理医师"数。

主要统计指标解释

文化事业机构 指从事专业文化工作和为专业文化工作服务的独立建制的单位，不包括这些单位另外举办独立核算的其他机构和各部门的业余文化组织。

执业（助理）医师和注册护士 指领取医师执业证书和注册护士证书的人员。

艺术表演团体 指从事戏曲、音乐、舞蹈、杂技等专业艺术表演，有独立帐户的单位，不包括半工半艺、半农半艺和民间职业剧团。

等级运动员人数 指经考核正式批准授予等级运动员称号的人数。运动员等级分为国际级运动健将、运动健将、一级运动员、二级运动员、三级运动员、少年级运动员。

等级裁判员人数 指经考核正式批准授予等级裁判员称号的人数。裁判员等级分为国际裁判、国家级裁判、一级裁判、二级裁判、三级裁判。

卫生机构 指从卫生行政部门取得《医疗机构执业许可证》，或从民政、工商行政、机构编制管理部门取得法人单位登记证书，为社会提供医疗保障、疾病控制、卫生监督服务或从事医学科研和教育等工作的单位。

卫生技术人员 指卫生事业机构支付工资的全部职工中现任职务为卫生技术工作的专业人员，包括执业医师、执业助理医师、注册护士、药剂人员、检验人员和其他卫生技术人员。

有线电视入户率 指能接收到有线广播电视台、有线电视站（系统内和系统外）和共享天线系统播放的有线电视节目的家庭户数与总户数的比例。计算公式：

$$\text{有线电视入户率}=\frac{\text{年末有线电视总用户数}}{\text{年末总户数}}\times 100\%$$

（十四）
城市建设与环境保护

CHAPTER 14
URBAN CONSTRUCTION AND ENVIRONMENTAL PROTECTION

2007'NANJING STATISTICAL YEARBOOK 2007'NANJING STATISTICAL YEARBOOK 2007'NANJING STATISTICAL YEARBOOK 2007'NANJING STATISTICAL YEARBOOK

2007南京统计年鉴 2007南京统计年鉴 2007南京统计年鉴 2007南京统计年鉴 2007南京统计年鉴 2007南京统计年鉴

表 14—1 公共交通和轮渡

指 标	2000 年	2002 年	2003 年	2004 年	2005 年	2006 年
运营车辆(辆)	3538	4360	4439	4796	5158	5246
♯地铁					84	120
标准运营车辆(标台)	3592	4706	4900	5385	5914	6193
♯地铁					210	300
运营线路网长度(公里)	1061	1446	1323	2277	2656	2575
♯地铁					22	22
公交客运总量(万人次)	134705	105696	91818	96590	96920	100827
♯地铁					357	5798
出租汽车(辆)	8597	8877	9216	9098	9055	9262
运营船数(艘)	21	17	16	9	9	15
轮渡客运总量(万人次)	1797	1346	1229	1330	1344	1329

注:本表由市建设委员会、市政公用局提供。

表 14—2 城市煤气、液化石油气、天然气

指 标	2000 年	2002 年	2003 年	2004 年	2005 年	2006 年
煤气供气总量(万立方米)	330288	756888	762640	994094	1265490	1398020
♯家庭用量	12892	14618	16530	15738	9261	2765
用气人口(万人)	96.06	111.50	132.20	92.51	35.99	5.87
液化石油气供气总量(吨)	107196	363261	369808	170264	145509	168276
♯家庭用量	80272	95546	93823	88712	81903	78962
用气人口(万人)	158.76	317.08	292.57	302.08	295.86	259.94
天然气供气总量(万立方米)	-	-	-	1061	14173	31492
♯家庭用量	-	-	-	477	3886	6444
用气人口(万人)	-	-	-	54.09	132.00	165.51

注:本表由市建设委员会、市政公用局提供。

表 14—3　城市设施水平

指　标	2000 年	2002 年	2003 年	2004 年	2005 年	2006 年
城市人口密度(人/平方公里)	2966	963	999	1005	1084	1815*
人均拥有城市维护建设基金(元)	2042	2153	3074	2554	2414	2784
人均住宅建筑面积(平方米)	20.18	20.01	21.11	21.61	24.30	25.21
人均日生活用水量(升)	493.96	385.57	363.71	327.26	318.06	239.96
用水普及率(%)	100.00	83.48	85.77	85.80	92.06	100.00
每万人拥有公共交通车辆(标台)	14.04	9.80	10.00	10.74	11.52	14.36
气化率(%)	99.59	89.22	86.73	89.43	90.35	100.00
人均拥有道路面积(平方米)	8.54	11.31	12.13	13.01	14.47	17.14
排水管道密度(公里/平方公里)	6.80	5.13	5.78	6.18	6.59	1.38*
污水处理率(%)	63.63	69.71	71.95	75.13	81.21	83.20
人均公共绿地面积(平方米)	8.79	9.43	10.02	10.98	11.96	13.20
建成区绿化覆盖率(%)	40.96	42.90	43.51	44.46	44.94	45.49
生活垃圾粪便无害处理率(%)	85.76	69.39	82.73	83.57	87.46	94.58

注：本表由市建设委员会提供，不含两县数据；其中“人均住宅建筑面积”由市城调队提供，不含偶尔居住面积；*从2006年开始，城市人口密度和排水管道密度计算口径调整，与其他年份不可比。

表 14—4　城市供水和节约用水

指　标	2000 年	2002 年	2003 年	2004 年	2005 年	2006 年
综合生产能力(万立方米/日)	536	593	565	577	590	579
供水总量(万立方米)	135032	121372	119726	116275	118875	117604
*用水总量(万立方米)	-	191377	171640	178506	173769	278500
#工业用量	-	167100	157778	164089	158360	236971
生活用量	-	24277	13862	14417	15409	41529
节约用水量(万立方米)	1185	1200	2832	3986	2513	2803
生产用水重复利用量(万立方米)	119351	116602	104139	108882	107934	178913
用水人口(万人)	289.51	401.00	420.09	430.08	472.62	431.32

注：本表由市建设委员会、市政公用局提供；*用水总量为新取水量加上重复利用量。

表 14—5 市政工程设施

指　标	2000 年	2002 年	2003 年	2004 年	2005 年	2006 年
道路长度(公里)	1802	5369	5501	5749	6132	5244
道路面积(万平方米)	2185	5433	5940	6523	7427	7392
路灯盏数(盏)	45914	92662	119772	127801	172280	144000
排水管道长度(公里)	1370	2250	2584	2991	3380	3274
桥梁数(座)	464	1194	1239	1271	1359	1154
污水年排放量(万吨)	121199	137243	131276	121094	120628	67817
污水日处理能力(万吨)	226.77	266.82	302.58	365.77	384.82	431.30
污水年处理量(万吨)	77122	95669	94449	90982	97964	56426
防洪堤长度(公里)	497	741	1458	1454	1454	1464

注:本表由市建设委员会、市政公用局提供,下表同。

表 14—6 城市园林绿化

指　标	2000 年	2002 年	2003 年	2004 年	2005 年	2006 年
绿化覆盖面积(公顷)	11118	70362	71044	73435	75226	78918
#建成区	8250	18819	19440	21531	23037	26156
园林绿地面积(公顷)	10587	66379	66960	69282	71020	74276
公共绿地面积(公顷)	2250	4531	4907	5504	6140	-
公园绿地面积(公顷)	-	-	-	-	-	5694
公园个数(个)	40	57	58	58	59	59
公园面积(公顷)	1725	2440	2560	2560	2605	2606
游人量(万人次)	1192	1318	848	793	806	752*

注:*从 2006 年开始,游人量按风景名胜区游人量统计,故 2006 年数据与其他年份不可比。

表 14—7　环境经济

指　标	2000 年	2002 年	2003 年	2004 年	2005 年	2006 年
环境保护投资(亿元)	20.83	32.83	46.80	56.22	72.55	85.00
#城市环境基础设施建设投资	12.31	26.79	43.03	51.30	63.28	76.58
环境保护投资占地区生产总值比例(%)	2.04	2.54	2.97	2.72	3.00	3.06
单位地区生产总值用水量(吨/万元)	138.11	94.80	76.95	57.06	50.04	38.33

注:本表由市环保局提供,下表同。

表 14—8　城市环境质量

指　标	2000 年	2002 年	2003 年	2004 年	2005 年	2006 年
集中式饮用水水源地水质达标率(%)	98.81	99.77	100.00	100.00	100.00	99.53
地表水功能区水质达标率(%)	86.11	86.67	100.00	94.40	97.20	93.75
可吸入颗粒物浓度年均值(毫克/立方米)	-	0.134	0.120	0.122	0.109	0.109
二氧化硫浓度年均值(毫克/立方米)	0.029	0.036	0.030	0.045	0.052	0.063
二氧化氮浓度年均值(毫克/立方米)	-	0.038	0.049	0.055	0.054	0.052
环境空气质量良好以上天数(天)	293	215	297	295	304	305
区域互不干涉噪声平均值(dB(A))	54.4	54.6	54.3	54.4	54.0	53.8
交通干线噪声平均值(dB(A))	69.2	69.3	68.9	69.3	69.4	68.3

表 14—9　环境建设与管理

指　标	2000 年	2002 年	2003 年	2004 年	2005 年	2006 年
自然保护区面积(平方公里)	589.24	596.32	596.32	596.32	665.44	729.32
自然保护区覆盖率(%)	8.93	9.04	9.04	9.04	10.11	11.08
环境噪声达标区面积(平方公里)*	133.84	179.41	327.01	329.87	385.86	452.10
环境噪声达标区域覆盖率(%)	66.45	67.08	74.55	72.48	75.36	78.60
烟尘控制区面积(平方公里)*	273.46	337.08	450.39	464.53	567.43	666.50
城市污水处理厂(座)	3	4	5	5	7	7
城市污水处理厂处理能力(万吨/日)	27.46	29.46	63.46	75.46	91.46	113.50

注:*指建成区。

表 14—10 工业污染排放与治理

指 标	2000 年	2002 年	2003 年	2004 年	2005 年	2006 年
废水排放量(亿吨)	6.49	5.34	4.88	4.70	4.70	4.32
废水中化学需氧量排放量(万吨)	3.61	3.10	3.12	2.95	3.03	2.84
废水排放达标率(%)	84.24	91.09	91.95	90.25	91.34	93.01
重复用水率(%)	58.20	66.02	68.87	71.40	72.31	80.90
废气排放量(亿标立方米)	2155	2724	3179	3256	3754	3921
二氧化硫排放量(万吨)	13.23	12.65	14.16	14.44	14.91	14.56
烟尘排放量(万吨)	5.15	4.47	4.76	4.74	4.76	4.26
粉尘排放量(万吨)	5.41	3.98	5.50	5.78	5.37	5.27
二氧化硫去除量(万吨)	7.76	8.72	15.08	17.35	31.56	34.50
烟尘去除量(万吨)	137.98	174.78	202.76	246.88	283.78	276.90
粉尘去除量(万吨)	58.11	64.38	183.25	174.00	71.05	84.40
工业固体废物产生量(万吨)	652.24	700.11	807.73	959.26	1159.10	1277.50
#危险废物	14.49	15.00	21.31	16.82	21.30	23.10
工业固体废物综合利用量(万吨)	530.95	594.27	721.20	873.40	1051.60	1174.50
#危险废物	13.49	12.61	17.32	11.30	17.37	19.45
工业固体废物综合利用率(%)	79.10	79.10	82.82	85.39	87.43	88.47
工业固体废物处置量(万吨)	23.04	27.70	21.85	15.66	17.88	13.78
#危险废物	1.00	2.39	3.99	3.93	3.11	3.61
重点污染治理项目数(个)	299	125	109	144	135	117
污染治理项目完成投资额(万元)	32331	13312	16260	23303	20593	52712

注:本表由市环保局提供。

表 14—11 城市环境卫生

指 标	2000 年	2002 年	2003 年	2004 年	2005 年	2006 年
全年生活垃圾清运量(万吨)	99	147	152	166	169	162
粪便清运量(万吨)	126.4	168.2	165.6	175.2	193.9	12.2*
环卫机械车辆总数(辆)	579	778	871	860	777	780
公厕数量(座)	937	1174	1339	1334	1559	1315
环卫职工人数(人)	5782	7478	8421	10030	13101	11218

注:本表由市容委提供。*从 2006 年开始,将原有粪便产生量统计改变为实际清运量统计,故 2006 年数据与以往年份不可比。

主要统计指标解释

供水综合生产能力 指按供水设施取水、净化、送水、出厂输水干管等环节实际测定计算的综合生产能力。

供水管道长度 指从送水泵至用户水表之间所有管道的长度。在同一条街道埋设两条或两条以上管道时，应按每条管道的长度计算。

供水总量 指报告期供水企业（单位）供出的全部水量。包括有效供水量和漏损水量。

生活用水量 指居民日常生活与公共福利设施的用水量，包括居民、饮食店、旅馆、医院、理发店、浴池、洗衣店、游泳池、商店、学校、机关、部队等单位的用水量。

城市人口用水普及率 指城市用水人口数与城市人口总数之比。

计算公式为：用水普及率＝城市用水人口数/城市人口总数＊100％

燃气综合生产能力 指报告期末燃气生产厂制气、净化、输送等环节的综合生产能力，不包括备用设备能力。一般按设计能力计算，如果实际生产能力大于设计能力时，应按实际测定的生产能力计算。测定时应以制气、净化、输送三个环节中最薄弱的环节为主。

燃气供气管道长度 指报告期末从气源厂压缩机的出口或门站出口至各类用户引入管之间的全部已经通气投入使用的管道长度。不包括煤气生产厂、输配站、液化气储存站、灌瓶站、储配站、气化站、混气站、供应站等长（站）内的管道。按不同的材质、压力级别、管径分别统计。

燃气供应总量 指报告期燃气企业（单位）向用户供应的燃气数量。包括销售量和损失量。

燃气普及率 指报告期末使用燃气的城市人口数与城市人口总数的比率。

计算公式：燃气普及率＝用气人口数/城市人口总数＊100％

道路长度 指道路长度和与道路相通的桥梁、隧道的长度，按车行道中心线计算。

排水管道长度 指所有排水总管、干管、支管、检查井及连接井进出口等长度之和。计算时应按单管计算，即在同一条街道上如有两条或两条以上并排的排水管道时，应按每条排水管道的长度相加计算。

城市污水处理能力 指污水处理厂（或处理装置）每昼夜处理污水量的设计能力。

运营车数 指报告期末公交企业（单位）用于运营业务的全部车辆数。以企业（单位）固定资产台帐中已投入运营的车辆数为准；新购、新制和调入的运营车辆，自投入之日起开始计算；调出、报废和调作他用的运营车辆，自上级主管机关批准之日起不再计入。

园林绿地面积 指报告期末用作园林和绿化的各种绿地面积。包括公共绿地、居住区绿地、单位附属绿地、防护绿地、生产绿地、道路绿地和风景林地面积。不包括：

1. 屋顶绿化、垂直绿化、阳台绿化和室内绿化。

2. 以物质生产为主的林地、耕地、牧草地、果园和竹园等。

3. 城市总体规划中不列入绿地的水域。

公共绿地 指向公众开放的市级、区级、居住区级各类公园、街旁游园，包括其范围内的水域。其中居住区级公园应不小于1万平方米，街旁游园的宽度不小于8米，面积不小于400平方米。

工业废水排放量 指经过企业厂区所有排放口排到企业外部的工业废水量。包括生产废水、外排的直接冷却水、超标排放的矿井地下水和与工业废水混排的厂区生活污水，不包括外排的间接冷却水（清污不分流的间接冷却水应计算在内）。

工业废水排放达标量 指各项指标都达到国家或地方排放标准的外排工业废水量，包括未经处理外排达标和经过处理后外排达标两部分。

工业废水处理量 指报告期内各种水治理设施实际处理的工业废水量，包括处理后外排和处理后回用的工业废水量和虽经处理但未达到国家或地方排放标准的废水量。如车间和厂排放口均有治理设施，并对同一废水分级处理时，不应重复计算工业废水处理量。

工业废气排放量 指企业厂区内燃料燃烧和生产工艺过程中产生的各种排入空气的含有污染物的气体总量，按标准状态〔273K，101325Pa〕计算。

工业二氧化硫排放量 指企业在燃料燃烧和生产工艺过程中排入大气的二氧化硫数量。

工业烟尘排放量指企业厂区内燃料燃烧产生的烟气中夹带的颗粒物数量。

工业粉尘排放量 指企业在生产工艺过程中排放的颗粒物重量，如钢铁企业的耐火材料粉尘、焦化企业的筛焦系统粉尘、烧结机的粉尘、石灰窑的粉尘、建材企业的水泥粉尘等。不包括电厂排入大气的烟尘。

工业固体废物产生量 指企业在生产过程中产生的固体状、半固体状和高浓度液体状废弃物的总量，包括危险废物、冶炼废渣、粉煤灰、炉渣、煤矸石、尾矿、放射性废物和其他废物等；不包括矿山开采的剥离废石和掘进废石（煤矸石和呈酸性或碱性的废石除外）。酸性或碱性废石指采掘的废石其流经水、雨淋水的pH值小于4或pH值大于10.5者。

工业固体废物处置量 指将固体废物焚烧或者最终置于符合环境保护规定要求的场所，并不再回取的工业固体废物量（包括当年处置往年的工业固体废物累计贮存量）。处置方法有填埋（其中危险废物应安全填埋）、焚烧、专业贮存场（库）封场处理、深层灌注、回填矿井等。

工业固体废物排放量 指将所产生的固体废物排到固体废物污染防治设施、场所以外的数量，不包括矿山开采的剥离废石和掘进废石（煤矸石和呈酸性或碱性的废石除外）。

（十五）物价与人民生活

CHAPTER 15 PRICE AND PEOPLE'S LIVELIHOOD

表 15—1　工业品出厂价格指数（2006 年）

计量单位：%

指　标	价格指数（以 2005 年价格为 100）
全部工业品	98.99
#轻工业	95.20
重工业	101.55
#生产资料	98.85
生活资料	99.94
按工业行业大类分	
黑色金属矿采选业	88.87
有色金属矿采选业	170.36
非金属矿采选业	97.69
农副食品加工业	101.17
食品制造业	100.88
饮料制造业	100.88
烟草制品业	104.11
纺织业	101.07
纺织服装、鞋、帽制造业	101.06
皮革、毛皮、羽毛(绒)及其制品业	105.32
木材加工及木、竹、藤、棕、草制品业	101.09
家具制造业	100.35
造纸及纸制品业	104.44
印刷业和记录媒介的复制	101.67
文教体育用品制造业	102.34
石油加工、炼焦及核燃料加工业	116.73
化学原料及化学制品制造业	103.50
医药制造业	97.03
化学纤维制造业	103.69

表15—1　续表

指　标	价格指数(以2005年价格为100)
橡胶制品业	100.80
塑料制品业	100.21
非金属矿物制品业	100.76
黑色金属冶炼及压延加工业	93.06
有色金属冶炼及压延加工业	108.72
金属制品业	101.03
通用设备制造业	100.87
专用设备制造业	100.67
交通运输设备制造业	96.14
电气机械及器材制造业	101.05
通信设备、计算机及其他电子设备制造业	87.87
仪器仪表及文化、办公用机械制造业	100.54
工艺品及其他制造业	111.64
废弃资源和废旧材料回收加工业	147.52
电力、热力的生产和供应业	97.09
燃气生产和供应业	104.35
水的生产和供应业	112.56

表15—2　房地产价格指数（2006年）

计量单位:%

指　标	价格指数(以2005年价格为100)
房屋销售价格指数	104.3
一、商品房	103.5
（一）住宅	103.8
1. 经济适用房	100.9
2. 普通住宅	104.4
3. 豪华住宅	105.2
（二）非住宅	102.6
1. 办公楼	103.9
2. 商业娱乐用房	101.7
二、私房	105.6
#住宅	105.6
房屋租赁价格指数	100.4
一、住宅	100.8
（一）普通住宅	100.8
（二）高档住宅	100.0
二、办公用房	100.0
（一）高标准写字楼	100.0
（二）普通办公用房	100.0
三、商业娱乐用房	100.0
四、厂房、仓库	100.0
（一）工业厂房	100.0
（二）仓库	100.0

表15—3　城市居民消费价格指数（2006年）

计量单位：%

指　标	价格指数（以2005年价格为100）
居民消费价格总指数	101.7
一、食品类	103.8
＃粮食	102.3
淀粉	103.5
干豆类及其制品	96.4
油脂	98.8
肉禽及其制品	96.3
蛋	94.2
水产品	101.4
菜	98.7
干鲜瓜果	110.4
在外用膳	113.5
二、烟酒及用品类	100.1
三、衣着类	102.0
四、家庭设备用品及维修服务类	102.0
五、医疗保健和个人用品类	96.6
六、交通和通讯类	98.2
七、娱乐教育文化用品及服务类	101.8
八、居住类	104.1

表 15—4 城市商品零售价格指数（2006 年）

计量单位：%

指 标	价格指数(以 2005 年价格为 100)
商品零售价格指数	98.9
一、食品类	105.7
粮食	102.3
油脂	98.8
肉禽及制品	96.3
蛋	94.2
水产品	101.4
菜	98.7
干鲜瓜果	110.4
在外用膳食品	113.5
其他食品	104.3
二、饮料、烟酒类	100.1
三、服装、鞋帽类	101.6
四、纺织品类	100.9
五、家用电器及音像器材类	86.8
六、文化办公用品类	98.5
七、日用品类	98.8
八、体育娱乐用品类	85.2
九、交通、通信用品类	87.0
十、家具类	100.3
十一、化妆品类	99.6
十二、金银珠宝类	126.5
十三、中西药品及医疗保健用品类	93.8
十四、书报杂志及电子出版物类	102.8
十五、燃料类	111.5
十六、建筑材料及五金电料类	103.3

表 15—5　城市居民家庭生活基本情况

指　　标	2006 年	2005 年	2006 年为上年%
调查户数(户)	800	800	100.0
平均每户家庭人口(人)	2.79	2.86	97.6
平均每户就业人员(人)	1.37	1.37	100.0
每一就业者负担人口(包括本人)(人)	2.04	2.09	97.6
平均每户就业面(%)	49.10	47.90	—
平均每人年总收入(元)	19194.62	16474.31	116.5
平均每人年消费性支出(元)	12233.56	10704.34	114.3
人均住房建筑面积(平方米)	25.21	24.30	103.7

表 15—6　城市居民家庭全年人均收入

计量单位:元

指　标	2006 年	2005 年	2006 年为上年%	比重%	
				2006 年	2005 年
一、家庭总收入	19194.62	16474.31	116.5	100.0	100.0
＃可支配收入	17537.72	14997.47	116.9	91.4	91.0
(一) 工薪收入	12505.05	10892.31	114.8	65.1	66.1
1. 工资及补贴收入	12279.82	10673.88	115.0	63.9	64.8
2. 其他劳动收入	225.22	218.43	103.1	1.2	1.3
(二) 经营净收入	551.12	532.58	103.5	2.9	3.2
(三) 财产性收入	229.75	122.80	187.1	1.2	0.8
(四) 转移性收入	5908.71	4926.62	119.9	30.8	29.9
＃赡养、赠送收入	442.35	288.51	153.3	2.3	1.8
二、出售财物收入	559.76	26.01	2152.1		
三、借贷收入	5510.72	3832.41	143.8		
＃提取储蓄存款	4777.49	3636.84	131.4		

表 15—7 城市居民家庭按收入水平分组情况（2006 年）

指标	全市调查户合计	按收入水平分组						
		最低收入户（占 10%）	低收入户（占 10%）	中等偏下户（占 20%）	中等收入户（占 20%）	中等偏上户（占 20%）	高收入户（占 10%）	最高收入户（占 10%）
调查户数(户)	800	80	80	160	160	160	80	80
平均每户家庭人口(人)	2.79	3.16	3.06	2.95	2.73	2.66	2.50	2.45
平均每户就业人口(人)	1.37	1.32	1.56	1.37	1.29	1.38	1.22	1.49
每一就业者负担人口(包括本人)(人)	2.04	2.39	1.96	2.15	2.12	1.93	2.05	1.64
一、家庭总收入(元)	19194.62	5898.65	9274.42	12625.41	16841.09	23392.23	31373.80	49272.73
＃可支配收入	17537.72	4887.72	8028.52	11409.78	15528.04	21326.27	29099.10	45897.69
（一）工薪收入	12505.05	3858.60	6220.87	7908.11	9653.54	15634.08	20980.10	34225.10
1. 工资及补贴收入	12279.82	3731.11	6081.78	7789.64	9565.95	15467.50	20814.14	32992.22
2. 其他劳动收入	225.22	127.49	139.09	118.48	87.59	166.58	165.96	1232.88
（二）经营净收入	551.12	155.27	559.26	203.41	622.64	461.26	491.77	2010.62
（三）财产性收入	229.75	94.18	95.58	67.30	230.98	330.51	229.31	757.36
（四）转移性收入	5908.71	1790.59	2398.71	4446.59	6333.93	6966.39	9672.62	12279.66
二、出售财物收入(元)	559.76	1.26	5.96	676.52	529.74	1634.79	3.05	7.00
三、借贷收入(元)	5510.72	1012.49	951.64	1868.84	4550.42	9366.04	7336.53	18128.22
四、家庭总支出(元)	18153.20	5891.71	8556.99	12118.59	16545.61	25734.79	26218.12	43719.53
＃消费支出	12233.56	4786.07	7027.74	9232.46	11608.37	14542.81	18145.32	26403.04
1. 食品	4145.12	2112.80	2980.90	3722.26	4379.88	4767.43	5341.78	6224.91
2. 衣着	988.76	199.44	438.49	632.23	919.56	1247.39	1756.15	2414.11
3. 家庭设备用品及服务	887.87	234.95	272.66	573.46	879.11	985.07	1794.06	2186.91
4. 医疗保健	874.85	290.25	567.28	850.25	813.31	1114.06	1386.73	1189.85
5. 交通和通讯	1468.51	258.30	527.35	995.44	1024.00	1825.90	2439.03	4673.17
6. 教育文化娱乐服务	2157.68	999.20	1365.34	1480.93	1931.78	2333.75	3243.58	5380.31
7. 居住	1277.66	546.74	687.26	715.78	1293.51	1750.29	1558.14	3020.41
8. 杂项商品服务	433.11	144.39	188.45	262.11	367.22	518.93	625.84	1313.37

表 15—8　城市居民家庭全年人均消费支出

计量单位：元

指　标	2006 年	2005 年	2006 年为上年%	各项费用占消费支出比重(%)	
				2006 年	2005 年
消费支出合计	12233.56	10704.34	114.3	100.0	100.0
一、食品	4145.12	3860.29	107.4	33.9	36.1
二、衣着支出	988.76	917.90	107.7	8.1	8.6
三、设备用品及服务	887.87	760.91	116.7	7.3	7.1
四、医疗保健	874.85	811.04	107.9	7.2	7.6
五、交通和通讯	1468.51	1332.80	110.2	12.0	12.4
六、娱乐文教服务	2157.68	1745.20	123.6	17.6	16.3
七、居住	1277.66	933.41	136.9	10.4	8.7
#房租	23.38	24.36	96.0	0.2	0.2
水费	76.05	72.87	104.4	0.6	0.7
电费	332.64	290.80	114.4	2.7	2.7
八、杂项商品和服务	433.11	342.79	126.3	3.5	3.2

表 15—9 城市居民家庭平均每百户年末耐用消费品拥有量

指　　标	2006 年	2005 年	2006 年为上年%
成套家具(套)	55.76	54.13	103.0
摩托车(辆)	8.63	9.63	89.6
家用汽车(辆)	6.38	4.88	130.7
洗衣机(台)	100.75	101.63	99.1
电冰箱(台)	102.38	100.50	101.9
彩色电视机(台)	166.25	159.88	104.0
影碟机(台)	77.50	75.63	102.5
录放像机(台)	27.75	26.63	104.2
家用电脑(台)	74.38	68.25	109.0
组合音响(套)	35.88	33.88	105.9
摄像机(架)	13.13	13.38	98.1
照相机(架)	72.13	68.75	104.9
中高档乐器(件)	10.76	11.63	92.5
空调器(台)	177.25	169.25	104.7
消毒碗柜(台)	14.75	15.00	98.3
洗碗机(台)	1.75	2.50	70.0
健身器材(套)	6.63	6.50	102.0
普通电话(部)	115.63	114.63	100.9
移动电话(部)	162.63	153.88	105.7
传真机(部)	3.38	2.88	117.4

表 15—10　农民家庭基本情况

指　标	2006 年	2005 年
平均每户常住人口(人)	3.50	3.48
平均每户整半劳动力(人)	2.56	2.55
平均每人年总收入(元)	8545.27	7894.30
平均每人年总支出(元)	7391.20	6425.20
平均每人年纯收入(元)	7045.00	6225.44
平均每人年生活消费支出(元)	5511.96	4376.00
平均每人年末住房面积(平方米)	44.69	42.90
#钢筋混凝土结构面积	27.82	27.10
砖木结构面积	16.74	15.70
平均每户年末生产性固定资产(元)	6737.62	7584.09
附:平均每户年内出售和自宰肥猪(公斤)	39.80	45.50
平均每户出售粮食(原粮)(公斤)	788.94	842.51
平均每户出售油料(公斤)	99.38	173.89
平均每户出售蔬菜(公斤)	457.82	454.98
平均每户出售水产品(公斤)	48.62	53.46
平均每户经营耕地面积(公顷)	0.24	0.28
平均每户经营山地面积(公顷)	0.01	0.01
平均每户经营水面面积(公顷)	0.04	0.04

表15—11　农民人均纯收入构成

计量单位:元

指　　标	2006年	2005年	2006年为上年%
全年纯收入	7045.00	6225.44	113.16
一、工资性收入	4151.60	3453.11	120.23
1. 在非企业组织中劳动得到的收入	561.75	514.51	109.18
2. 在本地企业中劳动得到的收入	2487.49	2030.26	122.52
3. 常住人口外出从业得到的收入	1102.36	908.34	121.36
二、家庭经营收入	2535.67	2461.19	103.03
1. 农业收入	965.45	939.17	102.8
2. 林业收入	6.61	13.02	50.77
3. 牧业收入	313.70	325.62	96.34
4. 渔业收入	176.02	135.90	129.52
5. 工业收入	103.61	59.87	173.06
6. 建筑业收入	144.99	216.51	66.97
7. 交通运输和邮电业收入	445.72	393.34	113.32
8. 批发、零售贸易、餐饮业收入	235.50	188.09	125.21
9. 社会服务业收入	94.86	80.46	117.9
10. 文教卫生业收入	22.19	17.48	126.95
11. 其他家庭经营收入	27.01	91.72	29.45
三、财产性收入	166.71	166.08	100.38
#利息收入与集体分红	31.21	29.12	107.18
租金收入	55.89	48.88	114.34
转让承包土地经营权收入	46.90	41.66	112.58
四、转移性收入	191.02	145.06	131.68
#家庭非常住人口寄回或带回的收入	24.85	35.42	70.16
农村外部亲友赠送	6.34	10.20	62.16
离退休、养老金	80.32	43.60	184.22

表 15—12　农民家庭人均全年支出构成

计量单位:元

指　　标	2006 年	2005 年	2006 年为上年%
平均每人全年支出	7391.20	6425.15	115.04
一、生活消费支出	5511.96	4375.95	125.96
（一）食品消费总支出	2127.91	1823.55	116.69
＃主食	304.20	306.52	99.24
副食	1585.82	1151.66	137.70
在外饮食	227.37	115.97	196.06
（二）衣着消费总支出	365.75	275.06	132.97
＃服装	256.78	194.44	132.06
衣着材料	4.35	4.64	93.75
（三）居住消费总支出	756.21	561.28	134.73
＃住房	372.18	291.93	127.49
电费	96.39	81.70	117.98
燃料	87.71	69.67	125.89
（四）家庭设备、用品及服务支出	345.24	234.84	147.01
＃耐用消费品	214.29	132.12	162.19
家庭日杂用品	123.94	93.58	132.44
（五）医疗保健消费总支出	271.95	197.78	137.5
＃医疗卫生保健用品	88.53	70.19	126.13
医疗保健服务费	183.42	127.59	143.76
（六）交通和通讯消费总支出	622.09	468.05	132.91
＃交通工具	160.24	86.80	184.61
通讯工具	95.77	81.40	117.65
交通费	80.95	58.69	137.93
交通、通讯修理费	18.68	13.02	143.47

表 15—12 续表

指 标	2006 年	2005 年	2006 年为上年%
(七)文教娱乐用品及服务总支出	907.31	695.29	130.49
#文化教育娱乐用品	234.05	94.93	246.55
#文娱用机电消费品	170.15	56.45	301.42
书报杂志	29.07	17.16	169.41
纸张文具	8.90	6.72	132.44
文化教育娱乐服务	579.00	551.66	104.96
#学杂费	437.54	371.9	117.65
技术培训费	22.94	15.10	151.92
文娱费	45.45	13.16	345.36
(八)其他商品和服务消费总支出	115.50	117.93	97.94
#商品性支出	83.17	76.74	108.38
服务支出	32.33	41.20	78.47
二、家庭经营支出	1142.86	1386.91	82.40
三、税费支出	49.09	46.54	105.48
四、购置生产性固定资产	60.18	162.34	37.07
五、财产性支出	58.24	88.57	65.76
六、转移性支出	568.68	363.65	156.38
七、建造生产性固定资产雇工支出	0.19	1.20	15.83

表15—13 农民家庭人均主要消费品消费量

指 标	2006年	2005年
粮食（公斤）	195.6	199.4
蔬菜（公斤）	169.0	161.5
食用植物油（公斤）	11.8	11.4
豆制品（公斤）	3.0	3.5
猪牛羊肉（公斤）	20.3	21.6
家禽（公斤）	12.8	13.9
蛋类（公斤）	8.6	8.3
鱼虾（公斤）	11.1	10.1
食糖（公斤）	1.0	0.9
酒类（公斤）	13.5	11.1
#白酒	6.6	5.6
啤酒	6.7	5.4
水果（公斤）	10.7	10.9
卷烟（盒）	42.6	36.7
煤炭及煤制品（公斤）	21.9	27.8
化肥（公斤）	121.3	149.6

表 15—14 每百户农民家庭年末主要耐用消费品拥有量

指　标	2006 年	2005 年
自行车(辆)	156	160
摩托车(辆)	65	58
电视机(台)	153	153
＃彩色	129	121
微波炉(台)	33	26
照相机(架)	15	17
热水器(台)	65	56
电风扇(台)	255	248
固定电话(部)	90	92
移动电话(部)	149	121
洗衣机(台)	76	68
电冰箱(台)	75	66
影碟机(台)	50	46
抽油烟机(台)	29	23
组合音响(台)	28	26
家用电脑(台)	13	7
空调机(台)	60	51

表15—15　主要年份人民生活主要指标

年　份	城市居民平均人每年可支配收入（元）	农村居民平均每人每年纯收入（元）	城乡储蓄存款余额（万元）	职工工资总额（万元）	职工年平均工资（元）
1949	-	-	-	3609	-
1952	-	-	1280	6892	475
1957	-	-	4298	16525	654
1962	-	-	4412	22155	576
1965	-	-	7341	23054	646
1970	-	-	8515	23164	582
1975	-	-	14506	40594	546
1978	-	-	21141	54649	560
1979	-	-	28982	64074	626
1980	487	-	37998	80362	730
1985	823	530	137193	146556	1131
1990	1591	970	554614	334781	2349
1995	4996	2471	2681784	1043754	7016
1997	6497	3533	4397445	1280823	8847
1998	7018	3724	5052485	1343146	9449
1999	7694	3862	5680472	1440432	10295
2000	8233	4062	5966974	1576409	11897
2002	9157	4579	10310053	1866675	16220
2003	10196	4923	12538484	2076222	18853
2004	11602	5533	13822410	2357499	22180
2005	14997	6225	16774919	2716059	25215
2006	17538	7045	19131200	3123258	28439

注：从2002年起城乡储蓄存款余额包括外币。

表 15—16　主要年份价格指数

（以上年价格为 100）

年　份	居民消费价格指数（%）	商品零售价格指数（%）
1949	-	-
1952	99.4	99.3
1957	102.2	102.5
1962	-	100.4
1965	-	97.3
1970	-	-
1975	99.8	99.9
1978	-	107.4
1979	101.1	101.1
1980	104.9	105.0
1985	110.1	110.5
1990	105.3	104.4
1995	115.1	111.2
1997	99.7	97.6
1998	100.0	98.2
1999	98.6	97.1
2000	100.0	99.2
2002	97.9	96.3
2003	101.4	98.1
2004	103.0	98.1
2005	102.1	96.7
2006	101.7	98.9

注:本表 1978 年前数据为国营商业牌价。

主要统计指标解释

居民消费价格指数 是度量一组代表性消费品及服务项目价格水平随着时间而变动的相对数，反映居民家庭购买的消费品及服务价格水平的变动情况。它是宏观经济分析和决策、价格总水平监测和调控以及国民经济核算的重要指标。其按年度计算的变动率通常被用来作为反映通货膨胀（或紧缩）程度的指标。

商品零售价格指数 是反映城乡商品零售价格变动趋势的一种经济指数。零售物价的调整变动直接影响到城乡居民的生活支出和国家的财政收入，影响居民购买力和市场供需平衡，影响消费与积累的比例。因此，计算零售价格指数，可以从一个侧面对上述经济活动进行观察和分析。

城市居民消费价格指数 是反映城市居民家庭所购买的生活消费品价格和服务项目价格变动趋势和程度的相对数。城市居民消费价格指数可以观察和分析消费品的零售价格和服务项目价格变动对职工货币工资的影响，作为研究职工生活和确定工资政策的依据。

工业品出厂价格指数 是反映全部工业产品出厂价格总水平的变动趋势和程度的相对数，包括工业企业售给本企业以外所有单位的各种产品和直接售给居民用于生活消费的产品。通过工业品出厂价格指数能观察出厂价格变动对工业总产值的影响程度。

家庭总收入 指城镇调查户中生活在一起的所有家庭成员在调查期得到的工薪收入、经营净收入、财产性收入、转移性收入的总和，不包括借贷收入。收入的统计标准以实际发生的数额为准，无论收入是补发还是预发，只要是调查期得到的都应如实计算，不作分摊。

可支配收入 指调查户可用于最终消费支出和其他非义务性支出以及储蓄的总和，即居民家庭可以用来自由支配的收入。它是家庭总收入扣除交纳的个人所得税、个人交纳的社会保障费以及调查户的记帐补贴后的收入。

计算公式为：可支配收入＝家庭总收入－交纳个人所得税－个人交纳社会保障支出－记帐补贴

消费性支出 指调查户购买商品和用于服务的全部支出，分八大类：食品；衣着；家庭设备、用品及服务；医疗保健；交通和通讯；娱乐、教育、文化服务；居住；杂项商品和服务。购买商品支出是指从商店、集市、饮食业、工作单位以及直接从工厂和农村购买各种商品的支出，包括自用的和赠送亲友的在内；服务支出是指调查户用于社会提供的各种文化和生活服务方面的支出，包括各种修理费、加工费、洗理美容费、保姆费、劳务费等。

农村居民家庭纯收入 指农村常住居民家庭总收入中，扣除从事生产和非生产经营费用支出、缴纳税款和上交承包集体任务金额以后剩余的，可直接用于进行生产性、非生产性建设投资、生活消费和积蓄的那一部分收入。农村居民家庭纯收入包括从事生产性和非生产性的经营收入，在外人口寄回带回和国家财政救济、各种补贴等非经营性收入；既包括货币收入，又包括自产自用的实物收入。但不包括向银行、信用社和向亲友借款等属于借贷性的收入。

农村居民家庭生活消费支出 指农村常住居民家庭用于日常生活的全部开支，是反映和研究农民家庭实际生活消费水平高低的重要指标。

城乡居民储蓄存款余额 指某一时点城乡居民存入银行及农村信用社的储蓄金额，包括城镇居民储蓄存款和农民个人储蓄存款，不包括居民的手存现金和工矿企业、部队、机关、团体等单位存款。

（十六）
司法、社会福利、其他

CHAPTER 16
JUDGMENT, SOCIAL WELFARE AND OTHERS

表16—1 律师、公证、基层司法基本情况

指　　标	2006年	2005年	2006年为上年%
律师工作			
律师事务所(个)	123	103	119.42
执业律师(人)	1212	1028	117.90
担任常年法律顾问(家)	3221	3124	103.10
民事诉讼代理(件)	10432	8830	118.14
经济诉讼代理(件)	4862	4070	119.46
行政诉讼代理(件)	391	357	109.52
非诉讼法律事务(件)	13681	13346	102.51
刑事辩护及代理(件)	2607	2416	107.91
涉外及港澳台法律事务(件)	313	194	161.34
公证工作			
公证处(个)	15	15	100.0
办结公证总数(件)	223761	215305	103.93
国内民事公证	26747	39266	68.12
国内经济公证	157081	139682	112.46
涉外及港澳台民事经济公证	39933	36357	109.84
基层司法工作			
法律服务所(个)	72	72	100
法律工作人员(人)	330	345	95.65
司法所工作人员(人)	388	390	99.49
年末人民调解委员会(个)	2484	2929	84.81
年末调解人员(人)	13401	21101	63.51
调解纠纷总数(件)	21980	22814	96.34
法律援助工作			
法律援助机构数(不含律师行)(个)	14	15	93.33
得到法律援助机构援助的妇女数(人)	175	352	49.72
得到法律援助机构援助的未成年人数(人)	199	746	26.68
基层法院建立少年法庭数(个)	8	8	100.0
审理案件数(件)	238	419	56.80

注:本表数据由市司法局、市法院提供。

表16—2 民政事业费支出情况

计量单位:万元

指　　标	2006年	2005年	2006年为上年%
总　计	81623.2	66325.1	123.07
抚恤费	6452.5	5771.8	111.79
安置	28538.1	24014.3	118.84
城镇居民最低生活保障费	11743.8	10540.1	111.42
农村及其他社会救济	12352.5	8932.4	138.29
社会福利	12363.4	8753.2	141.24
其他民政	8127.8	5668.3	143.39
自然灾害生活救助	330.4	740.6	44.61
地方离退休人员经费	1195.4	1200.1	99.61
其他款项用于民政支出	519.3	704.3	73.73

注:本表数据由市民政局提供。

表 16—3　收养性社会福利单位情况（2006 年）

指　标	机构数（个）	从业人员（人）	年末床位数（张）	年末在院总人数（人）	#女性	康复和医疗门诊人次（人次数）
合计	188	3095	15574	12428	3585	357110
社会福利院	12	328	2258	1826	797	16395
儿童福利院	2	264	610	636	318	4893
社会福利医院	2	486	1404	1193	356	284760
城镇老年福利机构	163	1948	10759	8450	1978	51062
农村老年福利机构	8	59	483	278	126	
其他福利机构	1	10	60	45	10	

注：本表数据由市民政局提供。

表 16—4　工会组织基本情况

指　标	2006 年	2005 年
基层工会数	6941	6254
其中、企业合计	4969	4386
其中:内资企业	4183	4045
港澳台商投资企业	231	134
外商投资企业	555	207
事业单位	1259	1273
机关	528	462
个体经济组织	185	133
工会会员数	1356885	1248255
专职工会工作人员	2465	2561
兼职工会工作人员	33597	32626
联合工会涵盖单位数	27460	23239
联合工会会员人数	342180	205886
职代会职工代表人数	96442	92735
其中:女性	35556	28842
建立董事会单位数	791	1021
职工董事人数	1094	895
其中:女性	480	436

注:本表数据由市总工会提供。

主要统计指标解释

民政事业费支出 指报告期内本辖区各项民政事业费实际支出的总数额。包括抚恤事业费、军队移交地方安置的离退休人员费用、社会救济福利事业费、救灾支出以及其它民政事业费。

城镇居民最低生活保障人数 指在报告期末家庭平均收入在当地规定的最低生活保障线以下的城镇居民数。包括“三无”对象、失业人员和在职、下岗、退休人员等。

农村居民最低生活保障人数 指报告期末在建立农村最低生活保障制度的地区，得到当地政府或集体给予最低生活保障的农业人口数。

农村传统救济人数 指未开展最低生活保障制度的农村地区，仍沿用传统救济制度救济贫困人口数。

社会福利企业 指以集中安置有一定劳动能力的残疾人就业为目的（残疾职工占生产人员10%以上)、带有社会福利性质的特殊企业的总称。

律师 指受聘参加法律顾问处工作，担任法律顾问、刑（民）事代理人、刑事辩护人，办理非诉讼事件、解答法律询问，代写法律事务文书等主要从事律师业务的专职法律工作者和兼职律师。

公证人员 指在国家公证机关依法办理公证事务的司法人员，包括公证员、助理公证员和在公证处工作的其他人员。

办理公证文书 指公证处在一定时期内办结的公证文书件数。公证文书按司法部规定或批准的格式制作，包括国内公证和涉外公证两部分。国内公证分为经济合同公证和民事法律关系公证两大类。

调解人员 指在人民调解委员会担负调解民间一般民事纠纷和轻微违法行为引起纠纷的工作人员，包括调解委员会的委员和调解小组的调解员。

调解民间纠纷 指调解委员会依照法律规定，根据自愿原则，用说服教育的方法调解民间发生的有关民事权利和义务的争执，促成当事双方达到协议和谅解，解决纠纷。包括婚姻家庭纠纷，财产权益纠纷等，不包括法院受理调解的民事案件数。

（十七）区县社会经济

CHAPTER 17
SOCIAL ECONOMY BY DISTRICT AND COUNTY

表17—1 分区、县户籍人口及构成（2006年末）

计量单位:人

地 区	总人口	按性别分		性别比例（以女性为100）
		男	女	
全 市	6072261	3104029	2968232	104.58
市 区	5246378	2676558	2569820	104.15
城 区	2402823	1231811	1171012	105.19
玄 武	489022	256058	232964	109.91
白 下	466149	237204	228945	103.61
秦 淮	247704	123082	124622	98.76
建 邺	204397	99737	104660	95.30
鼓 楼	696225	359471	336754	106.75
下 关	299326	156259	143067	109.22
郊 区	2843555	1444747	1398808	103.28
浦 口	504418	257953	246465	104.66
栖 霞	414318	212721	201597	105.52
雨花台	207202	109106	98096	111.22
江 宁	845459	421637	423822	99.48
六 合	872158	443330	428828	103.38
县	825883	427471	398412	107.29
溧 水	405926	208806	197120	105.93
高 淳	419957	218665	201292	108.63

注:本表户籍资料根据市公安局提供的数据编制。

表17—2 分区、县年末户口数（2006年末）

计量单位:户

地 区	2006年	比上年增加
全 市	1962936	29860
市 区	1685640	29400
城 区	749924	12822
玄 武	135224	1099
白 下	155080	1797
秦 淮	98093	2162
建 邺	73932	3270
鼓 楼	180585	2729
下 关	107010	1765
郊 区	935716	16578
浦 口	161707	2556
栖 霞	125880	3504
雨花台	71955	3854
江 宁	290118	6892
六 合	286056	-228
县	277296	460
溧 水	136196	1271
高 淳	141100	-811

注:本表户籍资料根据市公安局提供的数据编制。

表 17—3　分区、县年末常住人口

计量单位:万人

地　　区	2006 年	2005 年	比上年增加
全　市	719.06	689.80	29.26
市　区	637.00	609.67	27.33
城　区	319.83	303.50	16.33
玄　武	59.83	57.62	2.21
白　下	58.66	55.32	3.34
秦　淮	35.98	34.52	1.46
建　邺	41.56	38.65	2.91
鼓　楼	80.93	76.28	4.65
下　关	42.87	41.11	1.76
郊　区	317.17	306.17	11.00
浦　口	57.05	55.89	1.16
栖　霞	47.92	45.90	2.02
雨花台	31.68	29.37	2.31
江　宁	91.40	86.94	4.46
六　合	89.12	88.07	1.05
县	82.06	80.13	1.93
溧　水	40.63	39.78	0.85
高　淳	41.43	40.35	1.08

注:本表由市统计局根据全市人口抽样调查数据推算。

表 17—4 分区、县人口出生与死亡（2006 年）

计量单位：人、‰

地 区	出生		死亡		自然增长	
	人数	出生率	人数	死亡率	人数	增长率
全 市	44106	7.33	30965	5.15	13141	2.18
市 区	37132	7.15	26694	5.14	10438	2.01
城 区	14153	5.94	11624	4.88	2529	1.06
玄 武	2798	5.80	1953	4.05	845	1.75
白 下	2684	5.76	2457	5.27	227	0.49
秦 淮	1599	6.50	1687	6.86	-88	-0.36
建 邺	1552	7.76	1181	5.90	371	1.86
鼓 楼	3800	5.50	2409	3.49	1391	2.01
下 关	1720	5.77	1937	6.50	-217	-0.73
郊 区	22979	8.19	15070	5.37	7909	2.82
浦 口	3857	7.71	2936	5.87	921	1.84
栖 霞	2540	6.26	1934	4.76	606	1.50
雨花台	1634	8.04	1017	5.00	617	3.04
江 宁	7620	9.20	4447	5.37	3173	3.83
六 合	7328	8.43	4736	5.45	2592	2.98
县	6974	8.45	4271	5.18	2703	3.27
溧 水	3156	7.80	1442	3.56	1714	4.24
高 淳	3818	9.09	2829	6.73	989	2.36

注：本表户籍资料根据市公安局提供的数据编制。

表 17—5 分区、县计划生育情况（2006 年）

计量单位:人

地 区	出生人数	一孩	二孩	三孩及三孩以上	计划内生育
全 市	40802	38040	2684	78	40546
市 区	35846	34072	1713	61	35670
城 区	15843	15266	551	26	15834
玄 武	2551	2500	50	1	2549
白 下	2456	2362	83	11	2456
秦 淮	1796	1704	91	1	1794
建 邺	2666	2645	21		2665
鼓 楼	3390	3257	127	6	3386
下 关	2984	2798	179	7	2984
郊 区	20003	18806	1162	35	19836
浦 口	3061	2877	182	2	3047
栖 霞	2734	2694	38	2	2733
雨花台	1559	1501	58		1557
江 宁	6886	6466	405	15	6846
六 合	5763	5268	479	16	5653
县	4956	3968	971	17	4876
溧 水	2391	2046	339	6	2361
高 淳	2565	1922	632	11	2515

注:本表数据由市人口和计划生育委员会提供。

表17—6　分区、县婚姻登记情况（2006年）

地　区	内地居民登记结婚对数	内地居民再婚对数	内地居民准予登记离婚对数
全　市	71113	9131	13246
市　区	65330	8374	12206
城　区	35223	4519	7679
玄　武	8432	916	1480
白　下	5896	1146	1497
秦　淮	3517	525	1129
建　邺	2995	549	750
鼓　楼	10666	780	1756
下　关	3717	603	1067
郊　区	30107	3855	4527
浦　口	5112	503	1067
栖　霞	4205	593	919
雨花台	2691	365	609
江　宁	8724	943	1330
六　合	9375	1451	602
县	5783	757	1040
溧　水	3045	401	620
高　淳	2738	356	420

注:本表数据由市民政局提供。

表17—7 分区、县生产总值（2006年）

计量单位:亿元

地 区	2006年	2006年为上年%（按可比价计算）
全 市	2773.78	115.1
市 区	2559.00	114.7
城 区	871.57	114.2
玄 武	194.95	115.3
白 下	225.93	113.5
秦 淮	58.54	113.1
建 邺	51.47	112.7
鼓 楼	240.18	114.1
下 关	100.50	115.2
郊 区	788.74	119.8
浦 口	132.52	120.5
栖 霞	110.78	118.7
雨花台	88.01	119.0
江 宁	278.14	119.8
六 合	179.29	120.5
县	214.76	120.4
溧 水	103.75	123.1
高 淳	111.03	117.9

表17—8　分区、县生产总值构成（2006年）

计量单位:亿元

地　区	生产总值	第一产业增加值	第二产业增加值	#工业增加值	第三产业增加值
全　市	2773.78	82.02	1359.94	1181.94	1331.82
市　区	2559.00	56.12	1242.63	1085.91	1260.25
城　区	871.57	0.98	142.01	97.57	728.58
玄　武	194.95	0.14	21.56	12.21	173.25
白　下	225.93	0.02	27.91	19.09	198.0
秦　淮	58.54	0.04	25.05	20.19	33.45
建　邺	51.47	0.78	14.35	7.61	36.34
鼓　楼	240.18	0	29.36	18.58	210.82
下　关	100.50	0	23.78	19.89	76.72
郊　区	788.74	54.7	460.09	366.28	273.95
浦　口	132.52	12.43	64.09	50.39	56.0
栖　霞	110.78	4.10	67.20	50.44	39.48
雨花台	88.01	0.83	56.84	47.36	30.34
江　宁	278.14	18.15	172.60	134.30	87.39
六　合	179.29	19.19	99.36	83.79	60.74
县	214.78	25.90	117.31	96.03	71.57
溧　水	103.75	11.67	58.73	50.03	33.35
高　淳	111.03	14.23	58.58	46.0	38.22

表17—9 分区、县私营、个体从业人员（2006年）

计量单位：人

地 区	私营企业从业人员	个体从业人员
全 市	922887	279162
玄武区	63404	26238
白下区	59928	29647
秦淮区	42065	16587
建邺区	35648	19725
鼓楼区	76251	21359
下关区	31596	22387
浦口区	53889	19823
栖霞区	49048	17161
雨花台区	29450	16714
江宁区	104603	41077
六合区	99449	21970
溧水县	46534	15063
高淳县	97082	11293

注：本表数据来自市工商局。

表 17—10　分区、县地方财政一般预算收入（2006 年）

计量单位:亿元

地　区	2006 年	2006 年为上年%
全　市	246.44	116.8
玄武区	13.92	117.6
白下区	15.73	116.6
秦淮区	5.73	118.2
建邺区	10.02	132.5
鼓楼区	18.58	126.2
下关区	7.36	125.0
浦口区	15.18	130.0
栖霞区	10.76	126.3
雨花台区	9.22	138.1
江宁区	29.01	131.9
六合区	14.00	121.9
溧水县	4.55	126.2
高淳县	5.92	120.0

注:本表数据由财政局提供。

表 17—11 分区、县城镇居民人均可支配收入（2006 年）

计量单位:元

地 区	2006 年	2006 年为上年%
全 市	17537.72	116.9
玄武区	19568.63	117.1
白下区	18152.82	117.7
秦淮区	15562.19	123.5
建邺区	15623.43	114.8
鼓楼区	19783.13	112.0
下关区	15603.40	123.9
浦口区	15690.40	120.9
栖霞区	16183.58	123.6
雨花台区	16195.80	120.8
江宁区	16801.18	118.3
六合区	15612.25	119.5
溧水县	14564.11	117.2
高淳县	15253.07	119.1

表 17—12 农村经济分配（包括乡村企业）（2006 年）

计量单位:万元

指 标	全市	其 中		
		浦口	栖霞	雨花台
总收入	14255631.92	2207643	670225.74	1547214
农业收入	578644.69	59915	37564.78	10514
种植业收入	522226.75	53563	35266.64	9018
其他农业收入	56417.94	6352	2298.14	1496
非农业收入	13676987.23	2147728	632660.96	1536700
林业收入	70631	31886	1286.8	138
牧业收入	255384.12	42834	12849	5442
渔业收入	182574.86	21194	3524.9	1947
工业	9328470.25	1635383	470979.17	984500
建筑业	962528.3	55149	11848.4	81830
运输业	613591.41	38527	30409.85	55280
商饮业	1606010.09	193801	38569.26	352407
服务业	357225.9	32803	32672.16	48833
其他	300571.3	96151	30521.42	6323
总费用	11918290.19	1867190	555578.27	1349323
#生产费用	9523726.34	1293973	485480.62	1117884
净收入	2337341.73	340453	114647.47	197891
#国家税金	488176.28	109254	26663.8	67464
农民所得总额	1563061.64	176317	80133.26	34413

注:本表数据来源于市委农工办。

表 17—12　续表

指　标	江宁	六合	溧水	高淳
总收入	3249498	1729457.5	2137833.68	1253814
农业收入	156325	121482.41	115748.5	61027
种植业收入	123093	121482.41	104238.7	60772
其他农业收入	33232		11509.8	255
非农业收入	3093173	1607975.09	2022085.18	1192787
林业收入	26126	7726.2	2955	477
牧业收入	74485	54090.02	30094.1	28380
渔业收入	51505	24535.96	12876	66035
工业	1853938	1168226.6	1716770.48	710794
建筑业	348798	114197.9	105546	216712
运输业	200204	60278.96	88577.6	113392
商饮业	316374	100857.83	35358	35635
服务业	116379	57082.74	14876	10557
其他	105364	20978.88	15032	10805
总费用	2722443	1408864.52	1825515.4	940109
#生产费用	2154383	1132381.72	1661424	869839
净收入	527055	320592.98	312318.28	313705
#国家税金	100680	32807.38	68386.1	39140
农民所得总额	385136	366554.41	234806.85	252606

表17—13　全市及郊县农村经济概况（2006年）

指　标	全市	其　中		
		浦口	栖霞	雨花台
一、基本情况				
镇数(个)	39	7	0	0
村民委员会数(个)	685	104	53	23
总人口(万人)	607.23	50.44	41.43	20.72
＃乡村人口	211.18	25.74	6.78	3.97
乡村总户数(万户)	66.43	7.86	2.47	1.53
年末乡村从业人员(万人)	122.13	12.91	4.25	2.54
＃农林牧渔业从业人员	36.87	3.52	2.01	0.41
工业从业人数	30.66	3.45	0.99	1.17
二、农业				
1. 生产条件				
有效灌溉面积(千公顷)	192.74	24.05	7.08	2.79
旱涝保收面积(千公顷)	131.65	18.77	5.52	2.79
受灾面积(千公顷)	23.13	1.00	1.51	0.06
绝收面积(千公顷)	0.98	0.46		0.02
农业机械总动力(万千瓦)	198.41	21.50	3.83	1.32
＃排灌机械动力	65.19	6.30	2.27	0.03
机耕地面积(千公顷)	171.19	14.09	7.08	0.64
化肥施用量(折纯量)(吨)	134450	5165	6065	3454
农药使用量(吨)	3660	52	375	95
地膜使用量(吨)	2310	243	356	80
农村用电量(万千瓦小时)	235092	18893	7297	27418

注:本表受灾面积和绝收面积数据来源于市民政局。由于统计口径调整,原来成灾面积已不再统计。

表 17—13　续表 1

指　标	江宁	六合	溧水	高淳
一、基本情况				
镇数(个)	2	14	8	8
村民委员会数(个)	78	142	92	159
总人口(万人)	84.55	87.22	40.59	42.00
#乡村人口	52.12	52.41	31.05	35.19
乡村总户数(万户)	16.62	15.05	10.13	11.15
年末乡村从业人员(万人)	31.30	29.47	17.03	22.23
#农林牧渔业从业人员	9.10	8.48	5.04	7.39
工业从业人数	9.86	6.35	3.88	4.53
二、农业				
1. 生产条件				
有效灌溉面积(千公顷)	48.89	44.46	28.37	32.70
旱涝保收面积(千公顷)	40.08	28.16	11.15	21.09
受灾面积(千公顷)		5.45	8.40	6.71
绝收面积(千公顷)		0.15		0.35
农业机械总动力(万千瓦)	47.67	47.23	28.89	47.97
#排灌机械动力	18.13	15.49	12.92	10.05
机耕地面积(千公顷)	40.03	47.48	27.38	34.50
化肥施用量(折纯量)(吨)	41041	35722	13139	28169
农药使用量(吨)	1238	571	690	561
地膜使用量(吨)	461	361	360	179
农村用电量(万千瓦小时)	65816	32428	44327	18666

表 17—13　续表 2

指　标	全市	其　中		
		浦口	栖霞	雨花台
2. 农作物总播种面积(千公顷)	350.44	41.39	15.14	1.85
粮食	153.73	13.16	6.09	0.56
稻谷	99.51	9.51	2.49	0.40
小麦	41.07	2.50	3.09	0.15
玉米	4.72	0.46	0.41	
大豆	2.83	0.53	0.24	
油菜籽	70.00	6.88	0.43	0.23
棉花	3.38	0.33		
苎麻	1.26			
糖料	0.99	0.12		
蔬菜	80.13	14.23	8.00	1.06
3. 农林牧渔业产品产量(吨)				
粮食	1053300	94991	35712	4035
稻谷	794188	76580	19920	3351
小麦	180293	11022	12685	616
玉米	41718	4171	2557	
大豆	12089	2280	1036	
油菜籽	160300	15828	982	525
棉花	5536	687		
苎麻	4156			
糖料	51617	8430		
烤烟				
茶叶	2140	205		42
园林水果	53930	11042	681	1306
猪牛羊肉总产量	116672	17435	6463	2924
#猪肉产量	104332	15931	4432	2448
牛奶产量	151423	11938	10857	2281
水产品产量	190428	32552	4675	1511
全年造林面积(公顷)	4771	626	116	68

表 17—13 续表 3

指 标	江宁	六合	溧水	高淳
2. 农作物总播种面积(千公顷)	67.74	91.46	67.46	63.18
粮食	30.20	47.05	30.92	25.75
稻谷	21.78	27.16	20.37	17.80
小麦	4.93	16.53	7.78	6.09
玉米	1.20	1.52	0.65	0.48
大豆	0.68	0.56	0.49	0.33
油菜籽	15.57	15.01	15.47	16.41
棉花	1.58	0.98	0.42	0.07
苎麻	0.17	0.06	1.03	
糖料	0.37		0.48	0.02
蔬菜	12.24	21.77	13.83	6.79
3. 农林牧渔业产品产量(吨)				
粮食	210949	321581	208929	177103
稻谷	168240	227734	158923	139440
小麦	22642	72117	34731	26480
玉米	10502	13680	6207	4601
大豆	2924	2395	2095	1359
油菜籽	35838	34089	35514	37524
棉花	2896	1198	650	105
苎麻	509	160	3487	
糖料	18735		23762	690
烤烟				
茶叶	625	49	563	635
园林水果	7322	4321	17529	3951
猪牛羊肉总产量	13215	33735	16618	15713
#猪肉产量	11356	30309	13621	13457
牛奶产量	95085	7400	260	
水产品产量	50318	37045	24715	37530
全年造林面积(公顷)	969	996	1254	702

表 17—13　续表 4

指　标	全市	其　中		
		浦口	栖霞	雨花台
4. 农林牧渔及服务业总产值(现价)(万元)	1650559	249880	82918	18136
农业	900794	129562	62778	10096
林业	20641	4826	638	
牧业	334556	63503	11479	5734
渔业	341662	43194	5907	1592
农林牧渔服务业	52906	8795	2116	714
农林牧渔及服务业总产值(90 年不变价)(万元)	748606	131260	41198	8271
农业	368002	68452	31488	4294
林业	11140	2440	364	
牧业	155806	30612	5061	2465
渔业	169974	22950	3345	862
农林牧渔服务业	43684	6806	940	650
农林牧渔及服务业增加值(万元)	820263	124340	40984	8345
三、非农行业总产值(现价)(万元)	19091936	3251500	1944923	1578141
农村工业产值	13120471	1915718	1500980	1185265
农村建筑业产值	2481212	541948	57887	134965
农村运输业产值	1150943	189967	106159	61897
农村批发、零售贸易业、餐饮业产值	2339310	603867	279897	196014
四、农民人均收入和支出情况				
(一) 农民人均纯收入(元)	7045	7090	8340	8615
1. 工资性收入	4151.6	3962.9	6363.7	6611.4
2. 家庭经营收入	2535.7	2748	1581.6	1113.6
3. 财产性收入	166.7	122.1	242.2	679.6
4. 转移性收入	191	257	152.5	310.4
(二) 农民人均支出(元)	7391.2	8308.1	8725.6	7736.6
#生活消费支出	5512	6381.2	6852.4	6998.8
家庭经营支出	1142.9	1159.5	927.4	314.8
税费支出	49.1	62.9	30.8	54.2
购置生产性固定资产	60.2	189.4	10.1	0
财产性支出	58.2	15.0	91.81	18.5
转移性支出	568.9	500.2	813.2	350.3

表 17—13 续表 5

指 标	江宁	六合	溧水	高淳
4. 农林牧渔及服务业总产值(现价)(万元)	374932	364709	239790	284833
农业	200197	223527	139515	117719
林业	3112	7926	2405	1665
牧业	75393	72297	44071	45800
渔业	86055	50959	36999	115343
农林牧渔服务业	10175	10000	16800	4306
农林牧渔及服务业总产值(90 年不变价)(万元)	162492	169423	114131	106934
农业	76443	90558	53678	36367
林业	1689	4517	1418	659
牧业	32677	37896	20740	19162
渔业	45883	26452	21495	48058
农林牧渔服务业	5800	10000	16800	2688
农林牧渔及服务业增加值(万元)	181464	191880	116699	142326
三、非农行业总产值(现价)(万元)	3105731	3212842	2386391	2414671
农村工业产值	2074180	2018468	1778428	1697343
农村建筑业产值	373873	565392	309869	491853
农村运输业产值	208963	238398	129053	191937
农村批发、零售贸易业、餐饮业产值	448715	390584	169041	33536
四、农民人均收入和支出情况				
(一) 农民人均纯收入(元)	7160	6778	6776	7070
1. 工资性收入	4603.6	4688.7	3388.7	3261.2
2. 家庭经营收入	2078.9	1878.3	3072.5	3464.7
3. 财产性收入	279.1	76.3	89.1	158.0
4. 转移性收入	198.4	134.7	225.7	186.1
(二) 农民人均支出(元)	7147.7	7126.8	7054.4	7508.5
#生活消费支出	5235.5	5218.2	5593.4	5218.5
家庭经营支出	909.8	1089.6	1068.5	1806.3
税费支出	120.4	11.7	19.7	19.6
购置生产性固定资产	84.4	26.0	38.2	21.9
财产性支出	60.2	86.5	0	92.1
转移性支出	737.3	694.8	333.3	350.1

表 17—14 镇基本情况（2006 年）

指　标	湖熟镇	横溪镇	永宁镇	桥林镇	星甸镇	汤泉镇	石桥镇	乌江镇
总户数(户)	27197	26605	15258	14651	12849	7931	7657	6878
总人口(人)	81730	75745	43945	44335	38706	22187	25981	22171
从业人员数(人)	37433	51080	22589	21908	16132	10022	14617	12766
＃农林牧渔业从业人员	15702	16405	5824	6841	4172	5006	5167	3381
年末耕地面积(公顷)	5915	4739	3854	5523	5268	1491	3797	2112
有效灌溉面积(公顷)	5705	4589	3854	3650	1719	1404	2235	1628
农业机械总动力(千瓦)	57648	37812	19738	26100	32937	11721	10405	6880
用电总量(万千瓦时)	3438	6721	2360	3718	2320	4606	860	2630
农民人均纯收入(元)	7189	6787	6500	7104	7298	7930	7152	7227
生产总值(万元)	109825	85300	73766	98424	71890	63440	53120	53024
第一产业增加值	28795	23500	25276	20500	18512	9880	14471	10802
第二产业增加值	44790	30900	19138	52190	31633	37460	24469	29571
第三产业增加值	36240	30900	29352	25734	21745	16100	14180	12651
粮食总产量(吨)	60430	34320	14955	16518	14373	0	10776	6976
油料总产量(吨)	6498	4827	2150	3508	3455	0	2039	1141
肉类总产量(吨)	9227	10118	6239	5200	5629	710	8116	3462
水产总产量(吨)	10259	7038	11050	3319	1837	2771	1985	1800
蔬菜产量(吨)	29998	93008	88874	76360	80594	2990	25251	37180
财政收入(万元)	12051	13400	11192	15084	12611	17230	9966	11193
财政支出(万元)	10693	12500	5932	14359	8003	8052	7530	8944

表 17—14　续表 1

指　标	盘城镇	雄洲镇	竹镇镇	八百桥镇	马集镇	冶山镇	程桥镇	新集镇
总户数(户)	9521	41952	19093	18828	9965	13286	12076	13585
总人口(人)	39901	114877	62011	67977	33784	44669	46541	40698
从业人员数(人)	14632	70833	31183	32409	20255	19823	28456	19667
#农林牧渔业从业人员	2281	2613	9369	7271	5920	8087	6425	5157
年末耕地面积(公顷)	2303	1709	6377	4570	3516	5288	4586	3956
有效灌溉面积(公顷)	1500	1685	5695	4210	3180	2763	3382	3843
农业机械总动力(千瓦)	6339	22417	36218	41128	9180	20529	43548	15674
用电总量(万千瓦时)	2426	2689	2855	4778	1350	2868	1995	2119
农民人均纯收入(元)	7251	7463	6309	6805	6712	6322	6683	6728
生产总值(万元)	35098	220727	66806	103022	61500	55589	65100	73084
第一产业增加值	6932	10250	18579	17260	19040	11100	14276	16057
第二产业增加值	17606	126937	20604	49671	25983	28020	24563	32130
第三产业增加值	10560	83540	27623	36091	16477	16469	26261	24897
粮食总产量(吨)	11379	12396	38217	36646	24793	16509	30233	24774
油料总产量(吨)	991	1179	5800	5485	5620	3276	3886	3467
肉类总产量(吨)	2434	2440	6696	7506	6230	2983	3980	2645
水产总产量(吨)	3588	3100	1335	3490	4810	1576	4295	3855
蔬菜产量(吨)	23508	70505	49128	94883	58110	86237	42800	63364
财政收入(万元)	6796	15056	2766	5157	3784	3687	4403	7257
财政支出(万元)	4653	4753	2421	3611	2605	2015	2536	5368

表 17—14　续表 2

指　标	瓜埠镇	龙袍镇	东沟镇	玉带镇	横梁镇	马鞍镇	新篁镇	永阳镇
总户数(户)	9754	9402	7928	7872	12168	13942	7984	36657
总人口(人)	30178	33082	29189	29713	40373	47484	26920	102424
从业人员数(人)	14665	20018	13236	15570	24681	20870	13996	66933
#农林牧渔业从业人员	2904	5110	3605	5023	7084	4885	3708	7710
年末耕地面积(公顷)	1411	2997	2000	2020	3293	4478	3112	3769
有效灌溉面积(公顷)	1411	2850	1650	1641	2460	3701	2236	2574
农业机械总动力(千瓦)	11095	10605	16350	10720	14809	26700	13360	28121
用电总量(万千瓦时)	2973	1750	840	1050	2600	2566	920	12700
农民人均纯收入(元)	6789	6956	6536	6954	7014	6808	6797	7020
生产总值(万元)	60311	71636	32215	46111	91125	80648	46974	209700
第一产业增加值	8121	13938	8570	9439	15251	14768	7173	15400
第二产业增加值	29764	36518	10630	23577	47972	30021	30825	88800
第三产业增加值	22426	21180	13015	13095	27902	35859	8976	105500
粮食总产量(吨)	11910	18655	8602	12298	16233	21348	15363	27527
油料总产量(吨)	1414	2500	1183	1174	2587	2971	2708	5352
肉类总产量(吨)	1684	2437	2750	1822	3847	4043	1860	3785
水产总产量(吨)	1656	6300	1210	2903	3182	1536	1159	1602
蔬菜产量(吨)	39937	49012	45204	42048	51275	69109	48464	84862
财政收入(万元)	3889	4372	1222	2836	3948	3779	2457	20766
财政支出(万元)	1864	3295	1083	1982	2250	1471	1786	3605

表17—14　续表3

指　标	东屏镇	洪蓝镇	晶桥镇	和凤镇	白马镇	石湫镇	柘塘镇	淳溪镇
总户数(户)	14150	13149	11889	15088	12807	14146	10211	39989
总人口(人)	43149	46138	38596	51132	38118	46276	27838	108239
从业人员数(人)	20887	24858	22683	25600	19857	23071	17310	73628
#农林牧渔业从业人员	6425	6127	5534	10004	7451	4286	3210	11189
年末耕地面积(公顷)	4463	2776	2778	3189	4854	2825	3226	3292
有效灌溉面积(公顷)	3798	2776	2778	2910	3697	2825	2650	3079
农业机械总动力(千瓦)	33400	28130	22565	33445	30172	30120	75987	52924
用电总量(万千瓦时)	3213	5520	8920	3350	3020	6530	7470	4838
农民人均纯收入(元)	7050	6742	7336	6776	7152	6990	7100	7818
生产总值(万元)	77800	80000	111300	85400	66000	76000	81000	164178
第一产业增加值	13900	12100	14100	14700	14700	14800	9100	14796
第二产业增加值	37700	36900	76800	35700	33300	36200	52800	89814
第三产业增加值	26200	31000	20400	35000	18000	25000	19100	59568
粮食总产量(吨)	34568	29006	29277	28943	30210	26601	14025	15645
油料总产量(吨)	7967	4696	5555	7642	6896	3954	3495	3185
肉类总产量(吨)	5127	1661	8358	2750	4595	3986	2102	4055
水产总产量(吨)	1930	2699	2252	3632	1375	4660	2098	9409
蔬菜产量(吨)	64924	16583	69083	29598	50054	53622	17539	21533
财政收入(万元)	2737	3008	7370	3168	3168	4435	5322	10904
财政支出(万元)	1042	1154	2938	1694	1696	1342	2378	2609

表 17—14　续表 4

指　标	古柏镇	固城镇	椏溪镇	阳江镇	东坝镇	漆桥镇	砖墙镇
总户数(户)	11524	12058	19350	21896	15581	8259	11383
总人口(人)	35082	39316	60061	69588	44615	25462	34299
从业人员数(人)	21146	24505	33409	45131	27585	14742	22173
#农林牧渔业从业人员	5080	7970	10261	17649	7824	5736	12544
年末耕地面积(公顷)	2175	3463	6827	5521	5077	2265	1573
有效灌溉面积(公顷)	1959	3418	6110	5521	4358	2260	1573
农业机械总动力(千瓦)	49950	32107	40800	56153	32472	18736	54194
用电总量(万千瓦时)	3132	2250	1991	2347	2402	1740	1150
农民人均纯收入(元)	7692	7010	6876	7058	6883	7070	7071
生产总值(万元)	84443	79439	113857	104293	107935	61115	50779
第一产业增加值	8628	11052	19982	21563	17112	5923	14216
第二产业增加值	57426	58452	66803	50813	69693	37961	21896
第三产业增加值	18389	9935	27072	31917	21130	17231	14667
粮食总产量(吨)	13429	18852	54439	31306	27159	12425	9857
油料总产量(吨)	2745	5287	7849	7048	5823	3410	2731
肉类总产量(吨)	866	4359	9485	3676	6860	2290	1160
水产总产量(吨)	3044	2474	3251	11265	2303	875	6082
蔬菜产量(吨)	13463	30788	25329	30697	56976	7661	36398
财政收入(万元)	7015	4679	4362	6081	5197	3964	5371
财政支出(万元)	2823	1804	1927	1634	2071	2339	2534

表 17—15 分区、县规模以上工业产销情况（2006 年）

地 区	企业单位数（个）	工业总产值（千元）	工业销售产值（千元）	工业产销率（%）
全 市	1889	469281064	468520930	99.84
玄武区	35	5130670	5069440	98.81
白下区	43	7862910	7745710	98.51
秦淮区	80	7465380	7306690	97.87
建邺区	37	2877220	2854040	99.19
鼓楼区	37	6151500	6023400	97.92
下关区	49	8709380	8671760	99.57
浦口区	181	19625880	19429810	99.00
栖霞区	191	21133480	20644440	97.69
雨花台区	157	19190210	19185770	99.98
江宁区	399	45928610	45074620	98.14
六合区	259	28213400	27548640	97.64
溧水县	176	16551570	16305670	98.51
高淳县	108	13824950	13220140	95.63

表 17—16 分区、县规模以上工业企业主要经济指标（2006 年）

计量单位：千元

地 区	企业单位数（个）	#亏损企业	工业总产值
全 市	1889	322	469281064
玄武区	35	7	5130670
白下区	43	9	7862910
秦淮区	80	22	7465380
建邺区	37	9	2877220
鼓楼区	37	6	6151500
下关区	49	16	8709380
浦口区	181	21	19625880
栖霞区	191	39	21133480
雨花台区	157	41	19190210
江宁区	399	76	45928610
六合区	259	47	28213400
溧水县	176	1	16551570
高淳县	108	0	13824950

表 17—16　续表 1

地　区	流动资产年平均余额	固定资产原价	累计折旧	固定资产净值年平均余额	流动负债年末合计数
全　市	175841099	209018143	79497927	125190776	162638976
玄武区	3164611	3224308	826160	2327698	2489702
白下区	5324138	4226018	1345743	2733810	4377272
秦淮区	6477039	3291819	952317	2182747	7040129
建邺区	2012663	573045	207370	374153	1296395
鼓楼区	4768322	2811797	1185896	1607393	4290250
下关区	9183210	3373901	1739786	1668986	8964427
浦口区	7952959	5852224	1840229	3477532	6870674
栖霞区	9775827	12574476	5168766	7576547	10614772
雨花台区	7652211	9384268	3159597	6373322	8161636
江宁区	25446370	16510274	5541491	11011171	21701837
六合区	8510931	14990159	4893257	9758259	10628465
溧水县	5641015	3481576	982565	2610813	5719842
高淳县	4396436	2390040	816106	1583664	4402622

（十七）区县社会经济

表 17—16　续表 2

地　区	主营业务收入	主营业务税金及附加	利税总额	盈亏相抵后利润总额	从业人员平均人数(人)
全　市	471412951	6452544	40798478	21488443	558608
玄武区	6018456	22916	636865	408146	12474
白下区	7861926	25317	406969	225547	19068
秦淮区	7426024	13521	352418	193285	19401
建邺区	2846982	3678	280091	181741	7154
鼓楼区	6339249	29602	679039	348229	13106
下关区	8486257	20878	887288	585434	15390
浦口区	19313518	78876	1569597	718189	42539
栖霞区	20580426	66361	1364577	634811	42354
雨花台区	18368770	95338	1446143	526306	43970
江宁区	45227504	170336	5170385	3639262	109066
六合区	27316186	128523	2300129	1257801	66109
溧水县	15853536	64322	1181509	651228	31055
高淳县	12821212	61061	699785	452772	27004

表 17—17 分区、县全社会固定资产投资（2006 年）

计量单位:亿元

地 区	全社会固定资产投资	#房地产开发投资
全 市	1613.55	351.17
玄武区	101.68	57.62
白下区	64.97	36.98
秦淮区	39.12	16.91
建邺区	63.52	28.43
鼓楼区	73.38	46.31
下关区	45.01	15.01
浦口区	103.14	29.93
栖霞区	118.09	36.08
雨花台区	115.80	20.27
江宁区	300.70	39.77
六合区	111.75	10.68
溧水县	64.62	4.62
高淳县	70.04	8.56

表17—18　分区、县社会消费品零售总额（2006年）

计量单位：万元

地　区	社会消费品零售总额	2006年为上年%
全　市	11668519	116.1
市　区	10953002	116.1
城　区	7026692	115.3
玄　武	1519400	115.4
白　下	2109489	115.3
秦　淮	653990	115.5
建　邺	385134	115.3
鼓　楼	1674028	115.4
下　关	684651	115.4
郊　区	2859327	115.9
浦　口	466911	115.9
栖　霞	376464	115.9
雨花台	495992	116.2
江　宁	771107	116.1
六　合	748853	115.8
县	715517	115.9
溧　水	332727	115.8
高　淳	382790	116.0

表17—19 分区、县出口总额（按经营单位口径）（2006年）

计量单位：万美元

地　区	出口总额	2006年为上年%
全　市	1736491	121.9
市　区	1712084	121.5
城　区	125810	140.6
玄　武	11975	125.1
白　下	67737	137.4
秦　淮	8077	128.0
建　邺	9593	135.1
鼓　楼	24834	142.6
下　关	3594	143.9
郊　区	363867	148.5
浦　口	19134	128.4
栖　霞	17603	130.8
雨花台	13216	119.7
江　宁	295782	152.5
六　合	18132	139.5
县	24407	158.5
溧　水	14909	212.2
高　淳	9498	123.7

注：本表数据来自市外经贸局，市区数据包括开发区和主管局。

表17—20 分区、县新批三资企业数（2006年）

计量单位：个

地 区	2006年	2006年为上年%
全 市	604	83.0
市 区	536	82.6
城 区	156	99.4
玄 武	24	96.0
白 下	30	125.0
秦 淮	10	35.7
建 邺	22	110.0
鼓 楼	43	138.7
下 关	27	93.1
郊 区	316	87.5
浦 口	34	64.2
栖 霞	35	94.6
雨花台	27	73.0
江 宁	178	101.7
六 合	42	71.2
县	68	86.1
溧 水	30	93.8
高 淳	38	80.9

注：本表数据来自市外经贸局，市区数据包括开发区和主管局。

表 17—21 分区、县实际使用外资（2006 年）

计量单位:万美元

地　区	2006 年	2006 年为上年%
全　市	170211	120.1
市　区	163944	119.0
城　区	41706	149.2
玄　武	4220	143.3
白　下	11956	451.0
秦　淮	4246	238.4
建　邺	5197	38.0
鼓　楼	12600	315.5
下　关	3487	119.7
郊　区	77633	180.6
浦　口	11243	345.1
栖　霞	5814	170.1
雨花台	4823	307.4
江　宁	43535	150.5
六　合	12218	209.9
县	6267	156.5
溧　水	2851	116.1
高　淳	3416	220.5

注:本表数据来自市外经贸局,市区数据包括开发区和主管局。

表 17—22 分区、县对外承包劳务实际完成营业额（2006 年）

计量单位:万美元

地 区	2006 年	2006 年为上年%
玄武区	50	—
白下区	7554	116.4
秦淮区	112	137.8
建邺区	119	105.2
鼓楼区	7606	123.1
下关区	8441	78.7
浦口区	1481	33.0
栖霞区	9000	337.5
雨花台区	95	109.2
江宁区	21800	201.9
六合区	4631	207.0
溧水县	50	—
高淳县	50	—

注:本表数据来自市外经贸局。

表 17—23 中小学、幼儿园分区、县学校数（2006 年）

计量单位:所

地 区	普通中学		小 学	幼儿园
	完中及高中	初 中		
全 市	75	148	385	494
市 区	66	126	320	418
城 区	32	38	145	210
玄 武	7	9	24	43
白 下	7	5	29	41
秦 淮	3	4	20	25
建 邺	3	8	15	21
鼓 楼	8	2	34	49
下 关	4	10	23	31
郊 区	34	88	175	208
浦 口	5	18	42	36
栖 霞	5	11	29	53
雨花台	3	6	11	32
江 宁	14	26	33	45
六 合	7	27	60	42
县	9	22	65	76
溧 水	3	11	31	26
高 淳	6	11	34	50

注:本表数据由市教育局提供。

表17—24 中小学、幼儿园分区、县在校学生数（2006年）

计量单位：人

地　区	普通中学		小　学	幼儿园
	完中及高中	初　中		
全　市	108291	197328	302471	113552
市　区	89330	161741	258571	97714
城　区	44719	55053	112478	47451
玄　武	9266	12624	19487	9453
白　下	10974	9176	19565	8466
秦　淮	4448	5183	12632	4999
建　邺	2636	8042	16201	5269
鼓　楼	13004	13284	27573	13431
下　关	4391	6744	17020	5833
郊　区	44611	106688	146093	50263
浦　口	6756	20007	28676	7094
栖　霞	3791	11333	18521	8628
雨花台	3433	6373	10398	6885
江　宁	15773	33155	44470	16724
六　合	14858	35820	44028	10932
县	18961	35587	43900	15838
溧　水	9766	18790	21333	7869
高　淳	9195	16797	22567	7969

注：本表数据由市教育局提供。

表 17—25　中小学、幼儿园分区、县专任教师数（2006 年）

计量单位:人

地　区	普通中学	小学	幼儿园
全　市	22671	20367	7763
市　区	19451	17373	6864
城　区	8456	7387	3615
玄　武	1709	1316	741
白　下	1671	1378	738
秦　淮	938	869	395
建　邺	932	899	304
鼓　楼	2190	1791	1013
下　关	1016	1134	424
郊　区	10995	9986	3249
浦　口	2004	1986	433
栖　霞	1430	1353	630
雨花台	745	609	498
江　宁	3535	3083	1103
六　合	3281	2955	585
县	3220	2994	899
溧　水	1674	1481	449
高　淳	1546	1513	450

注:本表数据由市教育局提供。

表17—26　分区、县公共文化设施数（2006年）

计量单位:个

区　县	图书馆	艺术表演场所	群艺馆	文化馆	文化站	博物馆
全　市	18	12	1	15	114	14
玄武区	4	1	1	2	8	3
白下区	1	4		1	10	2
秦淮区	1	1		1	5	2
建邺区	1	1		1	7	
鼓楼区	1	2		1	7	1
下关区	1			1	6	2
浦口区	1	1		1	11	1
栖霞区	1			1	9	
雨花台区	1			1	7	
江宁区	1			1	9	1
六合区	2	1		2	19	
溧水县	2	1		1	8	1
高淳县	1			1	8	1

注:本表数据由市文化局提供。

表 17—27 分区、县卫生机构情况（2006 年）

计量单位:个

地 区	机构数	其中			
		医 院	疾病预防控制中心（防疫站）	社区卫生服务中心、卫生院	妇幼保健所（站）
总 计	2085	159	21	129	14
玄武区	159	15	2	9	1
白下区	211	24	1	8	1
秦淮区	83	14	1	5	1
建邺区	73	2	1	4	1
鼓楼区	228	28	3	8	2
下关区	148	10	3	5	1
浦口区	113	10	1	11	1
栖霞区	189	13	1	9	1
雨花区	94	5	2	6	1
江宁区	331	15	1	23	1
六合区	284	7	3	18	1
溧水县	123	4	1	13	1
高淳县	49	12	1	10	1

注:本表数据由市卫生局提供。

表 17—28　分区、县卫生机构床位和人员情况（2006 年）

地　区	床位数（张）	医　院	社区卫生服务中心、卫生院	从业人员（人）	卫生技术人员	医　院	社区卫生服务中心、卫生院
总　计	26980	20100	4326	46579	36935	22357	5691
玄武区	1915	1354	234	4244	3252	1738	526
白下区	2538	2285	253	4969	3819	2608	443
秦淮区	1918	1819	99	3489	2743	2323	177
建邺区	200	80	120	928	775	306	213
鼓楼区	8243	7510	323	13489	10144	8008	326
下关区	1186	946	240	2071	1672	928	330
浦口区	1786	972	234	2185	1760	1038	338
栖霞区	1362	865	497	2298	1981	805	518
雨花区	808	481	327	1376	1088	409	318
江宁区	3026	1145	668	4524	3637	1162	1152
六合区	2172	1397	761	4283	3755	1812	743
溧水县	775	460	305	1420	1215	519	341
高淳县	1051	786	265	1303	1094	701	266

注:本表数据由市卫生局提供。

表 17—29　分区、县卫生机构执业医师和注册护士情况（2006 年）

地　区	执业医师和助理医师（人）	医　院	社区卫生服务中心、卫生院	注册护士（人）	医　院	社区卫生服务中心、卫生院
全　市	15169	8462	2515	12647	9368	1583
玄武区	1452	749	231	1043	661	176
白下区	1706	1077	206	1308	1013	129
秦淮区	1167	942	85	1000	895	43
建邺区	394	148	99	201	92	66
鼓楼区	3917	2802	147	4101	3662	115
下关区	753	372	141	627	401	123
浦口区	726	347	150	586	420	96
栖霞区	904	330	238	702	321	174
雨花区	500	160	137	361	177	99
江宁区	1283	422	419	962	434	257
六合区	1441	656	371	1062	784	156
溧水县	444	183	166	302	208	74
高淳县	482	274	125	392	300	75

注:本表数据由市卫生局提供。

表 17—30　分区、县参加农村合作医疗情况（2006 年）

计量单位:万人

地　区	参加农村合作医疗的人数	
	2006 年	2005 年
全　市	173.01	162.33
玄武区	120.09	111.71
白下区		
秦淮区		
建邺区	1.85	1.70
鼓楼区		
下关区		
浦口区	19.37	17.45
栖霞区	9.59	9.21
雨花区	3.40	3.41
江宁区	45.75	45.26
六合区	40.13	34.68
溧水县	24.6	23.99
高淳县	28.32	26.62

注:本表数据由市卫生局提供。

表 17—31　分区、县社会福利单位基本情况（2006 年）

地　区	社会福利收养性单位数(个)	社会福利收养性单位床位数(张)
全　市	188	15574
市本级	4	2754
玄武区	16	923
白下区	18	940
秦淮区	13	914
建邺区	14	632
鼓楼区	1	111
下关区	16	698
浦口区	14	827
栖霞区	16	913
雨花区	14	581
江宁区	23	1984
六合区	19	1655
溧水县	9	840
高淳县	11	1802

注:本表数据由市民政局提供。

（十八）附录

CHAPTER 18 APPENDIX

2007'NANJING STATISTICAL YEARBOOK 2007'NANJING STATISTICAL YEARBOOK 2007'NANJING STATISTICAL YEARBOOK 2007'NANJING STATISTICAL YEARBOOK

表 18—1 2006 年度（第六届）镇及涉农街道综合实力“二十强”排名

序 号	单位名称
01	浦口区泰山街道
02	江宁区东山街道
03	雨花台区宁南街道
04	六合区雄州镇
05	浦口区江浦街道
06	溧水县永阳镇
07	栖霞区迈皋桥街道
08	秦淮区红花街道
09	雨花台区板桥街道
10	栖霞区栖霞街道
11	江宁区秣陵街道
12	栖霞区燕子矶街道
13	江宁区禄口街道
14	江宁区汤山街道
15	雨花台区西善桥街道
16	浦口区沿江街道
17	高淳县淳溪镇
18	栖霞区马群街道
19	雨花台区铁心桥街道
20	栖霞区尧化街道

表 18—2 2006 年度（第十二届）综合实力百强村

序 号	单位名称	序 号	单位名称
001	高淳县古柏镇武家嘴村	026	栖霞区燕子矶街道吉祥村
002	高淳县古柏镇江张村	027	雨花台区铁心桥街道尹西村
003	玄武区红山街道藤子村	028	浦口区泰山街道双垅村
004	玄武区玄武湖街道仙鹤门村	029	江宁区禄口街道彭福村
005	秦淮区红花街道红花村	030	雨花台区铁心桥街道铁心村
006	浦口区泰山街道桥北村	031	雨花台区铁心桥街道高家库村
007	浦口区沿江街道冯墙村	032	江宁区汤山街道汤山村
008	江宁区东山街道中前村	033	雨花台区西善桥街道西善桥村
009	高淳县淳溪镇西舍村	034	浦口区盘城镇江北村
010	江宁区汤山街道上峰村	035	溧水县永阳镇工农兵村
011	雨花台区西善桥街道油坊村	036	江宁区东山街道泉水村
012	栖霞区迈皋桥街道万寿村	037	雨花台区西善桥街道古遗井村
013	浦口区泰山街道小柳村	038	雨花台区板桥街道大方村
014	溧水县和凤镇张家村	039	雨花台区板桥街道柿子树村
015	江宁区汤山街道晨光村	040	溧水县永阳镇戴家村
016	高淳县淳溪镇宝塔村	041	浦口区沿江街道路西村
017	玄武区红山街道小营村	042	浦口区泰山街道大桥村
018	溧水县永阳镇城郊村	043	雨花台区板桥街道三山村
019	栖霞区栖霞街道新合村	044	江宁区淳化街道青山村
020	栖霞区栖霞街道石埠桥村	045	雨花台区铁心桥街道马家店村
021	雨花台区板桥街道新建村	046	雨花台区板桥街道孙家村
022	江宁区汤山街道孟墓村	047	江宁区淳化街道青龙村
023	江宁区汤山街道古泉村	048	浦口区沿江街道京新村
024	江宁区汤山街道麒麟铺村	049	江宁区江宁街道清修村
025	浦口区泰山街道林场村	050	高淳县淳溪镇甘村

表 18—2　续表

序　号	单位名称	序　号	单位名称
051	浦口区沿江街道新化村	076	江宁区东山街道上坊村
052	高淳县淳溪镇八字角村	077	六合区雄州镇桥西村
053	雨花台区西善桥街道梅山村	078	江宁区谷里街道祖堂村
054	江宁区汤山街道袁家边村	079	江宁区秣陵街道钱庄村
055	浦口区江浦街道光明村	080	江宁区秣陵街道健康村
056	雨花台区宁南街道农花村	081	溧水县洪蓝镇傅家边村
057	浦口区盘城镇盘城村	082	浦口区顶山街道石佛村
058	雨花台区铁心桥街道定坊村	083	江宁区东山街道泥塘村
059	秦淮区红花街道夹岗村	084	江宁区秣陵街道西旺村
060	江宁区汤山街道青林村	085	溧水县石湫镇光明村
061	溧水县柘塘镇梅山村	086	江宁区秣陵街道殷巷村
062	江宁区秣陵街道长山村	087	江宁区秣陵街道陵里村
063	江宁区秣陵街道牛首村	088	江宁区汤山街道东流村
064	江宁区东山街道永安村	089	江宁区湖熟镇和进村
065	雨花台区板桥街道古雄村	090	江宁区东山街道高桥村
066	江宁区秣陵街道横岭村	091	栖霞区尧化街道尧化村
067	六合区雄州镇钱仓村	092	六合区葛塘街道中山村
068	江宁区禄口街道马铺村	093	高淳县椏溪镇椏溪村
069	高淳县淳溪镇戴村	094	栖霞区燕子矶街道燕子矶村
070	溧水县晶桥镇芝山村	095	溧水县洪蓝镇西旺村
071	高淳县阳江镇东湖村	096	雨花台区板桥街道永安村
072	高淳县淳溪镇王村	097	溧水县石湫镇明觉村
073	秦淮区红花街道七桥村	098	六合区横梁镇石庙村
074	江宁区汤山街道锁石村	099	溧水县白马镇石头寨村
075	浦口区沿江街道复兴村	100	江宁区湖熟镇湖熟村

表18—3　2006年工业企业100强

企业名称	主要产品	地　址	邮　编	联系电话
扬子石油化工股份有限公司	有机化学原料	六合区新华路777号	210048	57782954
中国石油化工股份有限公司金陵分公司	原油加工	栖霞区甘家巷1#	210033	85091454
乐金飞利浦液晶显示(南京)有限公司	液晶模块	栖霞区恒飞路59号	210046	85598286
南京钢铁集团有限公司	钢铁冶炼	六合区卸甲甸	210035	57791609
扬子石化-巴斯夫有限责任公司	有机化学原料	六合区新华路777号	210048	57770888
南京爱立信熊猫通信有限公司	程控交换机	江宁区池田路32号	211100	52101188
南京瀚宇彩欣科技有限责任公司	液晶显示屏	栖霞区恒飞路18号	210038	85803888
上海梅山钢铁股份有限公司	热轧板卷	雨花台区中华门外新建	210039	86701515
南京汽车集团有限公司	载货汽车	鼓楼区中央路331号	210037	83437788
南京卷烟厂	卷烟	建邺区梦都路30号	210019	86479888
LG同创彩色显示系统有限责任公司	彩色显示器	栖霞区尧新大道346号	210038	85575570
华宝通讯(南京)有限公司	手机	江宁区苏源大道68-2号	211100	52723888
南京华新光电股份有限公司	光亮低氧铜杆	栖霞区新港大道78号	210038	85567572
中国石化集团金陵石油化工有限责任公司	烷基苯	玄武区龙蟠路51-8号	210037	85097755
南京夏普电子有限公司	液晶电视	栖霞区尧新路318号	210038	85573714
中国石化集团南京化学工业有限公司	苯胺	六合区葛关路189	210048	57764114
乐金电子(南京)等离子有限公司	PDP模组	栖霞区恒通大道77号	210038	85802000
红太阳集团有限公司	化学农药	高淳县宝塔路269号	211300	57888677
华飞彩色显示系统有限公司	彩色显示器	玄武区华飞路1号	210028	85421166
乐金化学(南京)信息材料有限公司	偏光板	栖霞区乐金北路1号	210038	85603000
金城集团有限公司	摩托车	白下区中山东路518号	210002	84593388
南京汽轮电机(集团)有限责任公司	汽(燃气)轮机	下关区中央北路80号	210037	85503750
江苏雨花集团公司	钢铁	雨花台区油坊村166号	210041	52804552
喜星电子(南京)有限公司	背光模组	栖霞区兴友路30号	210037	85804300
南京乐金熊猫电器有限公司	全自动洗衣机	白下区海福巷118号	210007	84879998
熊猫电子集团有限公司	无线电通信设备	玄武区中山东路301号	210002	51802041
扬子巴斯夫苯乙烯系列有限公司	苯、乙烯	六合区新华路	210048	57784666
南京电力自动化设备总厂	继电保护系统	鼓楼区新模范马路38号	210003	51183513
南京锦湖轮胎有限公司	汽车外胎	栖霞区和燕路418号	210038	85319999
中国长江航运集团金陵船厂	金属船舶	下关区燕江路55号	210015	58785115
南京晨光集团有限责任公司	专用改装车	秦淮区正学路1号	210006	52407124
南京医药产业(集团)有限责任公司	中成药	玄武区唱经楼西街65号	210008	83199527
南京帝斯曼东方化工有限公司	己内酰胺	六合区凤南路	210061	58641966

表 18—3 续表 1

企业名称	主要产品	地 址	邮 编	联系电话
英华达(南京)科技有限公司	移动电话	江宁经济技术开发区殷巷工业园	210006	52262313
中国石化集团扬子石油化工有限责任公司	发电	六合区新华路 777 号	210048	57783553
南京南瑞继保工程技术有限公司	继电保护装置	江宁区胜太路 99 号	211100	52100695
南京华润热电有限公司	火力发电	雨花台区落星村	210039	83083960
仕达利恩(南京)光电有限公司	背光模组	栖霞区恒飞路 31 号	210038	85804862
中电电气(南京)光伏有限公司	晶体硅太阳能电池生产	江宁区开发区	211100	52766898
南京云海特种金属有限公司	金属锶	溧水县新桥	211224	57234888
中国南车集团南京浦镇车辆厂	铁路客车制造	浦口区龙虎巷 5 号	210031	85847943
南京雨润食品有限公司	熟肉食品	建邺区雨润路 17 号	210041	86781062
金桐石油化工有限公司	直链烷基苯	栖霞区尧新大道 201 号	210046	85563140
瑞仪光电(南京)有限公司	背光模组	栖霞区恒通大道 35 号	210038	85803201
南京扬子石化炼化有限责任公司	溶剂油	六合区新华路 708	210048	58690246
江苏华瑞国际实业集团有限公司	服装	白下区御道街 33 号	210007	84481999
江苏双龙集团有限公司	水泥	鼓楼区虎距关 60 号	210024	83759218
江苏钟山化工有限公司	化工产品	栖霞区太新路 46 号	210038	85312990
A. O. 史密斯热水器(中国)有限公司	电热水器	栖霞区尧新大道 336 号	210038	85568000
南京普天通信股份有限公司	配线分线产品	秦淮区雨花门外普天路 1 号	210012	52418518
南京中萃食品有限公司	碳酸饮料	浦口区新称二路 18 号	210061	58642017
南京华东电子集团有限公司	电子束管	栖霞区华电路 1 号	210028	85312080
华能国际电力股份有限公司	火力发电	六合区凤南路 98	210035	57722167
南京德朔实业有限公司	电动工具	江宁区胜利路 28 号	211100	52786666
上海梅山矿业有限公司	铁矿石	雨花台区梅岭社区	210041	84084013
江苏金桐化学工业有限公司	直链烷基苯	栖霞区恒发路 18 号	210046	85563140
中国水泥厂有限公司	水泥	栖霞区水泥厂路 185 号	210058	85736242
南京大吉铁塔制造有限公司	输变电铁塔	浦口区三泉	211802	58244530
南京金陵塑胶化工有限公司	聚丙烯生产	栖霞区和燕路 390 号	210028	85237658
扬子石化百江能源有限公司	液化石油	六合区方水路 99	210047	58393717
南京联强冶金集团不锈钢有限公司	不锈钢	溧水县机场路	211200	57421111
南京南瑞集团公司	电力自动化设备	浦口区 D11 栋	210003	83092329
南京喜之郎食品有限公司	果冻	溧水县机场路	211200	57421902
南京高精齿轮集团有限公司	工矿配件	雨花台区小行尤家凹 3 号	210012	52472225
南京红叶实业总公司	聚炳烯树脂	栖霞区南京炼油厂	210033	58980704
江苏广丰羽毛有限公司	羽毛(绒)加工	浦口区巩固村委会	211800	58257935

表18—3　续表2

企业名称	主要产品	地　址	邮　编	联系电话
幸星(南京)数码有限公司	印制电路板	栖霞区恒飞路51号	210046	85804492
南京俊辉铜业厂	铜材加工	溧水县交山	211215	57247266
南京化纤股份有限公司	粘胶长丝	栖霞区伏家场120号	210038	85561011
南京南瑞继保电气有限公司	继电保护装置	江宁区胜太路99号	211100	52100695
南京造币厂	钱币	江宁区天印大道919	211100	52282820
江苏南热发电有限责任公司	火电	六合区凤南路103	210035	85055183
南京红宝丽股份有限公司	泡沫塑料	高淳县太安路128号	211300	57350298
江苏宏图三胞高科技术服务有限公司	计算机	玄武区珠江路599-2号	210005	83274411
南京长安汽车有限公司	汽车	溧水县毓秀路85号	211200	57424888
国电南瑞科技股份有限公司	电力控制设备	浦口区高新区D01栋	210061	83092314
南京瑞基钢铁有限公司	生铁、钢坯	雨花台区西善桥街道二钢厂内	210041	52803495
西门子数控(南京)有限公司	机床数控系统	江宁区西门子路18号	211100	52101888
南京福中电脑科技有限公司	计算机	玄武区珠江路648号	210018	83677212
南京金箔集团有限责任公司	金箔	江宁区上元大街88号	211100	52138771
南京佳和日化有限公司	直链烷苯磺酸	栖霞区尧化门谢冲120号	210046	85095665
南京立业电力变压器有限公司	变压器	浦口区工业开发区万寿路6号	211800	58289018
南京联强冶金集团有限公司	冶金轧辊	溧水县石湫坝	211200	57421188
南京华新瑞实业有限公司	钢铁	雨花台区西善桥1号	210041	84075026
南京天嘉服装有限公司	服装	浦口区桥北路280号	210031	58621688
南京港华燃气有限公司	煤气	玄武区中央路214号	210009	83110872
汉成电子(南京)有限公司	背光灯管组合	栖霞区兴友路35号	210046	85804150
南京中船绿洲机器有限公司	船用起重机	雨花台区绿洲新村	210039	86700476
南京高速齿轮制造有限公司	工矿配件	江宁区科学园天元东路1号	211100	52172708
海信(南京)电器有限公司	家用电器	栖霞区恒飞路19号	210038	86998888
南京沙塘庵粮油实业有限公司	大米	溧水县沙塘庵	211218	57461945
南京三龙水泥有限责任公司	水泥	江宁区青山村	211123	52298588
南京卫岗乳业有限公司	液体乳	江宁区将军南路139号	211100	52785977
南京中脉科技发展有限公司	保健用品	浦口区开发区浦珠路8号	211800	52785888
东爵精细化工(南京)有限公司	硅橡胶	浦口区福音	211805	58233312
南京东南铜业有限公司	铜米粒	浦口区上河街社区居委会	211800	58882091
南京百事可乐饮料有限公司	可乐	江宁区庄排路118号	211100	84050188
南京栖霞山锌阳矿业有限公司	铅精矿	栖霞区栖霞街89号	210033	86958734
南京长江给排水管道有限责任公司	铸铁管	浦口区福音	211805	58231229
南京宏顺石化有限责任公司	石油制品	栖霞区南京炼油厂内	210033	85092157

表 18—4 2006 年大中型工业企业名单

企业名称	规模	企业名称	规模
扬子石油化工股份有限公司	大型	南京自来水总公司	大型
中国石油化工股份有限公司金陵分公司	大型	南京普朗医药设备有限公司	大型
乐金飞利浦液晶显示(南京)有限公司	大型	扬子石化-巴斯夫有限责任公司	中型
南京钢铁集团有限公司	大型	南京爱立信熊猫通信有限公司	中型
南京瀚宇彩欣科技有限责任公司	大型	南京卷烟厂	中型
上海梅山钢铁股份有限公司	大型	LG 同创彩色显示系统有限责任公司	中型
南京汽车集团有限公司	大型	南京夏普电子有限公司	中型
华宝通讯(南京)有限公司	大型	乐金电子(南京)等离子有限公司	中型
中国石化集团金陵石油化工有限责任公司	大型	乐金化学(南京)信息材料有限公司	中型
中国石化集团南京化学工业有限公司	大型	江苏雨花集团公司	中型
红太阳集团有限公司	大型	喜星电子(南京)有限公司	中型
华飞彩色显示系统有限公司	大型	南京乐金熊猫电器有限公司	中型
金城集团有限公司	大型	南京电力自动化设备总厂	中型
南京汽轮电机(集团)有限责任公司	大型	南京帝斯曼东方化工有限公司	中型
熊猫电子集团有限公司	大型	南京南瑞继保工程技术有限公司	中型
南京锦湖轮胎有限公司	大型	南京华润热电有限公司	中型
中国长江航运集团金陵船厂	大型	仕达利恩(南京)光电有限公司	中型
南京晨光集团有限责任公司	大型	中电电气(南京)光伏有限公司	中型
南京医药产业(集团)有限责任公司	大型	南京云海特种金属有限公司	中型
英华达(南京)科技有限公司	大型	南京雨润食品有限公司	中型
中国石化集团扬子石油化工有限责任公司	大型	瑞仪光电(南京)有限公司	中型
中国南车集团南京浦镇车辆厂	大型	江苏双龙集团有限公司	中型
江苏华瑞国际实业集团有限公司	大型	江苏钟山化工有限公司	中型
南京华东电子集团有限公司	大型	A. O. 史密斯热水器(中国)有限公司	中型
南京德朔实业有限公司	大型	南京普天通信股份有限公司	中型
上海梅山矿业有限公司	大型	南京中萃食品有限公司	中型
南京化纤股份有限公司	大型	华能国际电力股份有限公司	中型
南京金箔集团有限责任公司	大型	中国水泥厂有限公司	中型
南京中船绿洲机器有限公司	大型	南京大吉铁塔制造有限公司	中型
南京三龙水泥有限责任公司	大型	南京金陵塑胶化工有限公司	中型
南京金宁电子集团有限公司	大型	南京南瑞集团公司	中型
统宝光电(南京)有限公司	大型	南京喜之郎食品有限公司	中型
南京长江机器集团有限公司	大型	南京高精齿轮集团有限公司	中型
南京三乐电子信息产业集团有限公司	大型	幸星(南京)数码有限公司	中型

表 18—4　续表 1

企业名称	规模	企业名称	规模
南京南瑞继保电气有限公司	中型	艾志(南京)机械工业有限公司	中型
南京造币厂	中型	南京电子网板科技股份有限公司	中型
江苏南热发电有限责任公司	中型	南京威孚金宁有限公司	中型
南京红宝丽股份有限公司	中型	南京高灵集团公司	中型
南京长安汽车有限公司	中型	南京宇扬金属制品有限公司	中型
国电南瑞科技股份有限公司	中型	中国轻工业机械总公司南京轻工业机械厂	中型
南京瑞基钢铁有限公司	中型	南京华晶集团有限公司	中型
西门子数控(南京)有限公司	中型	南京宝庆银楼首饰有限公司	中型
南京佳和日化有限公司	中型	南京白象食品有限公司	中型
南京立业电力变压器有限公司	中型	弓箭玻璃器皿(南京)有限公司	中型
南京华新瑞实业有限公司	中型	南京丸仁电子有限公司	中型
南京天嘉服装有限公司	中型	南京百江液化气有限公司	中型
南京港华燃气有限公司	中型	南京高恒精细化工有限公司	中型
汉成电子(南京)有限公司	中型	溢泰(南京)环保科技有限公司	中型
南京高速齿轮制造有限公司	中型	南京景鹰制衣有限公司	中型
南京卫岗乳业有限公司	中型	南京电气(集团)有限公司	中型
南京中脉科技发展有限公司	中型	南京压缩机股份有限公司	中型
东爵精细化工(南京)有限公司	中型	南京消防器材股份有限公司	中型
南京百事可乐饮料有限公司	中型	南京五洲制冷集团有限公司	中型
南京栖霞山锌阳矿业有限公司	中型	江苏中圣高科技产业有限公司	中型
南京长江给排水管道有限责任公司	中型	南京永华船业有限公司	中型
南京六合雄州化工有限公司	中型	南京京滨化油器有限公司	中型
江南一小野田水泥有限公司	中型	南京板桥钢渣有限责任公司	中型
代傲电子控制(南京)有限公司	中型	南京金鼎金属材料有限公司	中型
江苏高通科技实业有限公司	中型	恒宝利(南京)服装有限公司	中型
南京宏光一奥托立夫汽车安全装备有限公司	中型	江苏道吉面料有限公司	中型
大唐南京下关发电厂	中型	南京中盛铁路车辆配件有限公司	中型
南京东佳船舶制造有限公司	中型	南京华舜轮毂有限公司	中型
金田企业(南京)有限公司	中型	江苏金陵机械制造总厂(5311 厂)	中型
南京先声东元制药有限公司	中型	南京科瑞达电子装备有限责任公司	中型
南京第二热电厂	中型	南京北方光电有限公司	中型
江苏长江涂料有限公司	中型	通用磨坊食品(南京)有限公司	中型
伟创力(南京)科技有限公司	中型	南京兰埔成实业有限公司	中型
美丽华企业(南京)有限公司	中型	南京圣韩玻璃有限公司	中型

表 18—4 续表 2

企业名称	规模	企业名称	规模
中外合资南京富士通计算机设备有限公司	中型	南京江陵机电有限责任公司	中型
绿点精密工业(南京)有限公司	中型	南京华鼎电子有限公司	中型
南京市江宁区造纸厂	中型	东洋电子(南京)有限公司	中型
南京奥特佳冷机有限公司	中型	南京飞燕活塞环股份有限公司	中型
南禧幸星电子(南京)有限公司	中型	南京金露服装有限公司	中型
南京三五二一特种装备厂	中型	南京东陶有限公司	中型
德尔塔动力设备(中国)有限公司	中型	江苏舒逸纺织有限公司	中型
南京扬子石化塑料化工有限责任公司	中型	南京嘉盛混凝土有限公司	中型
南京万里集团有限公司	中型	南京光明乳品有限公司	中型
南京江标集团有限责任公司	中型	南京三五０三服装总厂	中型
江苏高淳陶瓷股份有限公司	中型	南京特种电机厂有限公司	中型
南京春兰汽车制造有限公司	中型	南京市江宁区顺达实业公司	中型
南京海欣丽宁长毛绒有限公司	中型	南京英特布鲁金陵啤酒有限公司	中型
中车集团南京七四二五工厂	中型	南京朗光电子有限公司	中型
南京金福润食品有限公司	中型	江苏汇通电力设备有限公司	中型
南京钛白化工有限责任公司	中型	江苏花山集团有限公司	中型
南京第一机床厂	中型	江苏卡思迪莱服饰有限公司	中型
中卫实业(南京)有限公司	中型	南京三乐照明有限公司	中型
南京工艺装备制造有限公司	中型	南京蓝深制泵集团股份有限公司	中型
南京线路器材厂	中型	金佰利(南京)个人卫生用品有限公司	中型
南京桂花鸭(集团)有限公司	中型	南京老山药业股份有限公司	中型
南京钢铁集团冶山矿业有限公司	中型	南京电声股份有限公司	中型
南京胜利体育用品有限公司	中型	埃梯梯古尔兹制泵(南京)有限公司	中型
南京五三Ｏ二服饰装具厂	中型	南京二机齿轮机床有限公司	中型
南京宝色钛业有限公司	中型	南京金海苎麻纺织有限公司	中型
南京海尔曼斯集团有限公司	中型	飞东照明有限公司	中型
南京钢铁集团冶金铸造有限公司	中型	南京费隆复合材料有限公司	中型
南京大吉钢管塔制造有限公司	中型	南京华格电汽塑业有限公司	中型
南京通洋纺织有限公司	中型	安格工艺(南京)有限公司	中型
南京华德火花塞有限公司	中型	南京苏研科创农化有限公司	中型
南京宏光空降装备厂	中型	爱生雅(南京)包装有限公司	中型
南京汇弘集团有限公司	中型	南京金泽金属材料有限公司	中型
南京新迪李尔汽车内饰系统有限公司	中型	南京金银杏纸业公司	中型
南京达丰羽绒有限公司	中型	南京新一绵纺织印染有限公司	中型

表 18—4　续表 3

企业名称	规模	企业名称	规模
南京金三力橡塑有限公司	中型	南京秣陵铸造总厂	中型
南京大金马实业总公司	中型	南京摩德利钢琴有限公司	中型
南京三和管桩有限公司	中型	传力电子衡器(南京)有限公司	中型
中国人民解放军第三三零四工厂	中型	南京天正容光达电子(集团)有限公司	中型
欧仕美(南京)文具制造有限公司	中型	南京中网通信有限公司	中型
南京大桥机器厂	中型	南京先正电子有限公司	中型
南京钢铁集团盛达实业有限公司	中型	江苏苏美达制衣有限公司	中型
南京起重机械总厂有限公司	中型	蓝星南京六九零二工厂	中型
江苏省南京第四机床厂	中型	南京沿江冶金废渣利用厂	中型
上海梅山企业发展有限公司	中型	南京建纺实业有限公司	中型
南京特种气体厂有限公司	中型	南京天环食品(集团)有限公司	中型
南京鑫业电动工具制造有限公司	中型	江苏东航食品有限公司	中型
南京群业五金制品有限公司	中型	江苏省高淳纺织机械有限公司	中型
南京扬子石化检修安装有限责任公司	中型	南京宏洋混凝土有限公司	中型
泰艺电子(南京)有限公司	中型	江苏新华印刷厂	中型
南京宁峰水泥厂	中型	南京消防集团有限公司	中型
江苏南化永大实业公司	中型	人民日报社南京印务中心	中型
南京金陵化工厂有限责任公司	中型	南京旺旺食品有限公司	中型
江苏紫金电子集团有限公司	中型	南京轴承有限公司	中型
南京钢铁集团江苏冶金机械有限公司	中型	南京测绘仪器厂	中型
南京瑞麦食品有限公司	中型	南京浦镇车辆厂工业公司	中型
南京二机床有限责任公司	中型	乾元浩生物股份有限公司南京生物药厂	中型
南京制药厂有限公司	中型	南京光电仪器产业有限公司	中型
南京裕源纺织有限公司	中型	南京木器厂	中型
南京远鸿玻璃制釉有限公司	中型	南京云台山硫铁矿有限公司	中型
南京六合煤矿机械有限责任公司	中型	南京华峰油泵有限公司	中型
南京世纪雄锐莱脚手架工业有限公司	中型	江苏省金丝服装有限公司	中型
南京江南永新光学有限公司	中型	南京利民机械有限责任公司	中型
南京江大服饰有限公司	中型	国电自动化研究院	中型
上海梅山(集团)南京冷轧板有限公司	中型	南京 NS 南西电子有限公司	中型
南京振容集团有限公司	中型	南京石膏矿业有限公司	中型
南京鑫鼎服装有限公司	中型	南京电子陶瓷总公司	中型
南京金江水泥厂	中型	南京南华山特机械有限公司	中型

表 18—5　2006 年零售额前 30 位企业排名

排名	企业名称	主要业务活动	地　址	邮编	电话
1	苏果超市有限公司	超级市场零售	解放路 55 号	210016	84682702
2	苏宁电器连锁集团股份有限公司	家用电器零售	山西路 8 号	210009	83738888
3	南京宏图三胞企业发展有限公司	计算机、软件及辅助设备零售	太平北路 106 号	210009	83274409
4	南京朗驰集团有限公司	汽车零售	建宁路 45 号	210037	85532052
5	南京金鹰国际购物集团有限公司	百货零售	汉中路 89 号	210029	84708899
6	南京中央商场股份有限公司	百货零售	中山南路 79 号	210005	84718288
7	南京新街口百货商店股份有限公司	百货零售	中山南路 3 号	210005	84715188
8	江苏五星电器有限公司	家用电器零售	中山北路 241 号	210009	83758009
9	中石化江苏南京石油分公司	石油及制品批发和零售	中山东路 416 号	210002	84415805
10	南京医药股份有限公司	药品零售	中山东路 486 号	210002	84552600
11	南京中北集团股份有限公司汽车服务分公司	汽车零售	通江路 16 号	210019	86383670
12	中国石油天然气股份有限公司江苏销售分公司	石油及制品批发和零售	北京西路 69-2 号	210013	83759648
13	江苏鹏润国美电器有限公司	家用电器零售	洪武路 137 号	210005	84558094
14	南京福中信息产业集团有限公司	计算机、软件及辅助设备零售	珠江路 648 号	210018	83677212
15	南京大洋百货有限公司	百货零售	中山南路 122 号	210005	84738888
16	中国石油化工股份有限公司江苏石油分公司	石油及制品批发和零售	中山北路 395 号	210003	58808888
17	南京凡德汽车销售有限公司	汽车零售	东风村 8 号	210012	52600123
18	南京福联汽车贸易有限公司	汽车零售	大明路 217 号	210012	52426777
19	锦江麦德龙现购自运有限公司南京雨花分部	百货销售	宁溧路 288 号	210012	52408888
20	南京药业股份有限公司	中药材及中成药批发和零售	升洲路 416 号	210004	84721428
21	南京悦家超市有限公司	超级市场零售	大桥南路 7 号	210015	58779250
22	南京商厦股份有限公司	百货零售	龙蟠路 1 号	210037	85505637
23	江苏苏舜工贸集团有限公司	汽车、摩托车及零配件批发和零售	龙蟠中路 77 号	210016	57713844
24	江苏华通汽车销售服务有限公司	汽车零售	宁溧路 246 号	210012	52886707
25	南京长江丰田汽车销售服务有限公司	汽车零售	宁镇路东方城 88 号 1 幢	210042	85281888
26	南京利星汽车有限公司	汽车零售	宁南大道 28 号	210012	86918000
27	江苏万帮汽车有限公司	汽车零售	大明路 168 号	210012	52645868
28	江苏江浦经济贸易有限公司	石油及制品批发和零售	东门大街 109 号	211800	58880484
29	南京中升丰田汽车销售有限公司	汽车零售	宁南大道 10 号	210012	52458666
30	南京华诚超市有限公司	超级市场零售	瑞金路 8 号	210000	83286513

表18—6 2006年销售额前30位企业排名

排名	企业名称	主要业务活动	地 址	邮 编	电 话
1	苏宁电器股份有限公司南京采购中心	家用电器批发	山西路8号	210005	84418888
2	中国石油化工股份有限公司江苏石油分公司	石油及制品批发	中山北路395号	210003	58808888
3	中石化江苏南京石油分公司	石油及制品批发	中山东路416号	210002	84415805
4	苏果超市有限公司	超级市场零售	解放路55号	210016	84682702
5	南京纺织品进出口股份有限公司	纺织品、针织品及原料批发	云南北路77号	210009	83331630
6	江苏苏美达集团公司	机械设备、五金交电批发	长江路198号	210018	84511888
7	中国石油天然气股份有限公司江苏销售分公司	石油及制品批发	北京西路69-2号	210013	83759648
8	江苏博西家用电器销售有限公司	家用电器批发	中山路129号	210005	84701918
9	江苏省烟草公司南京分公司	烟草制品批发	中山南路49号	210005	86893603
10	苏宁电器连锁集团股份有限公司	家用电器零售	山西路8号	210009	83738888
11	江苏省燃料总公司	金属及金属矿、煤炭及制品批发	中山北路283号	210003	83421531
12	江苏省海外企业集团有限公司	金属及金属矿、机械批发	中山路55号	210005	84795827
13	江苏苏豪国际集团股份有限公司	纺织品、针织品及原料批发	中山南路8号	210005	84785448
14	南京金属物流集团有限公司	金属及金属矿批发	中山东路416号	210002	84569679
15	江苏开元股份有限公司	纺织品、针织品及原料批发	户步街15号	210002	86895000
16	江苏舜天国际集团机械进出口股份有限公司	其他机械设备及电子产品批发	中华路50号	210001	52251134
17	江苏汇鸿国际集团土产进出口股份有限公司	其他化工产品批发	白下路91号	210001	84691464
18	江苏苏农农资连锁有限责任公司	化肥批发	莫愁路357号	210004	86562033
19	南京朗驰集团有限公司	汽车零售	建宁路45号	210037	85532052
20	江苏省新华书店集团有限公司	图书批发	百子亭34号	210009	83600009
21	南京红太阳农资商贸连锁有限公司	农药批发	宝塔路269号	211300	57888696
22	南京宏图三胞企业发展有限公司	计算机、软件及辅助设备零售	太平北路106号	210009	83274409
23	江苏五星电器有限公司	家用电器零售	中山北路241号	210009	83758009
24	江苏省江海粮油贸易公司	米、面制品及食用油批发	长江路99号18F	210005	84799659
25	江苏省卷烟销售公司	烟草制品批发	汉中路169号	210029	86795008
26	中化江苏进出口公司	其他化工产品批发	中山南路49号	210005	86890963
27	江苏汇鸿国际集团针棉织品进出口有限公司	服装批发	白下路91号20-25楼	210001	84691099
28	南京钢锋实业有限公司	金属及金属矿批发	河路道1号318室	210037	86819916
29	中石化长江燃料有限公司南京分公司	石油制品批发	公共路62号	210011	58801296
30	南京医药股份有限公司	药品零售	中山东路486号	210002	84552600

表 18—7　2006 年成交额 10 亿元以上的商品交易市场排名

排名	市场名称	地　址	邮　编	电　话
1	南京生产资料中心批发市场	下关区河路道 1 号	210037	5500088
2	南京钢材交易市场	下关区水关桥 12 号	210015	8832528
3	南京金桥实业有限公司	下关区建宁路 12 号	210037	5505482
4	南京银通物资交易市场	下关区燕江路 201 号	210015	83989370
5	南京红太阳商业大世界	浦口区桥北路 48 号	210032	88666666
6	南京白云亭市场发展集团公司	下关区二板桥 486 号	210011	58765862
7	南京玉桥市场	下关区建宁路 11 号	210037	85612890
8	南京华海电脑科技广场	玄武区珠江路 435 号	210018	83285555
9	南京金盛装饰城	建邺区江东路 1 号	210036	86559273
10	南京金榜大市场	秦淮区贡院街 28 号	210001	86627844
11	南京惠民桥农副产品市场	下关区龙江路 135 号	210011	58766850
12	江苏金陵装饰城	建邺区江东南路 8 号	210036	86511888
13	南京应天水产交易有限公司	建邺区应天西路 66 号	210012	86431171
14	南京农贸中心股份有限公司	下关区热河南路 251 号	210037	58802836
15	南京金盛国际家居	浦口区桥北路 24 号	210032	58608124
16	南京下关粮油批发市场	下关区龙江路 28 号	210011	58806955